Kristina Nolte studierte Gesellschafts- und Wirtschaftskommunikation an der Universität der Künste Berlin. Sie arbeitete als Agentur-Chefin, Journalistin, politische PR-Redakteurin und promovierte am Institut für Sprache und Kommunikation der Technischen Universität Berlin. Heute entwickelt sie Kommunikationsstrategien im Bereich Corporate Social Responsibility.

Kristina Nolte

Der Kampf um Aufmerksamkeit

Wie Medien, Wirtschaft und Politik um eine
knappe Ressource ringen

Campus Verlag
Frankfurt / New York

D 83

Bibliografische Information der Deutschen Bibliothek
Die Deutsche Bibliothek verzeichnet diese Publikation in der Deutschen Nationalbibliografie.
Detaillierte bibliografische Daten sind im Internet über http://dnb.ddb.de abrufbar.
ISBN 3-593-37904-X

Copyright © 2005 Campus Verlag GmbH, Frankfurt/Main
Druck und Bindung: KM-Druck, Groß-Umstadt
Gedruckt auf säurefreiem und chlorfrei gebleichtem Papier.
Printed in Germany

Besuchen Sie uns im Internet: www.campus.de

Diese Arbeit wirbt um Aufmerksamkeit für die Aufmerksamkeit. Sie hat zum Ziel, ein Thema auf die gesellschaftliche Agenda zu setzen, dessen Bedeutsamkeit Nobelpreisträger Herbert Simon bereits vor Jahrzehnten erkannte:

»I suppose a society that became highly sensitive to the scarcity of attention might modify its reading habits to allocate attention more efficiently. Although in our own society complaints about the fold of information are common enough, there is little evidence of people deliberately designing strategies to protect themselves from the transient and the evanescent. It seems a novel idea to many people that news need not be ingested simply ›because it is there‹.«[1]

Herbert Simon

---

1 Simon: *Reason in human affairs*, S. 94

Inhalt

Dank

Ich danke allen, die mich bei dieser Arbeit begleitet und unterstützt haben. Für fachlichen Rat und ergiebige Diskussionen danke ich insbesondere Herrn Prof. Dr. Norbert Bolz und Herrn Prof. Dr. Clemens Schwender. Für Motivation und Unterstützung danke ich meiner Familie und meinen Freunden, allen voran Martina Nolte, Manfred Nolte, Alexander Nolte und André Paris.

Einleitung

Es war ca. 12.30 Uhr am 5. Juni 2003, als die Meldung von der Hausdurchsuchung bei Jürgen W. Möllemann über die Nachrichten-Ticker lief. Der Abgeordnete, dem im Bundestagswahlkampf 2002 im Zusammenhang mit einem umstrittenen Flugblatt vorgeworfen wurde, gezielt antisemitische Tendenzen zur Stimmungsmache zu benutzen, war in den Verdacht geraten, das Flugblatt mit illegalen Parteispenden finanziert zu haben. Steuerhinterziehung, Verstoß gegen das Parteiengesetz, Betrug und Untreue wurden ihm zur Last gelegt. Nur kurze Zeit später um 13.07 Uhr ergänzte eine Meldung der Polizei Recklinghausen das Nachrichten-Ensemble: »Ehemaliger FDP-NRW-Landesvorsitzender Jürgen W. Möllemann bei Fallschirmsprung ums Leben gekommen.«

Da Tod durch Fremdverschulden nach Ermittlungen rasch ausgeschlossen werden konnte, kommen als Ursache nur ein Unfall oder Selbstmord in Frage. Betrachtet man den Menschen Möllemann in seinem politischen Wirken und seinen Hang zu aufmerksamkeitsstarken Medien-Inszenierungen, drängt sich die Vermutung auf, Möllemann habe seinem Leben selbst ein Ende gesetzt. Gehen wir einmal von dieser Annahme aus und fragen weiter: Wenn Möllemann Selbstmord begangen hat, warum? Die Antwort lautet möglicherweise: Möllemann sah sein Selbstwertgefühl durch den zu erwartenden Entzug von Anerkennung derart gefährdet, dass er den Tod dem Leben vorzog. Nicht nur, dass möglicherweise seinem Lebenswerk retrospektiv die Anerkennung abgesprochen werden könnte, in Aussicht stand außerdem die Unmöglichkeit, zukünftig öffentliche Anerkennung zu erhalten.

Die Identität eines Menschen konstituiert sich über die Anerkennung des Selbstwertes durch Mitmenschen. Menschen sind deswegen permanent bestrebt, sich der Anerkennung anderer zu versichern. Diesen ›Kampf um Anerkennung‹ hat Hegel als das Grundmuster menschlichen Handelns identifiziert.

Es gibt verschiedene Ventile für den Kampf um Anerkennung, wie beispielsweise die demonstrative Zurschaustellung von Reichtum oder sportlicher Ehrgeiz. Heute kämpfen Menschen mit den Mitteln und unter den Bedingungen konkurrierender Massenmedien um die Anerkennung ihres Selbstwertes. In reizüberlasteten Mediendemokratien, also Gesellschaften, die durch die

Vernetzung von Medien gekennzeichnet sind, ist Aufmerksamkeit auf radikale Weise verknappt. Aufmerksamkeit, die einem Menschen zuteil wird, könnte deshalb heute Schlüssel zum Verständnis von Prestigeordnungen und für den Kampf um Anerkennung werden.

Der Zulauf zu den zahlreichen Medienangeboten, die, wie ›Deutschland sucht den Superstar‹ oder ›Big Brother‹, Anerkennung in Form von Aufmerksamkeit und Prominenz versprechen, erinnert nicht nur an Andy Warhol, der im letzten Jahrhundert allseitigen 15-Minuten-Ruhm prognostiziert hatte. Sie verleihen auch George Berkeleys Wahrnehmungstheorie ›An essay towards a new theory of vision‹ von 1709 noch im Nachhinein einen futuristischen Glanz. Die Essenz ›Sein ist Wahrgenommenwerden‹ klingt wie der erläuternde Untertitel des aktuell zu beobachtenden Darstellungsdrangs.

Wirklichkeit ist ein gesellschaftliches Konstrukt. Die Ausdifferenzierung der Gesellschaft in funktionale Teilbereiche leistet Mehrdeutigkeiten von Wirklichkeit Vorschub. Massenmedien nehmen in der Wirklichkeitskonstruktion eine Schlüsselrolle ein, weil sie in der Lage sind, massenhaft Aufmerksamkeit anzuziehen. Wirklich ist, was Aufmerksamkeit findet – alles andere findet in der öffentlichen Wahrnehmung keine Beachtung. Weil Medien Organe kollektiver Aufmerksamkeit sind und Aufmerksamkeit für die Wirklichkeitskonstruktion maßgeblich ist, haben Akteure aus nahezu allen gesellschaftlichen Teilbereichen begonnen, ihr Handeln an dieser Funktionslogik der Aufmerksamkeitsattraktion und -bindung auszurichten. Wenn Menschen öffentliche Aufmerksamkeit bekommen, erhalten sie die Möglichkeit, in der öffentlichen Wahrnehmung stattzufinden und die Macht, die öffentliche Wahrnehmung zu ihren Gunsten zu beeinflussen. Der Kampf um Anerkennung ist unter den Bedingungen konkurrierender Massenmedien ein Kampf um die Durchsetzung einer kollektiven Wirklichkeitsinterpretation, die dem eigenen Wert einen hohen Stellenwert einräumt.

Möllemann hat wie kaum ein anderer Politiker auf der Klaviatur der Medien um Aufmerksamkeit gebuhlt. Er hat gezielt ein öffentliches Bild aufgebaut, kontrolliert und gesteuert, sich in Szene gesetzt, Auftritte inszeniert, Tabus gebrochen, Skandale provoziert. Der Ausschluss aus der FDP beraubte ihn der Bühne, auf der er seine Identität konstruieren konnte. Die Aufhebung seiner Immunität und die somit möglich gewordene Hausdurchsuchung drohten kompromittierende Details aus der Privatsphäre zu enthüllen und damit das öffentliche Image zu zerstören. Möllemann zog es offenbar vor, dieses Image durch sein Ableben zu gefrieren oder dessen Beschädigung nicht erleben zu müssen.

1. These

Der Kampf um die Akzeptanz des menschlichen Selbstwertes, wie ihn Hegel als Grundmuster menschlichen Handelns identifiziert hat, treibt die Geschichte solange in dialektischen Schritten voran, bis wechselseitige Anerkennung qua Staatsform erreicht ist. Dann endet die Geschichte gesellschaftlicher Umwälzungen und der Kampf kommt zum Erliegen. Hegel sah dieses Ende mit der Französischen Revolution 1789 gekommen. In Deutschland herrscht seit über 50 Jahren parlamentarische Demokratie, die dieses Recht auf Anerkennung der ›menschlichen Würde‹ in ihrer Verfassung garantiert. Warum sollte man also heute noch nach der Dialektik der Anerkennung fragen? Das Thema ist aktuell, denn das Streben nach Anerkennung ist keineswegs beendet, es zeigt sich in einem anderen Gewand. Heute wird der Kampf um die knappe Ressource ›Aufmerksamkeit‹ geführt. Ersatzschauplatz: Die Massenmedien.

Menschliche Aufmerksamkeit ist biologisch begrenzt, war also schon immer nur eingeschränkt verfügbar. Doch die Entwicklung der Massenmedien hat durch ein Überangebot an Rezeptionsoptionen zu einer radikalen Verknappung der Ressource Aufmerksamkeit geführt. Aufmerksamkeit ist nicht mehr nur Voraussetzung, die die Bühne bereitet, Argumente im Wettbewerb um Anerkennung vorzutragen; heute scheint Aufmerksamkeit bereits Anerkennung zu sein. Die Mechanismen zur Aufmerksamkeitsattraktion und Aufmerksamkeitsbindung entfalten ihre Funktionslogik nicht mehr nur im System der Massenmedien, sondern auch in den gesellschaftlichen Teilbereichen Wirtschaft und Politik. Aufmerksamkeit wird zu einem gesellschaftlichen Steuerungsmechanismus, das heißt, Mechanismen zum Aufmerksamkeits-Management wirken in nahezu allen gesellschaftlichen Prozessen mit.[2] Der Kampf um Aufmerksamkeit ist ein Kampf um Machtpositionen. Individuen, die die Fähigkeit besitzen, Aufmerksamkeit auf sich zu ziehen, werden gesellschaftlich bestärkt; sie erhalten Anerkennung. Individuen, die diese Fähigkeit nicht besitzen, fallen durch das Aufmerksamkeitsraster und gelten gesellschaftlich weniger; ihnen wird Anerkennung weitgehend verweigert. Die Frage nach viel, wenig oder gar keiner Aufmerksamkeit entscheidet über gesellschaftliche Anerkennung, über den Erfolg von Produkten am Markt und über die Akzeptanz von Ideen, Parteien und Politikern. Aufmerksamkeit

---

2 Siegfried J. Schmidt stellte bereits 2000 fest: »Es geht nicht länger um oberflächliche Gewinn- und Verlustüberträge, sondern darum, dass unübersehbar deutlich wird, in welchem Ausmaß Aufmerksamkeiten und das Management von Aufmerksamkeitsbindung in allen Dimensionen zum sozialen Steuerungsmechanismus der Mediengesellschaften geworden ist.« Schmidt: »Aufmerksamkeit – revisited«, 2000.

erlaubt nicht zuletzt den Zugang zu Mitteln der Durchsetzung der eigenen Weltsicht. Anerkennung ist ein positives Urteil über eine Leistung oder eine Person, das gleichzeitig das Bewertungsschema der Gesellschaft spiegelt. Anerkennung ist nicht nur Voraussetzung für die Herausbildung eines eigenständigen Selbstbewusstseins und einer gesellschaftlichen Identität, sondern beeinflusst auch das Selbstwertgefühl eines Menschen. Der Selbstwert muss von anderen bestätigt werden. Wer Anerkennung erhalten will, muss den Werten der Gesellschaft entsprechend anerkennenswert handeln oder die Wertestruktur zu seinen Gunsten ändern. Der Mensch wird von dem Wunsch gesteuert, gesellschaftlich als wertvoll oder überlegen zu gelten. Der Wunsch nach Überlegenheit und Macht treibt Menschen zu Leistung an.

Anerkennung bemisst sich an der Macht, die Geltungsansprüche der eigenen Position in einem symbolischen Kampf als überlegen durchzusetzen. Menschen in anerkannten Positionen haben Einfluss auf gesellschaftliche Strukturen. Der Kampf um Anerkennung ist also auch ein Kampf um die Deutungshoheit über gesellschaftliche Wirklichkeit und Wertungen. Die Massenmedien bieten einer breiten Öffentlichkeit Zugang zu Informationen, die öffentliche Sphäre wächst. Dadurch verändern sich die Bedingungen für das Rollenspiel eines Menschen, mit denen er seinen Selbstwert inszeniert und eine gesellschaftliche Position besetzt. Die radikale Verknappung der Aufmerksamkeit verlangt nach expressiven Fähigkeiten, die eine Botschaft schnell und einprägsam vermitteln.

In Demokratien, in denen wechselseitige Anerkennung qua Staatsform institutionalisiert ist und Aufmerksamkeit durch die Existenz eines ausdifferenzierten Systems konkurrierender Massenmedien derart verknappt wird, ist es denkbar, dass ein Kampf um öffentliche Aufmerksamkeiten die moderne Ausprägung des Kampfes um Anerkennung darstellt. Überspitzt formuliert könnte man fragen: Ist die Dialektik der Anerkennung heute das, was man ›Ökonomie der Aufmerksamkeit‹ nennt?

2. Vorgehen

Die Arbeit besteht aus vier Teilen:

Teil Eins hat den Kampf um Anerkennung zum Gegenstand, der im Hinblick auf Identitätsbildung, Selbstwert und Position diskutiert wird.

Der zweite Teil setzt sich mit Aufmerksamkeit als knapper Ressource auseinander, stellt das Konzept der ›Ökonomie der Aufmerksamkeit‹ vor und erörtert die Thematik der Aufmerksamkeit in kognitiver Hinsicht. Im Mittelpunkt der Diskussion steht das Problem der Komplexität, der Knappheit und der begrenzten Rationalität sowie Konzepte zur Komplexitätsreduktion.

Im dritten Teil soll dargelegt werden, wie Reize konstruiert sein müssen, um Aufmerksamkeit zu erregen. Es geht also um das Management von Aufmerksamkeiten in den gesellschaftlichen Teilbereichen Medien, Wirtschaft und Politik. Dabei ist zu zeigen, wie Mechanismen zur Aufmerksamkeitsattraktion funktionieren, welche Rolle die Medien dabei spielen, wie gesellschaftliche Teilbereiche, wie Wirtschaft und Politik, davon beeinflusst werden und welche Strategien Anwendung finden.

Teil Vier widmet sich in einer Fallanalyse dem politischen Wirken des ehemaligen FDP-Politikers Jürgen W. Möllemann. Untersucht wird die Chronologie seiner Karriere, insbesondere der Zeitraum von 2000 bis 2003, mit den Schwerpunkten Landtagswahlen in Nordrhein-Westfalen, »Strategie 18« und Flugblatt-Affäre. Im Fallbeispiel soll erläutert werden, welcher Mittel sich Möllemann bediente, um Aufmerksamkeit und Anerkennung zu erhalten.

I. Anerkennung

Um das Thema Anerkennung in seiner Vielschichtigkeit einzuordnen, soll im ersten Kapitel zunächst der Begriff der Anerkennung erörtert werden. Anschließend wird erarbeitet, welchen Stellenwert die Anerkennung durch andere Menschen für das Individuum besitzt. Dabei wird auf das Bewusstsein eines Menschen vom eigenen Selbst eingegangen. Es wird gezeigt, dass der Selbstwert durch den Kampf um Anerkennung behauptet wird. In einem dritten Schritt wird herausgearbeitet, welche Bedeutung hinter dem Kampf um Anerkennung steht. Zentral ist hier der Begriff der Begierde. Danach wird die Blickrichtung vom Individuum auf die Gesellschaft gerichtet. Welchen Stellenwert nimmt die Gesellschaft im Prozess des Anerkennens ein, welche Bedeutung hat gesellschaftliche Anerkennung für die Herausbildung der Identität und wie ist in einem nächsten Schritt die Gesellschaft nach Anerkennungsmerkmalen strukturiert. Es wird aufgezeigt, dass Menschen, der ihnen zukommenden Anerkennung entsprechend, Positionen in der Gesellschaft einnehmen und um die Bewertung ihrer Position kämpfen. Dabei bedienen sich die Individuen vorgegebener Rollenschemata, mittels derer sie ihre Position anderen präsentieren. Weil Wirklichkeit verhandelbar ist, findet permanent ein Bewertungskampf um diese Positionen statt.

In einem letzten Schritt soll das Thema Anerkennung weiter aktualisiert und auf die Bedingungen konkurrierender Massenmedien angewandt werden. Dabei wird auf Identitätskrise und die Veränderungen des Rollenspiels durch die Ausdifferenzierung der Massenmedien[3] eingegangen. Des weiteren sollen in diesem Zusammenhang die These vom Ende der Geschichte, die das Ende des Kampfes um Anerkennung bedeutet, erörtert und Überlegungen angestellt werden, ob und inwieweit der Kampf um Anerkennung tatsächlich zu einem Ende gekommen ist.

---

3 Nach Maletzke handelt es sich bei Massenkommunikation um »alle Formen von Kommunikation, bei der Aussagen öffentlich (...), durch technische Verbreitungsmittel (...) indirekt (...) und einseitig (...) an ein disperses Publikum (...) vermittelt werden.« Massenmedien sind die Verbreitungsmittel dieser Kommunikation und damit ihre Struktur. Vgl. Maletzke: *Einführung in die Massenkommunikationsforschung*, S. 9

1. Gegenstand und Begriff

Unter Anerkennung versteht man zunächst einmal, dass eine Regelung, die ein Individuum selbst, eine Gemeinschaft, oder ein anderes Individuum aufgestellt hat, gilt und akzeptiert wird. Die ursprünglichste Bedeutung, die der Bedeutung von Anerkennung als Wertschätzung vorausgeht, ist die Bestätigung der Akzeptanz einer Existenz und damit einhergehend eine Einschränkung eigener Freiheiten. Diese Selbstbeschränkung ist ein Akt der Vernunft. Eigene Freiheiten werden aufgegeben, um Chaos und Unkontrollierbarkeit, wie sie im von Thomas Hobbes beschriebenen Naturzustand herrschen, zu unterbinden. Im Naturzustand gibt es keine Anerkennung, es ist der ›Kampf aller gegen alle‹, bei dem ›erste Menschen‹ einen blutigen Prestige-Kampf führen. Weil sie in permanenter Bedrohung ihrer physischen Existenz leben, misstrauen sie jedem anderen Wesen grundsätzlich. Dieser Naturzustand endet erst, wenn Menschen sich auf Grenzen der individuellen Handlungsfreiheit einigen oder wenn ihnen diese Grenzen aufgezwungen werden. Die Unterwerfung unter einen Herrscher oder die Anerkennung des Gewaltmonopols eines Staates wären Beispiele, in denen sich Individuen an von anderen bestimmte Gesetze halten oder halten müssen. Eine andere Möglichkeit ist die Eingrenzung der eigenen Autonomie zugunsten eines wechselseitigen Zugeständnisses von gleichen Rechten. »Wohlgeordnet«[4] nennt John Rawls eine Gesellschaft dann, wenn gegenseitige Rechte anerkannt werden und jeder darauf vertrauen kann, dass sich andere genauso an diese Rechte halten wie man selbst.

Das handelnde Individuum ist laut Johann Gottlieb Fichte ein ›Vernunftwesen‹[5] und muss zwangsläufig ein Bewusstsein von sich besitzen. Die Bildung des Selbstbewusstseins beschreibt er als ›Ich-Setzung‹. Ein Vernunftwesen, das sich selbst als ein ›Ich‹ setzt und für sich Autonomie beansprucht, muss diese auch jedem ›Nicht-Ich‹ zugestehen. Das heißt, aus der menschlichen Vernunft erwächst ein Eingeständnis, dass man einen Anderen als menschliches Individuum oder sogar als Mitglied einer Gruppe ›erkennt‹, akzeptiert und ihm Rechte einräumt.

»Ich setze mich als vernünftig, d.h. als frei. Es ist in mir bei diesem Geschäfte die Vorstellung der Freiheit. Ich setze in dergleichen ungeteilten Handlung zugleich andere freie Wesen. Ich beschreibe sonach durch meine Einbildungskraft eine Sphäre für die Freiheit, in welche mehrere Wesen sich teilen. Ich schreibe mir selbst nicht alle Freiheit zu, die ich gesetzt habe,

---

4 Rawls: *Eine Theorie der Gerechtigkeit*, S. 21
5 Vgl. Fichte: *Grundlagen des Naturrechts*, S. 1; Vgl. Siep: *Anerkennung als Prinzip der praktischen Philosophie*, S. 28

weil ich auch noch andere freie Wesen setzen, und denselben einen Teil derselben zuschreiben muss. Ich beschränke mich selbst in meiner Zueignung der Freiheit dadurch, dass ich auch für andere Freiheit übrig lasse. Der Begriff des Rechts ist sonach der Begriff von dem notwendigen Verhältnisse freier Wesen zu einander.«[6]

Für Fichte leitet sich Recht daher aus der Vernunft ab, die gegenseitige Anerkennung lässt den Rechtszustand entstehen.[7]

»Keines kann das andere anerkennen, wenn nicht beide sich gegenseitig anerkennen: und keines kann das andere behandeln als ein freies Wesen, wenn nicht beide sich gegenseitig so behandeln.«[8]

Ähnlich Kants moralischem Handlungsprinzip des ›kategorischen Imperativs‹ bedeutet bei Fichte Anerkennung »meine Freiheit durch den Begriff der Möglichkeit seiner Freiheit beschränken.«[9]

Anerkennung ist eine »ausdrückliche oder stillschweigende Erklärung, bestimmte Tatsachen oder Rechtsverhältnisse gegen sich gelten zu lassen.«[10] Der Prozess des Anerkennens ist eine Selbstbeschränkung, die im Hinblick auf das friedliche Zusammenleben zugunsten der eigenen Sicherheit vorgenommen wird. Es ist eine Übereinkunft, die das Zusammenleben erleichtert, weil sie Rechte und Pflichten regelt und damit Verhalten berechenbar macht. Aus dieser Übereinkunft, die James M. Buchanan als »Konsenskalkül«[11] bezeichnet, ziehen alle Parteien einen Vorteil: Indem sich zwei Menschen gegenseitig anerkennen, muss keiner der beiden um sein Leben fürchten. Regeln über die Verteilung von Gütern und Besitzansprüchen machen den Kampf darum und deren Verteidigung überflüssig, das spart Ressourcen. Wie beim Gefangenen-Dilemma haben alle Mitglieder einer Gesellschaft Nachteile, wenn jeder nur nach seinem persönlichen Nutzen agiert. Legt man sich aber auf bestimmte Konventionen fest, von denen jeder weiß, dass der andere sie auch kennt, dann ist das Verhalten der anderen erwartbar und damit planbar, die Entscheidungen werden erleichtert.

Neben dieser Funktion für das Sozialgefüge spielt Anerkennung eine Rolle in der individuellen Entwicklung. Denn das als Mensch und Mitglied einer Gruppe Erkannt- und Akzeptiertwerden ist für jedes Individuum essentieller

---

6 Fichte: *Grundlagen des Naturrechts*, Einleitung. Die Zitate von Fichte sind der neuen Rechtschreibung angepasst worden.

7 Siep: *Anerkennung als Prinzip der praktischen Philosophie*, S. 28

8 Fichte: *Grundlagen des Naturrechts*, S. 38

9 Ebd. S. 49, Hervorhebungen im Original. Vgl. Siep: *Anerkennung als Prinzip der praktischen Philosophie*, S. 31

10 *Meyers großes Taschenlexikon*. Bd. 1. 1992, S. 296, *Brockhaus von A-Z in drei Bänden*. Bd. 1, 2002, S. 65

11 Buchanan: *Die Grenzen der Freiheit*, S. 8

Bestandteil der Ich-Werdung. Anerkennung ist für die Identität eine »Notwendigkeit«[12], Menschen haben ein »Selbstwertbedürfnis«[13].

Identitätsbildung ist ein gesellschaftlicher Prozess, bei dem ein Individuum im Spiegel der Anderen einen eigenständigen Charakter entwickelt und die Werte der Gruppe internalisiert. Hegel hat neben der Bedeutung der Anerkennung für die individuelle Entwicklung auch die Bedeutung für die Geschichte insgesamt herausgearbeitet. Menschen kämpfen um Anerkennung ihres Selbstwertes und dadurch kommt es zu gesellschaftlichen Veränderungen.

Hinter dem Kampf um Anerkennung steht das Prinzip Anerkennung als Wertschätzung, die über die Stellung eines Individuums in einer Gesellschaft bestimmt. Je nachdem, ob ein Individuum in einer Gesellschaft angesehene Werte verkörpern kann, erfährt es Anerkennung oder Missachtung und nimmt so eine gesellschaftliche Position ein. Auf der wertenden Form der Anerkennung liegt der Fokus der folgenden Überlegungen. Mit Anerkennung im Sinne von Wertschätzung verbunden sind die Begriffsketten Status, Prestige, Macht, Ansehen, Reputation, Achtung, Ehre, Renommee. Sie werden selten trennscharf verwendet, allen gemeinsam ist jedoch die positive Bewertung einer Leistung.

Nach Talcott Parsons existieren in sozialen Systemen normative Muster, die Prestige-Rangfolgen konstituieren. ›Prestige‹ wird für soziale Leistung vergeben. Träger von Prestige sind solche Menschen, die in der Gesellschaft angesehenes Handeln vollziehen. Die sich aus dem Prestige ergebene Position einzelner Individuen innerhalb dieser Schichtung[14] spiegelt das Wertesystem der Gesellschaft. Die Wirkung des Prestiges beruht auf der Anerkennung der mit dem Prestige einhergehenden Rangstufe durch den Interaktionspartner. »Anerkennung in diesem Sinne zu finden bedeutet, Gegenstand moralischer Achtung von Seiten anderer zu sein, deren Meinung man wertschätzt.«[15] Eine Situation und das Handeln des Individuums werden weitgehend von moralischen Erwartungen anderer Menschen geprägt. Die Reaktion hängt davon ab, ob den Erwartungen Folge geleistet werden kann, oder ob sie enttäuscht werden und bedeuten »im einen Fall Anerkennung und Belohnung, im anderen Ablehnung und Bestrafung.«[16]

Ähnlich urteilt Niklas Luhmann über den Begriff ›Achtung‹. Er sieht Achtung als Unterscheidungskriterium der Moral. Auch er sieht die Rolle, die Normen, gesellschaftlicher Konsens und die Erwartungshaltung einem Indivi-

---

12 Krappmann: *Soziologische Dimensionen der Identität*, S. 9
13 Dehlhees: *Soziale Kommunikation*, S. 57
14 Parsons: *Soziologische Theorie*, S. 142f.
15 Parsons: *Soziologische Theorie*, S. 146
16 Ebd. S. 55

duum gegenüber spielen. Verhält es sich moralisch angemessen, erfährt es Achtung oder Hochachtung; verhält es sich unangemessen, erfährt es Missachtung.

»Ego achtet Alter und zeigt ihm Achtung, wenn er sich selbst als Alter im Alter wiederfindet, wiedererkennt und akzeptieren kann oder doch sprechende Aussichten zu haben meint. Achtung fungiert also im Kommunikationsprozess als Kürzel für sehr komplexe zugrundeliegende Sachverhalte, die nur über diese symbolische Substitution überhaupt kommunikationsfähig werden. Das Gelingen perspektivisch integrierter Kommunikation wird durch Achtungserweise entgolten, das Misslingen durch Achtungsentzug bestraft, und all das in abstufbarer Dosierung.«[17]

Mit jeder Bewertung der anerkennenswerten Leistungen wird nicht nur der einzelne Mensch bewertet, sondern ein Bewertungsschema bestätigt oder verändert. Dieser Doppelcharakter findet sich auch bei Parsons Prestigebegriff wieder: Einerseits bezieht sich Prestige auf subjektives Erleben, andererseits markiert es gesellschaftliche Werte.[18]

In Anerkennungsverhältnissen spiegeln sich also die Werte der Gesellschaft. Anerkennung wird für verschiedene Eigenschaften und unter verschiedenen Aspekten vergeben. Bei Pierre Bourdieu ist Anerkennung symbolisches Kapital. In seinem Theorie-Modell sind ökonomisches, kulturelles und soziales Kapital objektive Kapitalsorten. Das symbolische Kapital, als subjektive Kapitalsorte, macht aus allen anderen Kapitalsorten legitimiertes, anerkanntes Kapital.[19]

Jürgen Habermas betrachtet das Anerkennungsverhältnis unter dem Gesichtspunkt des kommunikativen Handelns und stellt seinen ambivalenten Charakter heraus: Anerkennung wird einerseits für Gleichheit vergeben, andererseits für Besonderheit verteilt.[20] Dieser wechselseitige Respekt ist Voraussetzung für das Diskussionsverhalten von Argumentationsteilnehmern. Für das kommunikative Handeln ist die wechselseitige Anerkennung maßgeblich, weil sie die Autonomie der Kommunikationsteilnehmer garantiert.[21]

Hegel klassifiziert drei Arten von Anerkennungsverhältnissen: Familie, Recht und Staat.[22] Im Anerkennungsverhältnis der Familie geht es dem Menschen um die Anerkennung als Individuum, das menschliche Bedürfnisse hat

---

17 Luhmann: *Soziologie der Moral*, S. 46f.
18 Vgl. Parsons: *Aktor, Situation und normative Muster*, S. 166f.; Vgl. Wegener: *Kritik des Prestiges*, S. 57
19 Bourdieu: *Sozialer Raum und Klassen*, S 10ff.
20 Vgl. Habermas: *Theorie des kommunikativen Handelns*, Bd. 2, S. 148
21 Ebd. S. 150
22 Vgl. Honneth: »Anerkennung und moralische Verpflichtung«, S. 29, sowie Wils: »Autonomie und Anerkennung«, S. 30

und Fürsorge und Zuneigung bedarf; das Anerkennungsverhältnis des Rechts spricht dem Individuum einen Status als rechtliche Person und somit Menschenrechte zu; das Anerkennungsverhältnis des Staates erkennt den Menschen nicht nur als Gleicher unter Gleichen an, sondern in seiner Besonderheit mit seinen speziellen Eigenschaften und Fähigkeiten.[23] Dieser Argumentation folgend kann die Selbstwahrnehmung in drei Arten unterschieden werden: Selbstvertrauen, Selbstachtung und Selbstwertgefühl. Selbstvertrauen bezieht sich auf menschliche Bedürfnisse, Selbstachtung auf moralisches Bewusstsein und Selbstwertgefühl auf die speziellen Eigenschaften und Fähigkeiten, die ein Individuum besitzt.[24] Das Selbstwertgefühl ist der im Sinne der Zielsetzung der Arbeit entscheidende Aspekt: »das Gefühl, innerhalb einer konkreten Gemeinschaft von sozialer Bedeutung zu sein.«[25]

2. Selbstbewusstsein und Begierde

Worum es dem Menschen beim Kampf um Anerkennung geht, ist die Bestätigung des Selbstwerts. Um sich einen Wert zuzuordnen, muss das Selbst zunächst ein Bewusstsein von sich entwickeln.[26] Was bei Fichte einfach als ›Ich-Setzung‹ stattfindet, ist bei Hegel ein dialektischer Prozess des Geistes, dessen vorläufiges Ergebnis das Wissen um das eigene Wissen ist: »eine Gewissheit, welche ihrer Wahrheit gleich ist; denn die Gewissheit ist sich selbst ihr Gegenstand, und das Bewusstsein ist sich selbst das Wahre.«[27] Hat sich das Selbstbewusstsein erkannt, begehrt es Anerkennung seines Selbst durch andere. »Das Selbstbewusstsein ist an und für sich, indem und dadurch, dass es für ein anderes an und für sich ist; d.h., es ist nur als ein Anerkanntes.«[28] Dem Selbst reicht das Wissen von sich und von seinem Wissen nicht, es muss diese Idee von sich, diesen Selbstwert, anderen vermitteln oder »aufzwingen«[29], wie Hegel-Interpret Alexandre Kojève es nennt.

---

23 Vgl. Honneth: *Kampf um Anerkennung. Zur Grammatik sozialer Konflikte*, S. 46 und Honneth: »Anerkennung und moralische Verpflichtung« , S. 28
24 Ebd. S. 33
25 Ebd. S. 34
26 Selbstbewusstsein meint hier in Anlehnung an Hegel, das ›Wissen um das eigene Wissen‹, sich seiner Selbst bewusst sein. Der Selbstwert dagegen ist die Vorstellung von der Wertigkeit und Stellung des Individuums, die eigene sowie die von anderen. Die Wertzuweisung und damit die Bestätigung oder Ablehnung des Selbstwertes geschieht im Akt der Anerkennung.
27 Hegel: *Phänomenologie des Geistes*, S. 137
28 Ebd. S. 145
29 Kojève: *Hegel. Eine Vergegenwärtigung seines Denkens*, S. 29

2.1 Der Kampf um Anerkennung: Hegels Dialektik von Herrn und Knecht

In der ›Phänomenologie des Geistes‹ beschreibt Hegel 1807, wie sich die Entwicklung des Geistes als fortwährende Bildung und Auflösung von Widersprüchen vollzieht. Kernstück der Phänomenologie ist in der Interpretation von Alexandre Kojève der Kampf um Anerkennung, der als dialektischer Kampf zwischen ›Herrn‹ und ›Knecht‹[30] geführt wird. Dabei kämpfen zwei Selbstbewusstseine um Anerkennung, sie wollen sich selbst durch den anderen bestätigt sehen. In diesem Kampf um Leben und Tod[31] geht es nicht um materielle Güter, sondern um Selbstachtung. Gekämpft wird um ›Würde‹ oder ›Ehre‹[32] – den Wert, den ein Individuum sich selbst zuordnet. »Sie müssen in diesen Kampf gehen, denn sie müssen die Gewissheit ihrer selbst, für sich zu sein, zur Wahrheit an dem Anderen und an ihnen selbst erheben.«[33]

In diesem Macht-Kampf[34] siegt der Herr über den Knecht, weil er bereit ist, sein Leben für die Würde zu geben. Der Knecht aber unterliegt der Todes-Furcht und unterwirft sich dem Herrn. Der Herr wird vom Knecht anerkannt, umgekehrt gilt diese Anerkennung nicht. Das Anerkennungsverhältnis ist deshalb unbefriedigend, der Herr gerät in eine »existentialistische Sackgasse«[35]: er wird nur vom Knecht anerkannt, einem Wesen, das er seinerseits nicht anerkennt. Die Anerkennung, die er vom Knecht, dem Nicht-Anerkannten, erhält, wäre demnach nichts wert. Die Lösung des Dilemmas liegt in der Herausbildung der Vernunft und gegenseitiger Anerkennung.

2.2 *Thymos* und die Dreiteilung der Seele

»Das Wesen des Menschen liegt im Akt des Schätzens selbst, in der Zuweisung eines Wertes für sich selbst und in der Forderung nach Anerkennung dieses

---

30 Hegel-Interpreten sind sich uneins, ob Herr und Knecht zwei unterschiedliche Akteure oder zwei Seiten des einen Selbstbewusstseins sind. Da es bei der Anerkennung aber um den zwischenmenschlichen Aspekt geht, halte ich es hier mit Kojève, der von zwei Individuen ausgeht.

31 Wobei Tod nicht als wirklicher Tod eines Akteurs zu deuten ist, sondern als einfache Negation, also Beendung des dialektischen Prozess. Denn erst eine einfache Negation, die wiederum negiert wird, ist eine doppelte Negation und damit wieder Ausgangspunkt für einen erneuten dialektischen Prozess. Sie wird in der höheren Bewusstseinsstufe aufgehoben im Sinne von bewahrt.

32 Vgl. Siep: *Der Kampf um Anerkennung. Zu Hegels Auseinandersetzung mit Hobbes in den Jenaer Schriften,* S. 196

33 Hegel: *Phänomenologie des Geistes,* S. 149

34 Vgl. Wild: *Autonomie und Anerkennung,* S. 337

35 Kojève: *Hegel. Eine Vergegenwärtigung seines Denkens,* S. 36

Wertes.«[36] Bei Hegels Kampf um Anerkennung wird nicht um der Selbsterhaltung willen gekämpft oder anerkannt. Das Motiv ist auch kein materieller Besitzanspruch, sondern ein immaterieller Wert: Es geht um die Idee, die ein Mensch von sich besitzt, einen Wert, den er sich zuschreibt, von dem er möchte, dass er auch für andere Wirklichkeit wird. Er kämpft um Anerkennung dieser Idee von sich, um seine Wirklichkeit zur allgemeinen Wirklichkeit zu machen.

»Platon sprach von Thymos oder Beherztheit, Machiavelli vom Verlangen des Menschen nach Ruhm, Hobbes von Stolz oder Ruhmsucht, Rousseau von amour-propre, Alexander Hamilton von der Liebe zum Ruhm, James Madison von Ehrgeiz und Nietzsche bezeichnete den Menschen als das ›Tier mit den roten Wangen‹. All diese Begriffe beziehen sich auf jene Vorstellung des Menschen, dass den Dingen ein Wert beigemessen werden müsse – zuerst natürlich ihm selbst, dann auch den anderen Menschen und Dingen in seiner Umgebung.«[37]

Ein Mensch, der um seine Anerkennung kämpft, streitet um die Anerkennung seines Selbstwertes, seiner Würde. Sokrates sprach in Platons ›Der Staat‹ von einer Dreiteilung der Seele. Neben ›Vernunft‹, dem Seelenteil, »mit dem der Mensch lernt«[38] und dem »begehrenden Teil«[39] besteht die Seele aus einem Siegestrieb, der den Menschen dazu bringt, »voll des Mutes«[40] zu sein. Dieser Trieb, der mit Ehrgeiz, Wunsch nach Überlegenheit, Eifer umschrieben werden kann, wird ›Thymos‹ genannt. Thymos steht für die Wertvorstellung, die ein Mensch von sich besitzt und für dessen Erhalt er im Zweifelsfall bereit ist, sein Leben aufs Spiel zu setzen. Für Fukuyama wie auch für William I. Thomas ist Thymos der Antrieb im Kampf um Anerkennung.

»Prahlen und Schikanieren, Grausamkeit und Tyrannei und der ›Wille zur Macht‹ enthalten ein sadistisches Element, das dem Gefühl der Wut verwandt ist und die Anerkennung der Persönlichkeit erzwingen will.«[41]

Platon beschreibt Thymos als wichtige Eigenschaft für das Gemeinwesen eines Idealstaates, deutet aber gleichzeitig an, dass Thymos eine Gesellschaft auch zerstören kann. Ebenso argumentieren vor allem Hobbes, der deshalb die Unterwerfung unter die Herrschaft eines Souveräns dem ›Kampf aller gegen alle‹ vorzieht, und in abgeschwächter Form Locke und Rousseau. Für Nietzsche hingegen ist Thymos, als Überlegenheitstrieb, Quell der Leistungsbereitschaft des Menschen und deshalb der Wert, der den Mensch zum Menschen

---

36 Fukuyama: *Das Ende der Geschichte,* S. 262
37 Ebd. S. 229f.
38 Platon: *Der Staat,* S. 415
39 Ebd. S. 233
40 Ebd. S. 415
41 Thomas: *Person und Sozialverhalten,* S. 190

macht und ihn von antrieblosen, verachtenswerten ›letzten Menschen‹ unterscheidet. Die Staatsform der Demokratie zerstört in seinen Augen Thymos.

Anders als für Hobbes, ist für Nietzsche, der den ›Willen zur Macht‹ als Grundprinzip des Lebens betrachtet[42], der Herr der bessere Mensch, denn er strebt nach Anerkennung, der Knecht jedoch ist ein Sklave und so lässt Nietzsche seinen Zarathustra sagen:»Lieber noch gehe ich unter, als dass ich diesem Einen absagte; und wahrlich, wo es Untergang gibt und Blätterfallen, siehe, da opfert sich Leben – um Macht!«[43]

2.3 Kojève und die Begierde der Begierde

»In und durch oder richtiger noch als ›seine‹ Begierde konstituiert sich der Mensch und offenbart er sich – sich selbst und anderen – als ein Ich, als· das vom Nicht-Ich wesentlich verschiedene, ihm radikal entgegengesetzte Ich. Das (menschliche) Ich ist das Ich einer – oder der Begierde.«[44]

Der russisch-französische Philosoph Alexandre Kojève hat in seiner Hegel-Interpretation als Wesen der Anerkennung bei Hegel die ›Begierde der Begierde anderer‹ identifiziert. Diese macht für Kojève das Menschsein aus. Auch Fichte hat diese Antriebskraft beschrieben:

»Das Wollen ist der eigentliche wesentliche Charakter der Vernunft; (...). Das praktische Vermögen ist die innigste Wurzel des Ich, auf dieses wird erst alles andere aufgetragen, und daran angeheftet.«[45]

Die Begierde oder das Wollen sind Grundlage für das Handeln und damit die praktische Umsetzung der Vernunft. Hinter der Begierde steht laut Kojève der Wunsch, im Bewusstsein des anderen eine wertvolle Rolle zu spielen, es ist die Begierde nach Anerkennung,»dass der Wert, der ich bin oder den ich ›repräsentiere‹, der von diesem anderen begehrte Wert sei: ich will, dass er meinen Wert als seinen Wert ›anerkennt‹, ich will, dass er mich als einen selbständigen Wert ›anerkennt‹.«[46] Diese Begierde steuert jeden Menschen. In der Interpretation von Kojève ist der Mensch nicht Mensch, nur weil er sich selbst und sein Wissen von sich erkennt, sondern weil er seine Begierde auf ein immaterielles Ziel richten kann: Von anderen anerkannt zu werden.

---

42 Nietzsche: *Also sprach Zarathustra*, S. 119
43 Ebd. S. 118
44 Kojève: *Hegel. Eine Vergegenwärtigung seines Denkens*, S. 20f.
45 Fichte: *Grundlagen des Naturrechts*, S. 6
46 Kojève: *Hegel. Eine Vergegenwärtigung seines Denkens*, S. 24

3. Identität

Soziale Wesen bedürfen der Beachtung und Achtung ihrer Artgenossen. Der Sinn ist bereits im Wort mitgeliefert, sozial kommt von lateinisch ›socius‹ und heißt ›Gefährte‹.[47] Soziale Wesen sind also auf ihre Gefährten fixiert, sie leben in Gruppen. Das Bedürfnis nach gegenseitiger Beachtung und Anerkennung gab es schon, bevor sich menschliche Zivilisationen entwickelten. Überall dort, wo Lebewesen als Gruppen interagieren, wo Sozialverbände entstehen, gibt es Anerkennungsverhältnisse. Sie sorgen für das Einschließen von Gleichen und Ausschließen von Anderen, sie sorgen für Hierarchien und Rollenaufteilungen. Das gegenseitige Erkennen und – als zur Gruppe gehörig – Anerkennen sichert das Überleben des Einzelnen sowie der Gruppe.

Der Mensch ist auf die Zuwendung anderer Menschen angewiesen. Was für den Säugling pure Überlebensfrage[48] ist, bleibt auch im weiteren Verlauf menschlicher Entwicklung wichtig. Die Beachtung anderer ist notwendig, um ein unverwechselbares Selbst entfalten zu können, das einzigartige Eigenheiten besitzt und gleichzeitig die Werte der Gruppe teilt.[49]

In der soziopsychologischen Theorie beschreibt Identität den unabhängigen Charakter eines Menschen, ein Eigenschaftsmuster, das im Laufe des Lebens erworben wird.[50] Dazu benötigen Menschen andere Menschen, die eigenes Handeln und Wirken spiegeln. Identitätsbildung ist ein gesellschaftlicher Prozess[51], bei dem im Laufe der Sozialisation die Werte und Ziele der Gemeinschaft in das Wesen des Individuum übernommen werden. »Die persönliche Identität des Menschen entwickelt sich nicht von ›Innen nach Außen‹, sondern von ›Außen nach Innen‹.«[52] Auch für William James ist es die Zuneigung anderer Menschen, die die soziale Identität eines Menschen bestimmt. »A man's Social Self is the recognition which he gets from his mates. (…) we have an innate propensity to get ourselves noticed, and noticed favourably, by our kind.«[53]

Das Bild, das ein Mensch durch diese Spiegelung von sich selbst erhält, bedarf einer permanenten Aktualisierung. Die Wertezuschreibungen behalten so lange Gültigkeit, wie sie von anderen bestätigt werden. Aleida Assmann und Heidrun

---

47 Vgl. Schäfers: »Die Grundlagen des Handelns: Sinn, Normen, Werte«, S. 18
48 Vgl. Rötzer: *Digitale Weltentwürfe*, S. 69
49 Goldhaber: »Die Aufmerksamkeits-Ökonomie und das Netz – Teil II«, S. 3
50 Henrich: »›Identität‹ – Begriff, Probleme, Grenzen«, S. 135f.; Vgl. Habermas: *Theorie des kommunikativen Handelns*, Bd. 2, S. 154
51 Vgl. auch Berger/Luckmann: *Die gesellschaftliche Konstruktion der Wirklichkeit*, S. 51 und S. 186
52 Luckmann: »Persönliche Identität, soziale Rolle und Rollendistanz«, S. 299
53 James: *The Principles of Psychology*, Bd. 1; S. 293f.

Friese nennen diesen Gesichtspunkt »kontinuierlich zu leistende Erarbeitung von Identität«[54], Jürgen Straub spricht von Identität als »ein stets nur vorläufiges Produkt psychischer Akte«[55], Lothar Krappmann von einem ›kreativen Akt‹, der Identität im Hinblick auf Situationen und Erwartungen präsentiert. »Er schafft etwas noch nie Dagewesenes, nämlich die Aufarbeitung der Lebensgeschichte des Individuums für die aktuelle Situation.«[56]

3.1 Die zweigeteilte Identität: Autonomes Ich und der generalisierte Andere

»Erst im Spiegel des anderen Bewusstseins lernen wir unser Selbst kennen. Erst in der Wertschätzung, die wir von anderen erfahren, lernen wir, was wir von uns halten dürfen.«[57] Der nordamerikanische Sozialbehaviorist George Herbert Mead hat gezeigt, dass sich Identität durch das gesellschaftliche Phänomen Sprache entwickelt. Identität entsteht, wenn Individuen Gesten Bedeutungen zuordnen können und diese Bedeutungen Einfluss auf die eigene Handlung haben. Kann ein Individuum sich in andere hinein versetzen, so wird es ihm möglich, sich selbst auch durch die Augen der anderen zu sehen. Das Erkennen der eigenen Identität ist ein reflexiver Prozess, bei dem man versucht, das Bild zu erkennen, das andere von einem selbst besitzen. Thomas Luckmann und Peter Berger sprechen von einem »»Spiegelreflex auf Einstellung des Anderen zu mir.«[58] Joshua Meyrowitz betont ebenfalls das durch das Fremdbild bestimmte Selbst:

»The stability of social interactions based on expression and impression reinforced by the fact that we each gain a sense of ourselves through relationships with other people. While we often prefer to think of ourselves as autonomous individuals who make our own destiny, most of the concepts we use to define ourselves are relative and social. When we think of ourselves as being tall or short, smart or dumb, careful or bold, competent or incompetent, kind or harsh, we must compare ourselves in a particular social situation, we often see ourselves from another person's viewpoint.«[59]

---

54 Assmann/Friese: *Identitäten*, S. 14
55 Straub: *Personale und kollektive Identität*, S. 87
56 Krappmann: *Soziologische Dimensionen der Identität*, S. 11
57 Franck: »Jenseits von Geld und Information«, S. 86. Vgl. auch Dehlhees: *Soziale Kommunikation.*, S. 48
58 Berger/Luckmann: *Die gesellschaftliche Konstruktion der Wirklichkeit*, S. 32; Vgl. Luckmann: »Persönliche Identität, soziale Rolle und Rollendistanz«, S. 299
59 Meyrowitz: *No sense of place*, S. 31

Nur, wer sich reflexiv auf sich selbst beziehen kann, ist fähig, eine eigene Identität zu entwickeln und erwirbt mit der Identität die Voraussetzung für selbständiges Handeln und Denken.[60] Autonomie bedeutet Bewusstwerdung seiner Selbst durch die Anerkennung der anderen, Autonomie ist ein Resultat von Anerkennungsbeziehungen.[61]

Identität hat nach Mead zwei Aspekte (das ›I‹ und das ›Me‹), einen subjektiven und einen gesellschaftlichen Aspekt. Beim gesellschaftlich determinierten Ich handelt es sich um die Moralvorstellung eines Menschen, in der die gesellschaftlichen Werte verankert sind. Nach Mead antizipiert der Mensch mit der Vorstellung vom ›generalisierten Anderen‹[62] permanent das Denken und die Vorstellungen der Gesellschaft. Als Teil der eigenen Identität wird das Denken und Handeln durch diese interne gesellschaftliche Verhaltenskoordinierung geleitet. Die Werte der Gesellschaft sind deshalb bindend für jedes Individuum, weil sie durch die Sozialisation in der eigenen Identität verankert sind. Wenn Menschen die soziale Welt bewerten, unterliegen sie strukturellen Zwängen. Für Habermas spielen auch potentielle Strafen bei Nichtbeachtung der gemeinschaftlichen Regeln eine Rolle:

»Tatsächlich lernt der Heranwachsende diese Muster aber, indem er die Sanktionen, die auf den Verletzungen eines verallgemeinerten Imperativs stehen, antizipiert und damit die dahinterstehende Macht der sozialen Gruppe verinnerlicht.«[63]

3.2 Sozialisation: Einweisung in die Werte und Normen der Gesellschaft

Jeder Mensch wächst in einen gesellschaftlichen Kontext hinein, der seine soziale und kognitive Entwicklung prägt. Identität bildet sich »in Wechselwirkung mit einer Umwelt«[64]. Die Welt, wie sie von den unmittelbaren Bezugspersonen eines Menschen, Meads ›signifikanten Anderen‹, gesehen wird, ist die Welt, die dem Kind als objektive Wirklichkeit erscheint. Der Mensch wird nicht nur in eine »objektive Gesellschaftsstruktur hineingeboren, sondern auch

---

60 Vgl. Habermas: *Theorie des kommunikativen Handelns*, Bd. 2, S. 153

61 Vgl. Wils: »Autonomie und Anerkennung«, S. 40: Möglich ist die Reflexion nach Mead nur, weil Menschen die Fähigkeit besitzen, verzögert auf einen Reiz zu reagieren, so dass sie ihr Verhalten koordinieren und kontrollieren können. »Im Unterschied zum Tier kann der Mensch alle möglichen Reaktionen seines eigenen Organismus auf äußere Anlässe verzögern, zwischen unterschiedlichen Reizen auswählen, schließlich sogar mehrere Reaktionsmöglichkeiten miteinander kombinieren und dadurch eine neue Handlung entwerfen.« Vgl. Düsing: *Intersubjektivität und Selbstbewusstsein*, S. 61

62 Vgl. Mead: *Geist, Identität und Gesellschaft*, S. 194

63 Habermas: *Theorie des kommunikativen Handelns*, Bd. 2, S. 62

64 Berger/Luckmann: *Die gesellschaftliche Konstruktion der Wirklichkeit*, S. 51

in eine objektive gesellschaftliche Welt«[65]. Die signifikanten Anderen, meist Mutter und Vater, dienen dem Kind als Identifikationsfiguren, es imitiert ihre Rollen und übernimmt ihre Einstellungen für sich selbst. Durch diese Identifikation mit den signifikanten Anderen wird es dem Kind möglich, die eigene Identität als etwas Getrenntes wahrzunehmen.

Gleichzeitig mit der vorgefundenen Sicht auf die Welt übernimmt der Mensch die Regeln einer Gesellschaft, ihren Wissensbestand und ihre Werte. Identität kann nur gemeinsam mit der Welt, in der sie verortet ist, entstehen. Und so werden Rollenunterschiede und Statuszuweisungen als vorgegeben in die eigene Persönlichkeit übernommen. Indem sich das Kind eine Identität zulegt, internalisiert es gleichzeitig diese Welt, Wirklichkeit und rollenspezifisches Wissen. Bei dieser Weltaneignung spielt die Sprache eine entscheidende Rolle. In der Sprache sind bestimmte Strukturen, Ordnungsschemata, Rollen, Wissen, Einstellungen und Handlungs- und Denkmuster bereits angelegt.

»Als Sprache und mittels Sprache werden beliebige institutionell festgesetzte Begründungs- und Auslegungszusammenhänge internalisiert – so benimmt man sich etwa wie ein tapferer kleiner Junge und glaubt, dass kleine Jungen von Natur aus nach tapfer und feige zu scheiden sind.«[66]

Sprache ist deshalb so entscheidend, weil sie fertige Denk-, Wahrnehmungs- und Handlungsmuster bereithält. Beim Spracherwerb verinnerlichen Kinder einen Baukasten an Zeichen, Lauten, Artikulation, deren Bedeutung, Kombinations- und Verwendungsmöglichkeiten. Sie lernen Welt und wie man in ihr denken und handeln kann. So entwickelt sich zum Beispiel mit dem Sprachsystem ein Denksystem, das die Welt systematisch in gegensätzliche Klassifikationen aufteilt. Das heißt, mit der Aneignung des Sprachcodes lernen Kinder die Kultur der jeweiligen Gesellschaft mit.

3.3 Institutionalisierung: Bewährte Handlungsmuster entlasten das Bewusstsein

Im Laufe der Sozialisation lernen Menschen institutionalisierte Werkzeuge zu benutzen, routinierte Handlungsmuster, die es ermöglichen, intellektuelle Kapazitäten für neue Herausforderungen bereit zu halten. Die Erleichterung durch Institutionen erkennen auch Berger und Luckmann: »Das befreit den Einzelnen von der ›Bürde der Entscheidung‹ und sorgt für psychologische

---

65 Ebd. S. 141
66 Ebd. S. 145f.

Entlastung.«[67] Institutionalisierungen haben einen geschichtlichen Hintergrund. Sind sie einmal errichtet, geben sie den Menschen Handlungsmuster vor, sie begrenzen die Auswahl und machen Entscheidungen vorhersag- und steuerbar. Institutionen gelten für große Gesellschaften, aber auch für zwei Personen, die das gleiche Wissen über eine Ereignisfolge besitzen. Aus diesem Wissen entsteht Routine und daraus kann Weiterentwicklung folgen[68] – bei kognitiven genauso wie bei gesellschaftlichen Prozessen. Damit eine wiederholte Handlung zur Institution werden kann, bedarf es einer dauerhaften gesellschaftlichen Situation wie zum Beispiel Sesshaftigkeit. Dann werden solche Situationen institutionalisiert, die für beide Personen relevant sind, zum Beispiel die Arbeitsteilung zwischen Jägern und Sammlern. Die Institutionalisierung ist vollendet, wenn sie an dritte bzw. die nächste Generation weitergegeben wird. Erst dadurch erlangt sie den Status der Tatsache oder wie Berger und Luckmann es nennen: »Die Einheit von Lebenslauf und Geschichte zerbricht.«[69]

Während der Sozialisation übernehmen Kinder Institutionen als Wirklichkeit, anfangs kennen sie keine Unterscheidung zwischen natürlichen und gesellschaftlichen Vorgängen, zum Beispiel »die Sprache erscheint dem Kind als zur ›Natur der Dinge‹ gehörig. Es kann nicht erkennen, dass es sich um eine Übereinkunft handelt.«[70] Zwischen Mensch und Gesellschaft besteht also eine Wechselbeziehung, die Berger und Luckmann als dialektisches Prinzip deuten. Menschen bilden eine Gesellschaft, objektivieren die Welt und werden von diesen gesellschaftlichen Vorgaben bestimmt. So ist der Satz zu verstehen: »Der Mensch ist fähig eine Welt zu produzieren, die er nicht als menschliches Produkt empfindet.«[71]

4. Position

Die Qualität und Quantität der Zuweisung von Anerkennung bestimmt darüber, in welcher Position sich ein Mensch in der Gesellschaft verortet. Identität »muss von anderen anerkannt werden, um jene Werte zugeschrieben zu bekommen, die wir ihr gerne zugeschrieben sehen möchten.«[72] Zu jeder gesell-

---

67 Ebd. S.7
68 Vgl. Ebd. S. 61
69 Ebd. S. 100
70 Ebd. S. 63
71 Ebd. S. 65
72 Mead: *Geist, Identität und Gesellschaft*, S. 248

schaftlichen Position gehört ein entsprechendes Rollenmuster und Eigenschaften. Positionen bestimmen bedeutet, den eigenen Wert in Bezug zu dem Wert anderer Menschen zu setzen. Aus diesem Vergleich entstehen Minderwertigkeitsgefühle, wenn wir an uns Mängel entdecken und Überlegenheitsgefühle, wenn wir etwas besser können.»An jede Position wird ein bestimmter sozialer Maßstab angelegt und bringt dem Inhaber dieser Position ein entsprechendes Maß an Prestige oder Verachtung ein.«[73] Die gesellschaftlichen Positionen entsprechen Rangordnungen, die im wahrsten Sinne des Wortes mit mehr oder weniger Ansehen verbunden sind. Talcott Parsons spricht hier von sozialer Schichtung, die sich aus einer institutionalisierten Schichtungsskala ergibt:

»Unter sozialer Schichtung wird hier die differentielle Rangordnung verstanden, nach der die Individuen in einem gegebenen sozialen System eingestuft werden und die es bedingt, dass sie in bestimmten, sozial bedeutsamen Zusammenhängen als einander über- und untergeordnet behandelt werden.«[74]

Der Ranghöhe eines Individuums entspricht sein Wert und auch die Aufmerksamkeit, die ihm von anderen zukommt. Die attention-binding-quality, die auch unter Kindern nachgewiesen wurde, besagt genau das: Rangniedere schenken Ranghöheren Aufmerksamkeit[75], zum einen aus Attraktivität der Position, zum anderen aus Furcht. Dieser ungeschriebene Kodex zeigt sich auch in der menschlichen Kommunikation:»durch die Häufigkeit und Länge der Gesprächsbeiträge, durch die Vermeidung bestimmter Themen, durch Zurückhaltung beim Sprechen über die eigene Person, durch eifrig oder widerwillig gewährte Aufmerksamkeit – durch all das werden Rang und soziale Beziehung gebührend berücksichtigt.«[76]

4.1 Sense of one's place

Pierre Bourdieu betrachtet die Welt als sozialen Raum, in dem es unterschiedliche Positionen gibt. Als konstruktivistischer Strukturalist analysiert er diesen Raum unter dem Aspekt der Beziehungen, die in ihm bestehen und den Bedingungen, die aus den vorhandenen Strukturen für die Menschen und die Wahrnehmung ihrer Wirklichkeit erwachsen.

---

73 Goffman: *Interaktion: Spaß am Spiel / Rollendistanz*, S. 97
74 Parsons: *Soziologische Theorie*, S. 180
75 Eibl-Eibesfeldt: *Grundriß einer vergleichenden Verhaltensforschung – Ethologie*, S. 438ff.; Vgl.
   Schwender: *Medien und Emotionen*, S. 165; Vgl. Atzwanger:»Verhaltensbiologische Aspekte der
   Aufmerksamkeit«, S. 65
76 Goffman: *Rahmen-Analyse*, S. 535f.

Dabei geht es nicht so sehr um Beschreibungen der verschiedenen Lebensstile in ihren Unterschieden, sondern um Positionen innerhalb eines »Machtfeldes«[77]. Die Beziehungen und Positionen basieren auf einer Wertestruktur. Die Position beschreibt dabei einen festen Punkt in der Struktur. Da die Bewertung der Struktur verhandelbar ist, befindet sich die Gesellschaft in einem permanenten Statuswettbewerb, in einem Kampf um die gesellschaftliche Wertigkeit der einzelnen Positionen.

»Ein Feld ist ein strukturierter gesellschaftlicher Raum, ein Kräftefeld – es gibt Herrscher und Beherrschte, es gibt konstante, ständige Ungleichheitsbeziehungen in diesem Raum –, und es ist auch eine Arena, in der um Veränderung oder Erhaltung dieses Kräfteverhältnisses gekämpft wird. In diesem Universum bringt jeder die (relative) Kraft, über die er verfügt und die seine Position im Feld und folglich seine Strategien bestimmt, in die Konkurrenz mit den anderen ein.«[78]

Die soziale Welt, so Bourdieu, präsentiere sich objektiv als symbolische Welt, in der alle auftretenden Attribute Wertungen unterliegen. Der soziale Raum funktioniert als ein symbolischer Raum, in dem verschiedene Gruppen unterschiedliche Lebensstile präsentieren und damit Statusgruppen konstruieren.[79] Die Positionen innerhalb eines Feldes definieren sich nach der Verteilung der begehrten knappen Ressourcen[80], die Bourdieu in ökonomisches, kulturelles, soziales und symbolisches Kapital unterteilt. Über diese Ressourcen definiert sich die Stellung eines Menschen innerhalb eines sozialen Feldes.

Eine Gesellschaft beinhaltet verschiedene Felder, in denen unterschiedliche Merkmale Ränge in der Hierarchie ergeben. Positionen, die sich nahe liegen, prägen ähnliche Lebensmuster und Geschmacksvorstellungen aus. Menschen klassifizieren sich selbst, indem sie ihrer Position entsprechend Attribute für sich auswählen. Akteure im sozialen Raum haben unbewusst, wie Erving Goffman sagt, einen ›sense of one's place‹, einen gesellschaftlichen Orientierungssinn. Die soziale Welt ist derart strukturiert, dass bestimmte Eigenschaften in höheren Wahrscheinlichkeiten bei bestimmten Gruppen auftreten. Die Eigenschaften sind Unterschiede, die als Zeichen fungieren, so ist zum Beispiel die Sportart ›Golf‹ Zeichen für Großbürgerlichkeit. Welchen Eigenschaften welcher Status zugeschrieben wird, ist eine Frage der Übereinkunft. Diese ist essentiell für die Wirkung der Bedeutungen, die Zeichen müssen erkannt und in ihrer Bedeutung anerkannt werden.[81] »Soll ein symbolischer Tausch funktio-

77 Vgl. Bourdieu: »Sozialer Raum und symbolische Macht«, S. 139
78 Bourdieu: Über das Fernsehen, S. 57
79 Vgl. Bourdieu: »Sozialer Raum und symbolische Macht«, S. 146
80 Vgl. auch Buchanan: Die Grenzen der Freiheit, S. 35
81 Vgl. Habermas: Die Theorie des kommunikativen Handelns, Bd. 2, S. 31

nieren, müssen beide Parteien über die gleichen Wahrnehmungs- und Bewertungskategorien verfügen.«[82] Die Position eines Menschen spiegelt sich in seiner gesamten Erscheinung, seinen Haltungen und seinem Handeln, dem Habitus. Der Habitus ist eine Wahrnehmungs-, Denk- und Bewertungsstruktur eines Menschen, der die soziale Position des Handelnden offenbart.

»Folglich produziert der Habitus Praktiken und Vorstellungen, die klassifiziert werden können, die objektiv differenziert sind; als solche sind sie jedoch unmittelbar nur für Akteure wahrnehmbar, die den Kode besitzen, die zum Verständnis ihres sozialen Sinns notwendigen Klassifikationsschemata. In diesem Sinne impliziert der Habitus einen sense of one's place wie einen sense of other's place.«[83]

Dieser Standort des Individuums in der Sozialstruktur richtet sich nach Parsons nach seinem Rang auf der Schichtungsskala und seinen Rollen. Entscheidend dabei sind die gesellschaftlich verankerten Werte. »Eine solche ›Position‹ soll nur dann ›Status‹ heißen, insofern sie durch eine gemeinsame Wertorientierung sanktioniert, insofern sie ›institutionalisiert‹ ist.«[84] Menschen streben nach Status. Der Wunsch, eine höhere Position als Andere zu erreichen, ist für Mead natürlich gegeben.

»Wir nehmen auch bestimmte Positionen in verschiedenen Gruppen ein, die uns die Bestimmung unserer Identität gestatten, doch steht hinter allen diesen Fragen ein Gefühl, dass wir im Grunde besser als andere Menschen seien.«[85]

Die gesellschaftlichen Veränderungen bedingt durch die elektronischen Medien haben auch, wie Joshua Meyrowitz aufgezeigt hat, Einfluss auf gesellschaftliche Positionierungen. Position, argumentiert Meyrowitz, wird weitgehend durch den Zugang zu Information bestimmt, Massenmedien ermöglichen soziale Mobilität, sie bringen alle Menschen quasi auf den gleichen Stand. Gruppenerfahrungen und -Identitäten mischen sich dadurch, dass Informationen öffentlich und für jeden zugänglich sind. Die Identität eines Menschen ist immer weniger von der statischen Position determiniert, als davon abhängig, von wo ein Mensch seine Informationen bezieht und welche Erfahrungen und Eigenschaften er sich für seine Identität zu Eigen macht. »It is not the physical setting itself that determines the nature of interaction, but the patterns of information flow.«[86]

---

82 Bourdieu: *Praktische Vernunft. Zur Theorie des Handelns*, S. 171
83 Bourdieu: »Sozialer Raum und symbolische Macht«, S. 144
84 Parsons: *Aktor, Situation und normative Muster*, S. 188f.
85 Mead: *Geist, Identität und Gesellschaft*, S. 249
86 Meyrowitz: *No sense of place*, S. 36

4.2 Internalisierung der sozialen Rolle

Der Mensch ist Träger von sozialen Rollen. Die Rollen leiten sich aus den Positionen innerhalb einer sozialen Struktur ab. Die Rolle ist im Unterschied zur Position weniger statisch, sondern dynamisch, das heißt, sie muss stetig aktualisiert werden. Die soziale Rolle ist die Summe der Vorstellungen von dem Verhalten, das mit der Rolle verbunden wird. Wesentlich ist die Erfüllung der an die Rolle gestellten Erwartungen, wie zum Beispiel die Fürsorge der Mutter. Rollen sind abhängig vom Wertesystem einer Gesellschaft, insofern geht mit jeder Rolle ein bestimmter Status einher.[87] Erving Goffman hat gezeigt, dass Status kein materieller Besitz ist, der, einmal erworben, nur noch zur Schau gestellt werden muss. Status muss permanent dargestellt und realisiert werden.[88] Rollen sind an Situationen und Status gebunden, es gibt eine gesellschaftliche Übereinkunft, wie man sich in der entsprechenden Rolle angemessen verhält. Diese Regeln fallen vor allem dann auf, wenn jemand sie bricht, wenn jemand ›aus der Rolle fällt‹.

Der Begriff ›Person‹ geht auf ›Persona‹ zurück und hat seinen Wortursprung in Rolle, Maske, Charakter.[89] Eine Rolle kann man annehmen und auch wieder ablegen. Wenn jemand eine Rolle annimmt, nimmt er einen gesellschaftlich festgelegten Charakter an. Goffman betont den Unterschied: Der Rollenträger ist nicht dieser festgelegte Charakter, er gibt eine »Einmann-Darbietung. Er gestaltet.«[90] Die Rolle, in der ein Mensch sich präsentiert, ist die individuelle Interpretation eines allgemeingültigen Schemas, das deshalb so wirkungsvoll ist, weil es von den anderen Mitgliedern einer Gemeinschaft intuitiv erfasst werden kann. In der Rolle kommen Stereotypen der Kultur[91] zum Tragen: »als ein Universum von Bedeutsamkeiten, aus denen er produktiv für seinen Existenz-Entwurf schöpfen kann.«[92]

Es gibt vorgegebene und erworbene Rollen. Vorgegeben ist zum Beispiel die Rolle als Frau, erworben die Rolle als Arzt. Der Mensch nimmt nicht nur eine Rolle ein, er muss mehrere erfüllen, beispielsweise Mutter, Tochter, Ärztin, Freundin, Konservative etc. »Das Ich ist also keine halb hinter den Ereignissen verborgene Entität, sondern eine veränderliche Formel, mit der man

---

87 Vgl. Parsons: *Aktor, Situation und normative Muster*, S. 188
88 Vgl. Goffman: *Wir alle spielen Theater. Die Selbstdarstellung im Alltag*, S. 70
89 Vgl. Schwender: *Medien und Emotionen*, S. 85; Vgl. Fuhrmann:»Persona, ein römischer Rollenbegriff«, S. 84 Vgl. Schlenker: *Impression Management*, S. 34
90 Goffman: *Rahmen-Analyse*, S. 588
91 Goffman: *Rahmen-Analyse*, S. 604
92 Düsing: *Intersubjektivität und Selbstbewusstsein*, S. 149

sich auf die Ereignisse einlässt.«[93] Rollen reduzieren die Komplexität der Interaktion, da sie Verhalten erwartbar machen und im Rahmen der Rolle nur bestimmte Verhaltensmuster zulassen. Mit der Rolle eignet sich ein Mensch auch institutionalisierte Handlungsschemata an, die die Werte der Gesellschaft spiegeln und sich als positionsadäquat beschreiben lassen. Weil Rollen an Situationen gebunden sind, können soziale Veränderungen andere Rollenansprüche herstellen. Meyrowitz argumentiert, dass Medien Vorstellungen innerhalb der Gesellschaft über Status und Rolle verändern:

»I try to demonstrate that both statuses and roles are dependent on the number and type of social information-systems, and that these, in turn, may be affected by changes in media of communication.«[94]

Klassisches Prestige erfährt eine Schwächung durch den breiteren Zugang zu Information, der Distanzen zwischen Hierarchieebenen verringert und tradierte Autorität schwächt.

4.3 Symbolisches Kapital und *worldmaking*

Seit Kants Kopernikanischer Wende wird Wirklichkeit als Konstruktion verstanden. Wirklichkeit ist Interpretationssache und gesellschaftliche Wirklichkeit eine Übereinkunft. Das bedeutet zum einen, dass es verschiedene Sichtweisen der Welt gibt, zum anderen, dass keine absolute Gültigkeit besitzt.

Sind Wirklichkeit und Sinn konstruiert, also auch anders möglich, handelt es sich um Provisorien, die solange Gültigkeit besitzen, bis andere Wirklichkeitskonstruktionen anerkannt sind.

»Dieses objektive Element von Unsicherheit (...) liefert eine Grundlage für die Pluralität von Weltsichten (...) und in eines damit eine Grundlage für die symbolischen Kämpfe um die Macht zur Produktion und Durchsetzung der legitimen Weltsicht.«[95]

Wirklichkeit ist also verhandelbar. Um die Bewertung von Positionen, Machtverteilung und sozialer Ordnung werden symbolische Kämpfe geführt. »Darum geht es in den Auseinandersetzungen um die Definition des Sinns der Sozialwelt: um Macht über die Klassifikations- und Ordnungssysteme.«[96]

---

93 Goffman: *Rahmen-Analyse*, S. 617
94 Meyrowitz: *No sense of place*, S. 335
95 Bourdieu: »Sozialer Raum und symbolische Macht«, S. 147. Vgl. auch Bourdieu: *Die feinen Unterschiede*, S. 394
96 Ebd. S. 748

Dabei sind soziale Ordnung und ihre Wahrnehmung durch strukturelle Zwänge aneinander gebunden. Soziale Ordnung legitimiert sich über die Wahrnehmung der sozialen Welt, diese Wahrnehmung ist durch die soziale Ordnung vorstrukturiert, nämlich derart, »dass die Akteure auf die objektiven Strukturen der sozialen Welt solche Wahrnehmungs- und Wertungsstrukturen anwenden, die selbst aus jenen objektiven Strukturen hervorgegangen sind und deshalb tendenziell die Welt als evident wahrnehmen.«[97] Um die Wahrnehmung der sozialen Welt zu verändern, muss man auf die kognitiven Strukturen einwirken.

Für die Durchsetzung der ›legitimen Weltsicht‹ ist das symbolische Kapital entscheidend. Es bedarf Macht, um die eigene Wirklichkeitsinterpretation durchsetzen zu können und Macht ist ohne Anerkennung dieser Macht nicht denkbar. Ökonomisches oder auch kulturelles Kapital wird dann symbolisches Kapital, wenn es bekannt und anerkannt ist, »entsprechend den von ihm selbst durchgesetzten Wahrnehmungskategorien«[98]. Das heißt: Der Kampf um die Durchsetzung der legitimen Weltsicht ist ein Kampf um Anerkennung. Inhaber von symbolischem Kapital sind deshalb machtvoll, weil ihre Position bereits anerkannt ist. Sie können kraft ihrer Position und der damit einhergehenden Anerkennung Wahrnehmungsstrukturen zu ihren Gunsten beeinflussen, weil sie Macht über Rangstufen und Institutionen besitzen, die diese Machtverhältnisse konstatieren und stabilisieren. »Symbolische Macht ist in diesem Sinne ein Vermögen des worldmaking.«[99] Wer Gestaltungsgewalt über die Institutionen der Gesellschaft hat, kann hier ›Tatsachen schaffen‹. Macht bedeutet, Sozialisationsprozesse zu steuern und somit Wirklichkeit zu ›setzen‹.[100] Symbolisches Kapital ist die »Macht, die denjenigen übertragen wird, die ausreichend Anerkennung bekommen haben, um nun selbst Anerkennung durchsetzen zu können.«[101] Talcott Parsons spricht in diesem Zusammenhang von ›Autorität‹, die genauso erstrebenswert sei wie Reichtum, »weil sie Prestige verleiht wie auch die Macht, Ziele, welche auch immer dem Individuum teuer sein mögen, zu verwirklichen. Die unvermeidliche Folge ist ein Kampf der Individuen um die Besetzung von mit institutionalisierter Macht, mit Autorität ausgestatteten Positionen, der nicht völlig verhindert und nur unter Schwierigkeiten geregelt werden kann.«[102] Die Frage, wer die Deutungshoheit über die Wirklichkeit besitzt, ist eine entscheidende Komponente bei der Frage nach

---

97 Bourdieu: »Sozialer Raum und symbolische Macht«, S. 149

98 Ebd. S. 149

99 Ebd. S. 151

100 Vgl. Berger/Luckmann: *Die gesellschaftliche Konstruktion der Wirklichkeit*, S. 128

101 Bourdieu: »Sozialer Raum und symbolische Macht«, S. 152

102 Parsons: *Aktor, Situation und normative Muster*, S. 229f.

der Verteilung von Macht. Eine anerkannte, mit symbolischem Kapital aus-
gestattete Person hat, wie Habermas betont, einen »Vertrauensvorschuss« und
kann auf »Konsens- und Folgebereitschaft« zählen. In ihren Kommuni-
kationen und Handlungen orientieren sich Menschen an anerkannten Personen. Glaubwürdigkeit und Vertrauen richtet sich nach dem Prestige einer
Person. Deswegen setzt hier Habermas' Diskurskritik an:

»Sie beruht auf der Prämisse, dass Identität über kulturelle Symbole und diskursive For-
mationen befestigt wird und dass die wichtigste Strategie, bestimmte Werte oder Grenzen als
unverrückbar erscheinen zu lassen, darin besteht, sie als ›Natur‹, als objektiv, unverfügbar
und unzugänglich darzustellen, um sie damit persönlicher Entscheidbarkeit und politischer
Veränderbarkeit zu entziehen.«[103]

Die Weltsicht ist aber nicht willkürlich veränderbar. Sie ist um so glaubwürdiger und deshalb einfacher veränderbar, je näher sie an der aktuellen Weltsicht liegt. Dabei spielt die Sprache eine Schlüsselrolle: »die Macht ist bei den
Namengebern«[104]. Diejenigen, die ein öffentliches Forum haben und in der
Gesellschaft Anerkennung genießen, können mit Äußerungen wie ›Krieg gegen den Terror‹, ›uneingeschränkte Solidarität‹ oder ›Sozialschmarotzer‹ Denk-
kategorien schaffen, von denen in der Folgekommunikation ausgegangen
werden kann. Oder anders gesagt: »Symbolische Macht ist die Macht, Dinge
mit Wörtern zu schaffen.«[105]

5. Anerkennung unter den Bedingungen der Massenmedien

5.1 Identität und Krise – *No sense of place*

»Haben in der modernen Gesellschaft viele Menschen so wenige Lebensprobleme, die von
äußeren Kräften und Gewalten, vom Schicksal bestimmt sind, dass sie sich selbst zum
Problem werden können? Jedenfalls ist es bezeichnend, dass dieser Eindruck von den vorherrschenden Kulturerscheinungen moderner Luxusgesellschaften gefördert wird. Es ist
nicht zu übersehen, dass persönliche Identität keine unreflektierte Selbstverständlichkeit
individuellen Daseins in modernen industriellen Gesellschaften ist. Die massenweise
Problemhaftigkeit der persönlichen Identität ist ein Phänomen der neueren und neuesten
Zeit.«[106]

---

103 Assmann/Friese: *Identitäten*, S. 12
104 Bolz: *Das konsumistische Manifest*, S. 19
105 Bourdieu: »Sozialer Raum und symbolische Macht«, S. 153
106 Luckmann: »Persönliche Identität, soziale Rolle und Rollendistanz«, S. 293

Bis zum Hochmittelalter war persönliche Identität sozial bestimmt, der Mensch befasste sich mit den praktischen Problemen seines Lebens, aber nicht mit sich selbst.[107] Der Mensch war Subjekt eines vorbestimmten Schicksals, das in einen überschaubaren Sinnkontext eingebettet war. Mit der Moderne differenzierte sich die Gesellschaft in funktional gegliederte Teilbereiche, wie Wirtschaft, Kultur, Politik, die Arbeitsteilung und Spezialisierung erforderten, unterschiedliche Sinnkontexte entstehen ließen und das Rollenspektrum erweiterten. Die den institutionalisierten Teilbereichen entsprechende Zweckrationalität der sozialen Rollen anonymisierte die Rollenträger, machte den Menschen hinter der Rolle austauschbar: »anonyme Rollen sind bis zu einem gewissen Grad für alle, erst recht aber für moderne industrielle Gesellschaftsordnungen notwendig; ein sozial weitgehend anonymes Ich muss aber Identität im Subjektiven suchen.«[108] Die starke Zuwendung zur Identität und ihre Zurschaustellung zum Beispiel durch Konsumstile ist eine Gegenbewegung zu dieser Anonymisierung.

Arbeitsteilung, Spezialisierung und Ausdifferenzierung in der modernen Gesellschaft machen eine einheitliche übergreifende Weltauffassung unmöglich, demnach variieren auch Wissensbestände, bleiben »Deutungssysteme«[109] flexibel. War bis zur Neuzeit die erste Phase der Sozialisation im Elternhaus für die Ausprägung der Identität dominant, prägen in der Moderne soziale Beziehungen der Sekundärsozialisation das Handeln und Denken der Individuen.[110] Diese Fixierung auf die Sekundärsozialisation verstärkt die Bedeutung des Anderen bei der Identitätsbildung und führt laut Odo Marquard dazu, dass Rollendistanz schwindet. Die Darstellung, das, was der Andere zu Gesicht bekommt, wird wichtiger als die Person dahinter. Identität glaubt er als »Zweckmäßigkeit ohne Zweck«[111] zu entlarven und deutet die Nähe zur Ästhetik an. Zur Anschauung dienen die Theater-Analogie, derer sich vor allem der Symbolische Interaktionismus zur Beschreibung der Identität bedient. Das Selbst wird als seine Darstellung gesehen, die durch die Internalisierung des generalisierten Anderen entsteht. Weil sich diese Darstellungen auf unterschiedliche Gruppen beziehen, gibt es unterschiedliche Darstellungen und damit Rollen. Mit Auswirkungen auf die Bedeutung von Identität: »denn Identität wird jetzt – identitätssoziologisch – definiert dadurch, dass einer ist, was er ist, indem er wird, was er – gesellschaftlich anerkannt – vorstellt.«[112] Marquard führt das

---

107 Vgl. Ebd. S. 294
108 Ebd. S. 306
109 Ebd. S. 307
110 Ebd. S. 308
111 Marquard: »Schwundtelos und Mini-Essenz«, S. 365
112 Ebd. S. 350

auch auf die Geschwindigkeit zurück, mit der sich Gesellschaft verändert, also nicht identisch bleibt. Diese Identitätslosigkeit und Mehrdeutigkeit der Gesellschaft führt zu dem verstärkten Bedürfnis nach Identität[113], die sich aber grundlegend gewandelt hat, nämlich auch flexibel deutbar ist. Vor der Neuzeit war die Welt klar geordnet und die Vielschichtigkeit der Welt hatte ihr Gegengewicht in Gott. Doch mit der Auflösung des religiösen Weltbildes und des klar vorgefertigten Schicksalsweges des Einzelnen als Teil der Gruppe bricht dieses stabile Gegengewicht weg. Die Welt des Menschen gerät aus dem Gleichgewicht. Die Fixierung auf die eigene Identität ist auch als Versuch zu verstehen, einen Ausgleich zur unsicheren Gesellschaft mit ihren unüberblickbaren Möglichkeiten zu schaffen. Neben dem Wunsch nach mehr Identität, entsteht durch die Fülle der Möglichkeiten und durch die flexible Wirklichkeitsinterpretation auch das Gefühl der Verhandelbarkeit von Identitäten.

»In einer Gesellschaft, die konträre Welten öffentlich auf dem Markt feilbietet, werden für subjektive Wirklichkeit und Identität gewisse Konsequenzen gezogen. Das allgemeine Gefühl für die Relativität aller Welten nimmt zu – einschließlich der eigenen, die subjektiv als eine Welt, nicht als die Welt angesehen wird. Dementsprechend fasst man das eigene institutionalisierte Verhalten als ›Rolle‹ auf, die man ablegen kann. Man ›füllt sie aus‹ und ›hält sie durch‹, das heißt, man arbeitet mit ihr und hat sie unter Kontrolle.«[114]

5.2 Veränderungen durch die Ausbreitung der Massenmedien

Die Ausbreitung der Massenmedien hat den Menschen nicht nur ein verändertes Raum- und Zeitgefühl beschert, sondern vor allem den Zugang zu Informationen erleichtert. Der Zugang zu Informationen verändert die Situation weiter, die ein Rollenspiel charakterisiert. Rollenspiel und Status eines Menschen werden, wie Joshua Meyrowitz argumentiert, von der Informationslage bestimmt. Vor allem zwei Punkte sind für die veränderte Informations-Situation charakteristisch:

1. Die Privatsphäre schrumpft: Vieles, was früher privat war, ist heute öffentlich. Was von Goffman als Backstage-Handeln bezeichnet wurde, rückt nun in den vorderen Bühnenbereich. Die meisten Handlungen sind öffentliche Handlungen.

»The widened public sphere gives nearly everyone a new (and relatively shared) perspective from which to view others and gain a reflected sense of self. We, our doctors, our police

---

113 Ebd. S. 350
114 Berger/Luckmann: *Die gesellschaftliche Konstruktion der Wirklichkeit*, S. 184

officers, our Presidents, our secret agents, our parents, our children, and our friends are all performing roles in new theatres that demand new styles of drama.«[115]

Das bedeutet für das Rollenspiel, dass es nicht mehr nur für bestimmte Gruppen und in bestimmten Situationen aufrechterhalten werden muss. Weil das Handeln heute zu weiten Teilen für viele Menschen zugleich beobachtbar ist, muss das Rollenspiel personenkreis-unabhängig stimmig sein.

2. Der Beziehungsaspekt[116] der Kommunikation wird wichtiger als der Inhaltsaspekt. Der Beziehungsaspekt gibt über die eigentliche Information hinaus Hinweise, wie diese Informationen zu bewerten sind. Im Zuge vor allem der audiovisuellen Veränderungen werden deshalb expressive, symbolische Gesichtspunkte eines Rollenspiels wichtiger: Strategien, die helfen, Identität auf einen Blick zu vermitteln.

»Impression management«, therefore, serves as a kind of social shorthand through which people identify themselves and provide expectations about their behavior – both to others and to themselves.«[117]

Meyrowitz beurteilt diese Entwicklung nicht per se als problematisch, besser oder schlechter. Die Bedingungen sind andere und Bewertung werden anders getroffen. Dementsprechend unproblematisch sieht Meyrowitz auf inszenierte Medien-Spektakel, die Daniel Boorstin als ›Pseudo-Ereignisse‹[118] bezeichnet: »electronic media may be exposing the general ›pseudoness‹ of events rather than creating it. (…) We now have different performances rather than more or less performance; we have a different reality rather than a different measure of reality.«[119] Mit den Inszenierungstechniken wachsen auf der anderen Seite beim Menschen die Fähigkeiten, diese zu erkennen und zu bewerten.

Dem ausgeweiteten Zugang zu Information entsprechend, wird auch die Position eines Menschen anders bewertet, nämlich entsprechend den Fähigkeiten, die Erwartungen der Rolle besser zu erfüllen als andere. »High status is demonstrated and maintained through the control over the knowledge, skill, and experience relevant to the role.«[120] Entscheidend ist nach Meyrowitz, wer in einer Situation mehr Informationen besitzt, als der andere und wie leicht diese Information zugänglich ist. So galten zum Beispiel Ärzte und Lehrer

---

115 Meyrowitz: *No sense of place*, S. 309
116 Vgl. Watzlawick/Beavin/Jackson: *Menschliche Kommunikation*, S. 53
117 Meyrowitz: *No sense of place*, S. 30
118 Boorstin: *Das Image*, S. 34
119 Meyrowitz: *No sense of place*, S. 320
120 Ebd. S. 63

lange Zeit als prestigeträchtige Berufe. Im Zuge der radikalen Verknappung der Aufmerksamkeit im Zusammenhang mit der rasanten Entwicklung der Massenmedien, ist es möglich, dass die Fähigkeit Aufmerksamkeit anzuziehen, Prestige fördert. So wäre zum Beispiel zu erklären, wieso der mäßig singende Daniel Küblböck als ausgeschiedener Kandidat der Star-Search-Show ›Deutschland sucht den Superstar‹ starke mediale Zuwendung erfährt und durch einen von ihm verursachten Verkehrsunfall Erwähnung in den Tagesthemen und auf Seite 1 diverser Qualitätszeitungen findet.

Mediale Veränderungen betreffen den Zugang zu Status. Hoher Status wird dadurch erreicht, dass die Position und das Wissen nicht allgemein zugänglich ist.

»Media that support the relationship between physical isolation and social inaccessibility will support hierarchical mystifications; media that undermine that relationship may work to lower many high status roles.«[121]

Gleichzeitig erleben wir, dass gerade die Möglichkeit des Zugangs zu dieser High-Status-Position Figuren wie Daniel Küblböck für die Rezipienten erst interessant machen. Gerade seine musikalische Unterdurchschnittlichkeit, Aufmerksamkeit trotz Alltäglichkeit, macht jeden Normalsterblichen glauben, die Möglichkeit zu besitzen, selbst einmal in solch eine Position zu gelangen.

Axel Honneth beschreibt, wie Menschen in modernen Gesellschaften um die Anerkennung ihrer Positionen konkurrieren. Der Kampf um Anerkennung offenbart sich als ein Kampf um die Auslegung einer Wirklichkeit, in der die verschiedenen Gruppen, das, was sie verkörpern, als besonders erstrebenswert geltend machen möchten. Unter den Bedingungen konkurrierender Massenmedien spielt die Steuerung von Aufmerksamkeiten eine zentrale Rolle.

»Allerdings ist es nicht nur die gruppenspezifische Verfügungsmacht über Mittel symbolischer Gewalt, sondern auch das schwer beeinflussbare Klima öffentlicher Aufmerksamkeiten, was über den jeweils nur vorübergehend stabilisierten Ausgang solcher Kämpfe mitentscheidet: je stärker es sozialen Bewegungen gelingt, die Öffentlichkeit auf die vernachlässigte Bedeutung der von ihnen kollektiv repräsentierten Eigenschaften und Fähigkeiten aufmerksam zu machen, desto eher besteht für sie die Chance, den sozialen Wert oder eben das Ansehen ihrer Mitglieder in der Gesellschaft anzuheben.«[122]

---

121 Ebd. S. 67
122 Honneth: *Kampf um Anerkennung*, S. 206

5.3 Die These vom Ende der Geschichte

Der US-amerikanische Philosoph und außenpolitische Berater Francis Fukuyama hat sich mit den Anerkennungsverhältnissen nach dem Ende der Geschichte, der sogenannten ›Posthistorie‹, auseinandergesetzt. Er bezieht sich auf Hegel und Kojève und glaubt an die Triebkraft von Thymos und der Begierde der Begierde. Der Mensch begehrt Objekte »nicht um ihrer selbst willen, sondern weil sie von anderen Menschen begehrt werden.«[123] Der Mensch begehrt das, was einen Wert besitzt oder genauer: das, was in den Augen einiger oder aller anderen einen Wert besitzt. Denn er hat eine Wertvorstellung von sich selbst und möchte, dass dieser Wert, den er selbst verkörpert, von anderen anerkannt wird.

In Anlehnung an Hegel sieht Fukuyama neben der Entwicklung der Naturwissenschaften den Kampf um Anerkennung als Grundmotiv für gesellschaftliche Veränderungen und damit als Motor der Geschichte. Wie Hegel glaubt Fukuyama, dass sich Geschichte durch den Kampf um Anerkennung vorantreibt und dass es ein Ende der Geschichte gibt. Dieses ist dann erreicht, wenn bestmögliche wechselseitige Anerkennung gegeben ist. »Die Geschichte endet mit dem Sieg einer Sozialordnung, die dieses Ziel erreicht.«[124] Während Hegel das Ende der Geschichte bereits mit Napoleon und der Französischen Revolution erreicht sah, glaubte Fukuyama 1989[125], der Zeitpunkt sei mit dem Ende des Kalten Krieges gekommen. Das Endstadium wird laut Fukuyama dadurch erreicht, dass sich Kapitalismus und Demokratie weltweit ausbreiten, weil Menschen aus ökonomischen Gründen zu naturwissenschaftlichem Fortschritt gezwungen sind und Menschen nach Überlegenheit streben. Obwohl die liberale Demokratie nach Fukuyama nicht die effektivste Staatsform ist, findet hier der Kampf um Anerkennung sein Ende, weil sich in der liberalen Demokratie alle Bürger maximal möglicher Anerkennung sicher sein können. Demokratie sieht er als weltweit zielgerichteten Prozess, der sich nicht kontinuierlich aber sukzessive durchsetzt.[126] In der Zeit nach dem Ende der Geschichte herrschen Demokratie und Kapitalismus. Thymos, das den Menschen zu besonderen Leistungen und Opfern antreibt, scheint dann befriedet.

»Von Anfang an sucht der Mensch Anerkennung. Er begnügt sich nicht damit, sich selbst einen Wert beizumessen, sondern will, dass dieser einzelne Wert, dieser sein Wert, von allen,

123 Fukuyama: *Das Ende der Geschichte*, S. 208
124 Ebd. S. 214
125 Vgl. von Februar 1989: Fukuyama: »Have we reached the end of history?«
126 Mittlerweile hat Fukuyama die These vom Ende der Geschichte modifiziert, weil er die Anerkennung des Menschen durch genetische Manipulationen gefährdet sieht. Vgl. Fukuyama: *Das Ende des Menschen*, sowie Fukuyama: »The End of History, Five Years Later«.

allgemein anerkannt werde. Anders ausgedrückt: Der Mensch kann nur wahrhaft ›befriedigt‹ werden, die Geschichte kann nur zum Stillstand kommen in der und durch die Bildung einer Gesellschaft, eines Staates, in dem der ganz einzelne, persönliche, individuelle Wert eines jeden als solcher, in eben seiner Einzelheit, durch alle, durch die im Staat als solchem inkarnierte Allgemeinheit anerkannt wird, und in dem der allgemeine Wert des Staates durch den Einzelnen als Einzelnen, durch alle Einzelnen anerkannt und verwirklicht wird. Nun ist ein solcher Staat, eine solche Synthese der Einzelheit und der Allgemeinheit nur möglich nach ›Aufhebung‹ des Gegensatzes zwischen Herrn und Knecht, weil die Synthese des Einzelnen und des Allgemeinen auch eine Synthese von Herrschaft und Knechtschaft ist.«[127]

Auch Kojève glaubte an das Ende der Geschichte, er las die Phänomenologie auch als Autobiographie Hegels, der als Inkarnation des absoluten Geistes mit seiner Schrift dieses Ende der Geschichte besiegelte. Als er die Tragweite seiner Überlegungen erkannt hatte, offenbarte Kojève seinen Schülern, dass in der Phänomenologie alles gesagt sei, und dass nichts weiter zu sagen sei. Die Konsequenz: Er zog sich aus dem Lehrbetrieb zurück.

5.4 Streben nach Überlegenheit

Die Bundesrepublik Deutschland ist eine parlamentarische Demokratie. Jeder Mensch ist rechtlich anerkannt. Diese Anerkennung ist das Fundament des Staates, der sich in seiner Verfassung als ersten Paragraphen die ›unantastbare Würde des Menschen‹ vorschreibt. Demnach müsste der Kampf um Anerkennung ein Ende gefunden haben.

Anders als beim Kampf um Anerkennung von Herrn und Knecht, bei dem das Selbstbewusstsein um moralische Freiheit kämpft, bezweifelt Fukuyama, dass Thymos nur das moralische Selbst betrifft. Menschen fordern Anerkennung für alles Mögliche ein: Schönheit, Reichtum etc. Vor allem geht es selten darum, gleiche, sondern mehr Anerkennung zu erhalten. Hinter dem Wunsch nach Anerkennung steht eigentlich der Wunsch nach Überlegenheit, der von Fukuyama als ›Megalothymia‹ bezeichnet wird, denn »als ›wertvoll‹ vermag eine Person sich nur zu empfinden, wenn sie sich in Leistungen anerkannt weiß, die sie gerade nicht mit anderen unterschiedslos teilt.«[128] Auch Mead glaubte an den Wunsch des Individuums nach Überlegenheit. Dieser bleibt auch in der Demokratie bestehen, »da wir uns in unseren Unterschieden gegenüber anderen Personen erkennen wollen. Natürlich haben wir einen bestimmten wirtschaftlichen und gesellschaftlichen Status, der uns diese

127 Kojève: Hegel. Eine Vergegenwärtigung seines Denkens, S. 76f.
128 Honneth: Kampf um Anerkennung, S. 203

Unterscheidung ermöglicht.«[129] Fukuyama wirft die Frage auf, wie viel eine Anerkennung wert ist, die jedem zuteil wird. Er verweist auf Nietzsche, der den letzten Menschen als bequemen und antriebslosen Menschen beschreibt, der vom Streben nach Überlegenheit befreit, sich nur noch Gedanken um seine Selbsterhaltung macht. Liberale Gesellschaften verharren für Nietzsche in der Mittelmäßigkeit, eben weil Thymos ausgeschaltet ist und die Menschen, nur noch mit Begierde und Verstand ausgestattet, nicht mehr nach Höherem streben. Leistungsbereitschaft sei genauso wie der Wunsch nach Überlegenheit ausgemerzt. Deswegen fragt Fukuyama: »könnte nicht die Furcht, zu einem verachtenswerten ›letzten Menschen‹ zu werden, Menschen dazu verführen, sich mit neuen, unvorhersehbaren Verhaltensweisen zu behaupten, in letzter Konsequenz wieder zu bestialischen ›ersten Menschen‹ zu werden, die um ihres Prestiges willen blutige Schlachten schlagen, diesmal jedoch mit modernen Waffen?«[130] Der Kampf um Anerkennung ist ein Prestigekampf, der in Wohlstandsgesellschaften mit vergleichbaren Lebensverhältnissen um überlegenere Positionen geführt wird. Der Drang nach Überlegenheit drückt sich in demokratischen Gesellschaften nicht mehr im physischen Kampf aus. Für Megalothymia gibt es in Demokratien laut Fukuyama zahlreiche Entfaltungsmöglichkeiten wie Wirtschaft, Wissenschaft, Politik, Kultur, Sport, vor allem Extrem-Sportarten wie Marathon-Lauf oder Bungeejumping.

»Denn wo traditionelle Formen des Kampfes wie Krieg nicht möglich sind und wo der allgemeine materielle Wohlstand wirtschaftlichen Kampf unnötig macht, suchen thymotische Menschen andere inhaltslose Aktivitäten, die ihnen Anerkennung einbringen.«[131]

Der Wunsch nach Überlegenheit bleibt bestehen, Erscheinungsformen und Ausmaß verändern sich entsprechend der gesellschaftlichen Verhältnisse.[132] Statt physischem Kampf werden in modernen Gesellschaften metaphorische Kriege geführt.[133] Menschliches Zusammenleben orientiert sich an der Knappheit der Güter, die ihr zur Verfügung stehen. Konflikte im Zusammenleben entstehen über die Verteilung der knappen Güter, weswegen Buchanan die Begriffe Knappheit und Konflikte synonym benutzt:

»Konflikte wären nur dort nicht existent, wo Menschen in vollkommener Isolation voneinander lebten oder unter solchen gesellschaftlichen Bedingungen, wo kein Mangel an Gütern

---

129 Mead: *Geist, Identität und Gesellschaft*, S. 249
130 Fukuyama: *Das Ende der Geschichte*, S. 26
131 Fukuyama: *Das Ende der Geschichte*, S. 422
132 Ebd. S. 423
133 Vgl. Ebd. S. 433

herrscht und jeder außerdem einem genauen Kodex von Verhaltensnormen zustimmt, den auch alle anderen annehmen.«[134]

Die Positionen innerhalb eines Feldes definieren sich laut Bourdieu nach der Verteilung der begehrten knappen Ressourcen[135] ökonomisches, kulturelles, soziales und symbolisches Kapital. Über diese Ressourcen definiert sich die Stellung eines Menschen innerhalb eines sozialen Feldes, wobei der knappen Ressource des symbolischen Kapitals eine Schlüsselrolle zukommt, weil symbolisches Kapital die Macht bezeichnet, Wirklichkeitsauffassungen durchzusetzen. Symbolisches Kapital macht ökonomisches, kulturelles und soziales Kapital zu anerkanntem Kapital. Es wäre also denkbar, dass sich der Kampf um Anerkennung in Gesellschaften, die rechtlich einen optimalen Anerkennungsstatus erreicht haben, als Kampf um das knappe Gut von Gesellschaften mit konkurrierenden Massenmedien offenbart: Aufmerksamkeit.

---

134 Buchanan: *Die Grenzen der Freiheit*, S. 35
135 Vgl. Ebd. S. 35

II. Aufmerksamkeit als knappe Ressource

Im vorangegangenen Kapitel wurde die Rolle der gesellschaftlichen Anerkennung für das Selbst, die Herausbildung der Identität und seine Position in der Gemeinschaft dargelegt sowie der Kampf um Anerkennung in Grundzügen erörtert. Der Ausblick auf aktuelle Anerkennungsverhältnisse hat deutlich gemacht, dass Menschen weiterhin um Anerkennung kämpfen – allerdings unter den Bedingungen und mit den Mitteln der Massenmedien. Weil sich gesellschaftliche Prozesse an knappen Ressourcen orientieren, wurde auf die Möglichkeit hingewiesen, dass der Kampf um Anerkennung heute als Kampf um die knappe Ressource Aufmerksamkeit geführt werden könnte. Das folgende Kapitel wendet sich deshalb dem Gegenstand der Aufmerksamkeit zu.

Zunächst soll der Begriff geklärt werden. Weil sich in Gesellschaften, die durch die Existenz konkurrierender Massenmedien strukturiert sind, eine radikale Verknappung der Aufmerksamkeit eingestellt hat, ist die Diskussion in den Medienwissenschaften in den letzten Jahren entscheidend von der Idee beeinflusst worden, dass Aufmerksamkeit zu einer Währung geworden sein könnte. Dieses Konzept der ›Ökonomie der Aufmerksamkeit‹ soll in Grundzügen skizziert werden. Für die medienwissenschaftliche Perspektive ist vor allem massenhafte Aufmerksamkeit entscheidend. Da diese aber maßgeblich den Bedingungen der individuellen Aufmerksamkeit Folge leisten muss, sollen vorab kognitive Aspekte der Aufmerksamkeit thematisiert werden.

Aufmerksamkeit ist eine knappe Ressource, sie steht nur begrenzt zur Verfügung. Das Bewusstsein kann nur einen Bruchteil der tatsächlichen Möglichkeiten der Wahrnehmung realisieren. Welche Gegenstände warum Aufmerksamkeit finden, soll im Abschnitt über Selektion geklärt werden. In einem folgenden dritten Abschnitt werden die Ursachen der radikalen Verknappung der Aufmerksamkeit erörtert: Informationsüberlastung und Komplexität. Hier soll diskutiert werden, was Komplexität ist, wann Komplexität problematisch wurde und welche Folgen daraus für den Menschen und die Gesellschaft erwachsen. Im Anschluss werden Coping-Strategien für das Problem der Komplexität erörtert: Das Konzept der Bounded Rationality und der Mechanismus der Komplexitätsreduktion. Es darf angenommen werden, dass diese Reduktionsmechanismen entscheidende Erfolgskriterien im Kampf um Aufmerksamkeit darstellen.

1. Gegenstand und Begriff

»Die Aufmerksamkeitsökonomie gilt als die neue Ökonomie des Informationszeitalters[136], denn wo die Produktion von Informationen ins Gigantische wächst, wird das, was Information einen Wert zuweist, immer knapper und wichtiger, nämlich: Aufmerksamkeit.«[137]

Während die Erforschung der menschlichen Aufmerksamkeit in der Wahrnehmungspsychologie eine lange Tradition hat und ein ewiges Thema ist, ist das Problem der knappen Ressource öffentliche Aufmerksamkeit ein Problem der steigenden Komplexität und in seiner radikalen Form erst seit der Ausweitung konkurrierender medialer Angebote durch die Einführung des Privatfernsehens und durch die Ausweitung des Internet sichtbar. Deswegen soll zunächst die Grundidee der Ökonomie der Aufmerksamkeit skizziert werden, so wie sie den aktuellen Diskurs bestimmt, und anschließend soll die kognitive Aufmerksamkeit als Grundbedingung für öffentliche Aufmerksamkeit näher betrachtet werden.

1.1 Ökonomie der Aufmerksamkeit

»Aufmerksamkeit braucht man für nicht nur fast, sondern restlos alles, was man erleben will. Man kann Aufmerksamkeit auch für restlos alles ausgeben, was es überhaupt zu erleben gibt. Die Aufmerksamkeit übertrifft in dieser Universalität das Geld. Zugleich ist ihre Verfügbarkeit schärfer begrenzt. Ihr energetisches Aufkommen ist nahezu konstant. Deshalb existiert ein Punkt, von dem die Aufmerksamkeit dem Geld den Rang des überlegenen wichtigsten Rationierungsmittels abläuft.«[138]

Georg Franck greift in seinem Entwurf über die Ressource Aufmerksamkeit auf ein Thema zurück, dass bereits in den 60er Jahren von Nobelpreisträger Herbert Alexander Simon entwickelt wurde. Der Diskurs um die Aufmerk-

---

136 Der Terminus Informationszeitalter geht so wie der Begriff Mediengesellschaft von der Vorstellung aus, dass eine Gesellschaft vom Austausch, dem Zugang und der Vernetzung von Informationen bestimmt ist. Weil mit dem Handel mit Informationen ein Großteil der wirtschaftlichen Wertschöpfung erzielt wird, spricht man zum Beispiel im Gegensatz zu ›Industriezeitalter‹ von ›Informationszeitalter‹.

137 Assmann: *Aufmerksamkeiten*, S. 11

138 Franck: *Ökonomie der Aufmerksamkeit. Ein Entwurf*, S. 51

samkeit kam Anfang der 90er Jahre wieder in Gang und löste reges Interesse aus. 1992 schreibt Gerhard Schulze am Rande seiner Abhandlung über die Erlebnisgesellschaft,[139] dass Erlebnisse gegen Aufmerksamkeit getauscht werden. 1993 erscheint ein Essay von Georg Franck im Merkur, in dem er eine Ökonomie skizziert, in der Aufmerksamkeit als Einkommen und Tauschmittel dem Geld gleichgesetzt wird.[140] 1994 fragt Richard A. Lanham während eines Vortrags nach der Möglichkeit und den Folgen der »Economics of Attention«[141]. Es folgen Essays, die mit Thesen von Aufmerksamkeit als knapper Ressource, Rohstoff und Währung selbst für Aufmerksamkeit sorgen.[142] 1998 erscheint Francks Theorie der ›Ökonomie der Aufmerksamkeit‹ in Buchform[143], in Kongressen und Veröffentlichungen wendet sich die Wissenschaft wieder dem Thema zu.[144] Auch die Medien selbst nehmen profitable Sendeformate wie ›Deutschland sucht den Superstar‹ oder ›Big Brother‹ zum Anlass für einen Diskurs über ihr eigenes Aufmerksamkeits-Management. Beiträge zum Beispiel auf Deutschlandradio[145] oder den 34. Mainzer Tagen der Fernseh-Kritik, die das ZDF 2001 dem Thema ›Wettbewerbsziel Aufmerksamkeit‹[146] gewidmet hat, beschäftigen sich inhaltlich mit der prosperierenden Aufmerksamkeitsindustrie.

Maßgeblich für die neuerliche Diskussion sind die Ansätze des US-Ökonomen Michael H. Goldhaber und des Österreicher Architekten Georg Franck, die den alten Begriff der ›Ökonomie der Aufmerksamkeit‹ wieder in den aktuellen Diskurs gebracht haben. Beide Ansätze gehen von der Annahme aus, dass mit dem Übergang zum ›Informationszeitalter‹ eine neue Gesellschaftsform einhergeht. Diese ist gekennzeichnet durch einen »mentalen Kapitalismus«[147], eine immaterielle Ökonomie, deren zentraler Rohstoff Aufmerksamkeit sei. Prägend für die Diskussion ist die Idee, dass in einer Gesellschaft ökonomische Prozesse durch knappe Güter bestimmt sind und

---

139 Vgl. Schulze: *Die Erlebnisgesellschaft*, S. 423
140 Franck: »Ökonomie der Aufmerksamkeit«, S. 748
141 Lanham:»The economics of attention«, 1994.
142 Vgl. z.B.: Rötzer:»Aufmerksamkeit«; Vgl. Rötzer:»Öffentlichkeit und Aufmerksamkeit«, 1996
143 Franck: *Ökonomie der Aufmerksamkeit – Ein Entwurf*, 1998.
144 Assmann/Assmann (Hrsg.): *Aufmerksamkeit. Archäologie der literarischen Kommunikation VII.*, 2001; Daston:»Eine kurze Geschichte der wissenschaftlichen Aufmerksamkeit«, 2000; Vgl. Ressource Aufmerksamkeit: Ästhetik in der Informationsgesellschaft, Kunstforum, Bd. 148; Vgl.: Beck/Schweiger (Hrsg.): *Attention please! Online-Kommunikation und Aufmerksamkeit*, 2001; Bleicher/Hickethier (Hrsg.): *Aufmerksamkeit, Medien und Ökonomie*, 2002; Vgl. Crary: *Suspensions of Perception. Attention, Spectacle and Modern Culture*, 1999.
145 Meyer: *Der Kampf um Aufmerksamkeit – Wie Medien und Politik um ein knappes Gut ringen*, Deutschlandradio, 2003, sowie Krausz: *Droge Aufmerksamkeit*, Deutschlandfunk, 2004.
146 Hall (Hrsg.): *Fernsehen für die Spaßgesellschaft. Wettbewerbsziel Aufmerksamkeit*, 2002.
147 Franck: *Ökonomie der Aufmerksamkeit*, S. 129

mit der Ausweitung der medialen Angebote Aufmerksamkeit zur entscheidenden knappen Ressource geworden ist. Diese Knappheit resultiert aus einem Überangebot an Informationen.[148] »Wie Geld wird Aufmerksamkeit chronisch knapp, sobald das Angebot an Verwendungsmöglichkeiten über die Möglichkeiten seiner Realisierung hinausreicht.«[149] Aufmerksamkeit ist seit Bestehen der Menschheit eine knappe Ressource. Durch ihre neurobiologische Begrenztheit ist sie im Gegensatz zu Geld nicht vermehrbar. Quantität und Qualität von Aufmerksamkeitszuwendungen sind ein Wertmaßstab, an dem sich nicht nur Produkte und Ereignisse, sondern auch Personen messen lassen müssen. Seit es zweigeschlechtliche Wesen gibt, gibt es Wettbewerb um Aufmerksamkeit und den Wunsch, aus der Masse der Mitbewerber ›hervorzuragen‹[150]. Wer Aufmerksamkeit erregt, wird wahrgenommen und erhält die Chance, seine Qualitäten zu präsentieren und somit um Anerkennung zu werben. Insofern beschreibt die Ökonomie der Aufmerksamkeit keine Überraschungen. Die Idee von Aufmerksamkeit als knapper Ressource wird bereits seit Jahrzehnten diskutiert.[151] Neu ist die These, dass die knappe Ressource Aufmerksamkeit zum Angelpunkt einer neuen Wirtschafts- und Gesellschaftsform avanciert, in der Aufmerksamkeit als Währung gehandelt wird. In den Theorien von Goldhaber und Franck verdrängt die Anhäufung von Beachtungskapital die Anhäufung materieller Güter.

Für Franck zeigen sich die Ausprägungen des ›mentalen Kapitalismus‹ vor allem an der Omnipräsenz der Werbung im öffentlichen Raum. Öffentlicher Stadtraum, öffentlich-rechtliches Fernsehen sowie Kultur- und Sport-Veranstaltungen würden durch Werbung zu einem Markt, auf dem Information gegen Aufmerksamkeit und Aufmerksamkeit gegen Geld getauscht werden.[152] Für Goldhaber ist das Internet Schwerpunkt der neuen Ökonomie. Auf diesen Märkten werde Aufmerksamkeit zum Zahlungsmittel, das bei Franck Geld nur ergänzt, bei Goldhaber sogar komplett substituiert. Im Internet wird für Goldhaber Geld nahezu bedeutungslos, »ebenso wie dies bei den Adelstiteln während der letzten Jahrhunderte geschehen ist.«[153] Die Annahme, dass Aufmerksamkeit Geld ablöst, wie Goldhaber prophezeit, ist umstritten, weil Aufmerksamkeit kein homogenes Gut ist, keinen universellen beliebig umlaufen-

148 Weil erst die Aufmerksamkeit den Reizen eine Bedeutung zuordnen kann und somit aus Reizen Informationen macht, müsste man richtigerweise statt von Informationen von Daten oder Reizen sprechen.
149 Franck:»Jenseits von Geld und Information«, S. 88f.
150 ›Hervorragen‹ ist die Bedeutung des Wortes prominent.
151 Vgl. zum Beispiel Simon: *Die Wissenschaften vom Künstlichen*, oder auch Deutsch: *Politische Kybernetik.*
152 Vgl. Franck:»Mentaler Kapitalismus«, S. 4
153 Goldhaber:»Die Aufmerksamkeit und das Netz – Teil II«, S. 8

den Tauschwert hat und nicht dauerhaft speicherbar ist.[154] Aufmerksamkeit kann aber, so argumentieren Goldhaber und Franck, in Form von Bekanntheit vorübergehend angehäuft werden und auf andere Gegenstände gelenkt werden. Als Gegenwert beim Tausch von Aufmerksamkeit steht allerdings fast immer ein finanzieller Wert. So kann beispielsweise Formel-1-Profi Michael Schumacher, der viel Aufmerksamkeit einnimmt, diese an Sponsoren weiterverkaufen. In der Ökonomie der Aufmerksamkeit gilt Aufmerksamkeit als Kapital, das in Bekanntheit gemessen wird. Folglich ist es erstrebenswert, dieses Kapital anzuhäufen. Franck unterteilt Bekanntheit in verschiedene Formen, die sich in Halbwertzeiten und Reichweiten unterscheiden. Prominenz steht an der Spitze der Bekanntheit und erhält die meisten Aufmerksamkeitszuwendungen. Bekanntheit ist Kapital, das Zinsen an Beachtung bringt.[155] Weil Bekanntheit und Prominenz selbst Nachrichtenwerte darstellen, wird Prominenten von den Medien unabhängig von Inhalten, Aufmerksamkeit geschenkt.[156] Ein Phänomen, das auch unter dem Namen Mathäus-Effekt[157] bekannt ist: Wer hat, dem wird gegeben.

»Aufmerksamkeit kann durch Quantitäts- oder Qualitätsreize potenziert werden. Je mehr Menschen einem Phänomen Beachtung schenken und je erkennbarer dieses Zuwendungsverhalten ist, desto eher fühlen sich auch die Zuschauer angeregt, dem beachteten Phänomen selbst Aufmerksamkeit zu schenken.«[158]

Aufmerksamkeit an sich kann kein gleichbleibender Wert zugeordnet werden. Es macht einen Unterschied, wessen Aufmerksamkeit jemandem, in welcher Art und wofür zuteil wird. Im Bereich der Medien aber, so argumentieren Goldhaber und Franck, ist Aufmerksamkeit eine homogene Währung, messbar in Auflage, Einschaltquote, Pagevisits, Reichweite, Besucherzahlen oder Meinungsumfragen.[159] Massenmedien übernehmen in der Ökonomie der Aufmerksamkeit eine Schlüsselrolle, haben »Banken- und Börsenfunktion«[160] inne. Wie Finanzinstitute können Medien, weil ihnen eine Grundaufmerksamkeit gewiss ist, Beachtungs-Vorschüsse gewähren. In den Genuss dieses Vertrauens gelangen nur solche Meldungen, Personen oder Ereignisse,

154 Vgl. Beck:»Aufmerksamkeitsökonomie – die Funktion von Kommunikation und Medien«, S. 24; Vgl. Hummel/Schmidt:»Ökonomie der Aufmerksamkeit – eine neue Theorie?«, S. 102
155 Vgl. Franck: *Ökonomie der Aufmerksamkeit*, S. 114
156 Vgl. Staab: *Nachrichtenwert-Theorie – Formale Struktur und empirischer Gehalt*, S. 41
157 Orozoco:»Der Kampf um Anerkennung. Perspektiven der Wissenschaftssoziologie bei Robert K. Merton und Pierre Bourdieu«, S. 196
158 Böhme-Dürr:»Die Währung ›Aufmerksamkeit‹«, S. 12
159 Vgl. Franck:»Mentaler Kapitalismus«, S. 4
160 Ebd. S. 3

die sehr wahrscheinlich die Investition wieder einbringen. Wie Geld trägt Aufmerksamkeit Zinsen, in der Wissenschaft in Form des Zitats,[161] in den Medien in Form von Bekanntheit.

Medien und Wissenschaft sieht Franck von daher auch als die Vorboten der neuen Wirtschaftsweise, die statt Geld Aufmerksamkeit austauscht.

Weil der Selbstwert an die Anerkennung anderer gebunden ist, suchen Individuen die Aufmerksamkeit ihrer Mitmenschen. Franck beschreibt es folgendermaßen:»Die Aufmerksamkeit anderer Menschen ist die unwiderstehlichste aller Drogen. Darum steht der Ruhm über der Macht, darum verblasst der Reichtum neben der Prominenz.«[162] Die Bedingungen, unter denen um die knappe Ressource Aufmerksamkeit geworben wird, haben sich verändert. Weil Massenmedien in der Lage sind, Öffentlichkeit herzustellen, spielen sie in der skizzierten Ökonomie der Aufmerksamkeit eine Schlüsselrolle. Erst durch Aufmerksamkeit bekommt eine Information einen Wert.[163] Reize, die Aufmerksamkeit erhalten, Informationen, die massenhaft Aufmerksamkeit erhalten, sind offenbar wahrnehmenswert. Weil viele sie wahrnehmen, werden sie zu kollektivem Wissen, bekommen so den Status des Realen. Während Sichtbarkeit lediglich die Möglichkeit ist, die in der Aufmerksamkeit realisiert ist, ist Aufmerksamkeit eine Wirklichkeitskategorie.[164]

Massenmedien unterliegen den Bedingungen der kognitiven Begrenztheit der Aufmerksamkeit. Öffentliche Aufmerksamkeit ist ohne individuelle Aufmerksamkeit undenkbar. Die Aufmerksamkeit, die medialen Angeboten geschenkt wird, unterscheidet sich in Quantität und Qualität. Wertvoll ist Aufmerksamkeit vor allem dann, wenn sie eine Änderung der Handlung, Haltungen oder Gedanken nach sich zieht, wenn Aufmerksamkeit »folgenreich«[165] ist. Da mediale Aufmerksamkeit von individueller Aufmerksamkeit abhängig ist, sollen im folgenden Abschnitt zunächst die kognitiven Prozesse der Aufmerksamkeit beleuchtet werden.

---

161 Vgl. Franck:»Jenseits von Geld und Information«, S. 93. So erscheint ein oft zitierter Wissenschaftler auf dem Zitationsindex (SCI) weit oben und wird aufgrund dieser Tatsache noch öfter zitiert.

162 Franck: *Ökonomie der Aufmerksamkeit*, S. 10; Von Drogensucht spricht auch der Journalist Jürgen Leinenmann, der dieses Phänomen in der Politik beobachtet hat. Vgl. z.B.: Leinenmann:»Schaden an der Seele«, 2002.

163 Vgl. Assmann: *Aufmerksamkeiten*, S. 11

164 Vgl. Wiesing:»Sichtbarkeit und Aufmerksamkeit«, S. 217

165 Schmidt:»Aufmerksamkeit – revisited«, S. 2

1.2 Kognitive Aufmerksamkeit: Die Enge des Bewusstseins

Der Mensch braucht für alle bewussten Prozesse Aufmerksamkeit. Eine Tatsache, die so banal wie wesentlich ist.[166] In jedem Fall ist sie nicht neu. Dementsprechend weit liegen die ersten Überlegungen zur Aufmerksamkeit zurück. Die ersten Aufzeichnungen, die es zum Gegenstand gibt, stammen von Aristoteles, der die begrenzte Aufmerksamkeitskapazität als ›limitatio attentionis‹, als ›Enge des Bewusstseins‹ beschrieben hat.[167] Aufmerksamkeit war für ihn eine Bewegung der Seele. Die Annahme, dass Aufmerksamkeit mit Anstrengung verbunden ist, spiegelt sich auch in der Wortbedeutung. ›Attention‹ stammt von ›ad‹, mit der Bedeutung ›hin zu‹, und ›tendere‹ heißt ›anspannen‹.[168] Diese Vorstellungen nahm die Psychologie im 19. Jahrhundert in der Aufmerksamkeitsforschung auf. William James hat sich 1890 in seinem Werk ›Principles of Psychology‹ ausgiebig dem Gegenstand der Aufmerksamkeit gewidmet:

»Everyone knows what attention is. It is the taking possession by the mind, in clear and vivid form, of one out of what seem several simultaneously possible objects or trains of thought. Focalization, concentration, of consciousness are of its essence. It implies withdrawal from some things in order to deal effectively with others, and is a condition which has a real opposite in the confused, dazed scatterbrain state which in French is called distraction, and Zerstreutheit in German.«[169]

Obwohl, wie James schreibt, jeder Mensch weiß, was Aufmerksamkeit ist, ist es sehr schwierig, eine allgemeingültige Definition zu entwerfen, weil sich unterschiedliche Diskurse mit dem gleichen Begriff auf verschiedene aber in Zusammenhang stehende Sachverhalte beziehen. In der Wahrnehmungspsychologie ist die Auseinandersetzung mit dem Thema Aufmerksamkeit auf die Prozesse der Sinneswahrnehmung, Reizauswahl und Verarbeitung und die damit in Verbindung stehenden Bewusstseinsprozesse gerichtet. Ohne die Fähigkeit, Aufmerksamkeit zu richten, ist intentionales Handeln und Erleben unmöglich, weil Bewusstsein an Aufmerksamkeit gekoppelt ist. Was Harry Kohn als Wahrnehmung mit »besonderer Stärke, Klarheit und Deutlichkeit«[170] beschreibt, skizziert auch James in seiner Definition von Aufmerksamkeit. Die Qualität, Wirkung und Nachhaltigkeit, mit der ein Wahrnehmungsgegenstand im Bewusstsein präsentiert ist, begründet sich in der Intensität der Aufmerk-

---

166 Rötzer spricht deshalb von Aufmerksamkeit als ›Meta-Medium‹. Vgl. Rötzer: »Aufmerksamkeit und die Medien«, S. 1, sowie Rötzer: *Digitale Weltentwürfe*, S. 63
167 Vgl. Neumann: *Aufmerksamkeit. Enzyklopädie der Psychologie*, S. 569f. sowie S. 623
168 Ebd. S. 625
169 James: *Principles of Psychology*, Bd. 1; S. 403f.
170 Kohn: *Theorie der Aufmerksamkeit*, S. 2

samkeit der ihm geschenkt wird.[171] Unter der Fülle der möglichen Wahrnehmungen gibt es einige Objekte der Wahrnehmung, die intensiver rezipiert werden, der Phänomenologe Edmund Husserl spricht von »Hervortreten«[172]. James Ansatz leistet jedoch noch etwas, er benennt zusätzlich den Gegenbegriff. Aufmerksamkeit ist einerseits Konzentration, Klarheit, Stärke, Deutlichkeit der Wahrnehmung eines Gegenstandes, mit der auf der anderen Seite Undeutlichkeit, Unschärfe anderer möglicher Wahrnehmungsgegenstände einhergehen. Aufmerksamkeit für einen Wahrnehmungsgegenstand geht immer auf Kosten eines anderen möglichen Wahrnehmungsgegenstand.

Der Begriff Aufmerksamkeit enthält eine weitere Unterscheidung: Zum einen kann man Aufmerksamkeit als das »gezielte Achtgeben«[173] im Sinne von bewusster Konzentration, Fokussierung auf einen Gegenstand bei gleichzeitiger Nichtbeachtung anderer Reize verwenden. Andererseits beschreibt Aufmerksamkeit einen Zustand allgemeiner ungerichteter Bewusstseinswachsamkeit, der auch Vigilanz oder unwillkürliche Aufmerksamkeit genannt wird. Zur Verdeutlichung kann die angelsächsische Sprachvariante herangezogen werden, die zwei Begriffe bereithält. Während der Ausdruck ›to pay attention‹, einen aktiven Prozess beschreibt, bezieht sich der Ausdruck ›to be aware‹, auf einen »Zustand wacher Aufmerksamkeit«[174] oder »Wachbewusstsein«[175].

Aufmerksamkeit bedingt Bewusstsein. Ähnlich wie ein Scheinwerfer Licht auf einen Gegenstand lenkt, kann Aufmerksamkeit auf einen Erkenntnis-Gegenstand gerichtet werden. Nur das, was mit Licht, also Aufmerksamkeit, bedacht wird, wird dem Menschen bewusst.[176] Aufmerksamkeit kann willentlich oder automatisch auf einen Gegenstand gelenkt werden, Aufmerksamkeit kann sich auf die äußere Welt oder auch auf innere Ereignisse, wie zum Beispiel Erinnerungen richten. Es gibt verschiedene Abstufungen von Bewusstsein abhängig vom Grade der Aufmerksamkeit, mit der ein Reiz rezipiert wird. Die Aufnahmekapazität des Gehirns ist begrenzt.[177] Diese begrenzte Kapazität hat einen biologischen Grund: Bewusstsein verbraucht Energie. Obwohl das Gehirn gerade mal zwei Prozent der Körpermasse ausmacht, ver-

---

171 Vgl. Ebd. S. 27

172 Husserl: *Phänomenologische Psychologie*, S. 168

173 Franck: *Ökonomie der Aufmerksamkeit*, S. 28. Vgl. auch Crick: *Was die Seele wirklich ist*, S. 84.

174 Franck: *Ökonomie der Aufmerksamkeit*, S. 28

175 Schmidt: »Aufmerksamkeit – revisited«, S. 1

176 Oder auch ›searchlight of attention‹, vgl. Singer: »Zur Neurowissenschaft der Aufmerksamkeit«, Vgl. auch Hahn: »Aufmerksamkeit«, S. 27

177 Informationseinheiten von etwa 16 bit gelangen pro Sekunde in unser Bewusstsein. Vgl. Franke: »Aufmerksamkeit – zwischen Irritation und Langeweile«, bzw. können zwischen fünf und neun Informationseinheiten unterschieden, aufgenommen und verarbeitet werden. Vgl. Delhees: *Soziale Kommunikation*, S. 279

braucht es 20 Prozent des Sauerstoffs und der Stoffwechselenergie. Diese können nicht gespeichert werden und bereits nach wenigen Minuten Unterversorgung kommt es zu dauerhaften Beeinträchtigungen.[178] Die Aufmerksamkeitskapazität ist weitgehend konstant, kann aber auf verschiedene Reize gleichzeitig gerichtet werden. Wenn Aufmerksamkeit dem Menschen nur begrenzt zur Verfügung steht, wie viele Einzelheiten kann man dann gleichzeitig aufnehmen, fragte sich James. Sein Ergebnis: Die von Menschen für die Informationsverarbeitung benötigte Aufmerksamkeit hängt vom Schwierigkeitsgrad des zu verarbeitenden Prozesses ab. Vor allem, wenn eine Aufgabe neu ist, braucht ihre Erfassung oder Ausübung die volle Aufmerksamkeit, ist ein Prozess jedoch bekannt und habitualisiert[179], dann können mehrere Prozesse simultan ablaufen. So berichtet William James, dass über Julius Cæsar gesagt wird, dass er vier Briefe diktieren konnte, während er den fünften schrieb.[180] Jemand, der sich stark konzentriert, beispielsweise eine komplizierte Gebrauchsanweisung studiert, benötigt dafür einen Großteil der zur Verfügung stehenden Aufmerksamkeit.[181] Mit abnehmendem Informationsgehalt des Reizes steigt die Anzahl der Reize, die zur gleichen Zeit verarbeitet werden können.

»However alert or responsive we may be, there is a limit to the number of things to which we can attend at any one time. We cannot, for instance, listen effectively to the conversation of a friend on the telephone if someone else in the room is simultaneously giving us complex instructions as to what to say to him.«[182]

Ferner fand James heraus, dass sich verschiedene Wahrnehmungen zur gleichen Zeit in ihrer Intensität behindern.[183] Sie behindern sich vor allem dann, wenn sie im selben Wahrnehmungsmodus verarbeitet werden müssen. Was in den Fokus der Aufmerksamkeit gerät, folgt einerseits der Beschaffenheit des Wahrnehmungsgegenstandes, andererseits der Erwartungshaltung des Rezipienten. Beispielsweise reagieren Menschen auf bestimmte biologische Reize reflexartig. Sehr eindringliche Sinneseindrücke, ein lauter Knall, aber auch Reizmuster, die menschliche Triebstrukturen ansprechen, wie sexuelle Reize und das Kindchenschema, passen in diese Kategorie. Entscheidend ist nicht nur das Wahrnehmungsangebot, sondern auch die Erwartungshaltung[184] sowie Wissen und Interesse des Rezipienten. So ist als sogenanntes ›Cocktail-Party-

178 Vgl. Roth: *Das Gehirn und seine Wirklichkeit*, S. 222
179 Vgl. James: *Principles of Psychology*, Bd. 1, S. 409
180 Ebd. S. 409
181 Vgl. Deutsch/Deutsch:»Attention: Some Theoretical Considerations«, S. 80
182 Ebd. S. 80
183 Vgl. auch Kohn: *Theorie der Aufmerksamkeit*, S. 28
184 Vgl. Eder:»Aufmerksamkeit ist keine Selbstverständlichkeit«, S. 40

Problem‹[185] bekannt, dass aus einem Stimmengewirr bei einer Party nur die für den Rezipienten interessanten und sinnvollen Beiträge herausgefiltert werden, zum Beispiel das aktuelle Gespräch, die Stimme des eigenen Kindes, das oben im Schlafzimmer schreit oder auch das Gespräch am Nebentisch, wenn dabei der eigene Name fällt.[186] Auch James beschreibt die wichtige Funktion, die Interesse beim Richten von Aufmerksamkeit spielt:

»My experience is what I agree to attend to. Only those items which I notice shape my mind – without selective interest, experience is an utter chaos. Interest alone gives accent and emphasis, light and shade, background and foreground – intelligible perspective, in a word.«[187]

Den Aspekt des eigenen Interesses beschreibt auch Lorraine Daston in einem Vortrag über Aufmerksamkeit in der Wissenschaft. Als zwischen 1650 und 1700 in Europa erste wissenschaftliche Gesellschaften entstanden, wurden Untersuchungen veröffentlicht, die aus heutiger Sicht merkwürdig unwissenschaftlich anmuten, wie zum Beispiel das Phänomen eines Hundes, der angeblich französische Wörter bellen konnte. Dieses sonderbare Wissenschaftsverständnis erklärt sich Lorraine Daston mit der Leidenschaft und Neugier, die mit Aufmerksamkeit verbunden ist.

»Nur außergewöhnliche Phänomene konnten Staunen hervorrufen, und das Staunen war der Köder, der die Aufmerksamkeit fesselte und die Neugierde gegenüber überraschenden Besonderheiten anfachte.«[188]

2. Selektion

Da Aufmerksamkeit im Verhältnis zu ihren Verwendungsmöglichkeiten knapp ist, kann nur ein Bruchteil der Verwendungsmöglichkeiten tatsächlich realisiert werden. Die entscheidende Funktion der Selektion im Hinblick auf die Aufmerksamkeit ist, wichtige Reize von unwichtigen zu unterscheiden, um so das Überleben in einer komplexen Welt zu ermöglichen. Dabei ist nicht entscheidend, wie komplex das kognitive System ist, das die Umwelt auf entsprechende Reize analysiert, wichtig ist, dass die Fähigkeiten ausreichen, um das physische und soziale Überleben unter den spezifischen Umweltgegebenheiten sicher-

185 Norman: *Aufmerksamkeit und Gedächtnis*, S. 34
186 Vgl. auch Simon/March: *Organizations*, S. 151
187 James: *Principles of Psychology*, Bd. 1, S. 402
188 Daston: »Eine kurze Geschichte der wissenschaftlichen Aufmerksamkeit«, S. 24

zustellen.[189] Das bedeutet auch, dass die Frage, welchen Ereignissen wir Aufmerksamkeit schenken, von den Gegebenheiten unserer Umwelt abhängt. Wenn die primären Überlebensfunktionen erfüllt sind, kann Aufmerksamkeit auf sekundäre Zwecke gerichtet werden. Die Selektion unterteilt in Reize, die wahrgenommen werden und solche, die unbemerkt bleiben. Weil Selektion notwendig bedeutet, dass nicht alles abgebildet werden kann, ist die Umwelt, wie sie durch die selektive Wahrnehmung aufgenommen wird, eine Konstruktion. Diese durch Selektion bedingte Konstruktion hängt mit der ›Enge des Bewusstseins‹ zusammen. Aufmerksamkeit steht nur begrenzt zur Verfügung, nicht alles, was die Umwelt an Reizen zu bieten hat, gelangt ins Bewusstsein.

»An individual can attend to only a limited number of things at a time. The basic reason why the actors definition of the situation differs greatly from the objective situation is that the latter is far too complex to be handled in all its detail.«[190]

Die wahrgenommene Wirklichkeit ist schon deshalb eine Konstruktion, weil bereits unsere Sinnesorgane eine Selektion vornehmen. Die von den Sinnesorganen aufgenommenen Reize werden in gleicher Form codiert und erst vom Gehirn wieder einzelnen Sinnesorganen zugeordnet und zum Beispiel als optischer oder akustischer Reiz eingeordnet.[191] Aufmerksamkeit ist begrenzt, also im Hinblick auf ihre Verwendungsmöglichkeiten knapp. Deshalb müssen aus einem Rezeptionsangebot einige Elemente ausgewählt werden und zwar solche, die ausreichend relevant erscheinen, im Bewusstsein präsent zu sein. Um diese Repräsentanz im Bewusstsein findet ein Wettstreit statt.[192] Bei der Selektion wird nach den Kategorienpaaren neu/bekannt, wichtig/unwichtig ausgewählt.[193] Reize der Kategorie neu/wichtig lösen die stärksten Reaktionen aus. Sie sind für den Empfänger subjektiv Informationen. »Von dieser Unendlichkeit selektieren wir eine sehr begrenzte Anzahl, die zur Information werden. Was wir tatsächlich mit Information meinen – die elementare Informationseinheit –, ist ein *Unterschied, der*

---

189 Vgl. Habermas: *Theorie der Gesellschaft oder Sozialtechnologie. Was leistet die Systemtheorie*, S. 148; Vgl. hierzu auch die Übereinstimmung mit Ergebnissen aus der Hirnforschung, insbesondere bei Roth: *Das Gehirn und seine Wirklichkeit*, S. 85ff.

190 Simon/March: *Organizations*, S. 151. Die Aufmerksamkeitsforschung des letzten Jahrhunderts hat versucht, die Gründe für die knappe Aufmerksamkeit herauszufinden. Mehr dazu bei: Neumann: *Aufmerksamkeit. Enzyklopädie der Psychologie*.

191 Vgl. Roth: *Das Gehirn und seine Wirklichkeit*, S. 115

192 Kohn: *Theorie der Aufmerksamkeit*, S. 21; Vgl. Singer: »Zur Neurowissenschaft der Aufmerksamkeit«.

193 Roth: *Das Gehirn und seine Wirklichkeit*, S. 229

einen Unterschied ausmacht«[194]: also Reize aus der Kategorie neu (der Unterschied,) und wichtig (der einen Unterschied macht).

»Die Normallage unseres Wahrnehmens ist Gleichgültigkeit gegenüber den allermeisten Gegebenheiten, die andere Systeme sehr wohl konstatieren oder konstatieren könnten. Wollten oder müssten wir gar auf jede Veränderung in uns selbst oder unserer natürlichen oder sozialen Umgebung reagieren, wir kämen an kein Ende. Alles kommt also darauf an, nur die Differenzen wahrzunehmen, die in der einen oder anderen Hinsicht ›bedeutsam‹ sind, oder, wie Bateson das formuliert hat, was zählt sind ›differences that make a difference‹.«[195]

Luhmann versteht Kognition als die Fähigkeit, diese Relevanzen zu erkennen. Er erklärt Kognition mit dem Begriff der Beobachtung verstanden,»als Bezeichnen im Kontext einer Unterscheidung«[196]. Maßgeblich für die kognitiven Fähigkeiten ist das Gedächtnis, also die Funktion des Erinnerns und Vergessens. Denn nur dadurch, dass bestimmte kognitive Ereignisse als Wissen gespeichert und bestimmte andere vergessen werden und somit Kapazitäten freigeben, ist das System in der Lage, bereits Erlebtes zu erkennen und an vorangegangene Handlungen anzuschließen. Aus diesem Erinnern und Vergessen entsteht eine kognitive Struktur, die die Auswahl von bestimmten Reizen wahrscheinlicher macht. Schon James hat darauf aufmerksam gemacht, dass sich die Vorstellung der Umwelt eines Menschen daraus ergibt, welcher Wahrnehmung er Aufmerksamkeit schenkt:»Suffice it meanwhile that each of us literally chooses, by his ways of attending to things, what sort of a universe he shall appear to himself to inhabit.«[197] Und aus dieser Weltsicht, ergibt sich auch für Luhmann eine Wahrscheinlichkeit, welche Reize aktuell und zukünftig Beachtung finden.

2.1 Systemgedächtnis

Mit den Reizen, denen sich ein Individuum zuwendet, trifft es eine Entscheidung. Die getroffenen Entscheidungen, genauso wie die Nicht-ausgewählten, bestimmen die kognitive Struktur. Weil sie abgeschlossen und deshalb kaum[198] mehr veränderbar sind, bilden sie die Geschichte des Systems und prägen das Systemgedächtnis und damit die Art und Weise und die Wahrscheinlichkeit, wie zukünftig Entscheidungen getroffen werden. Vergangenheit und Ge-

---

194 Bateson: *Ökologie des Geistes*, S. 582; Hervorhebungen im Original.
195 Hahn:»Aufmerksamkeit«, S. 29
196 Luhmann: *Die Gesellschaft der Gesellschaft*, S. 122
197 James: *Principles of Psychology*, Bd. 1, S. 424
198 Die Erinnerung ist aber sehr wohl veränderbar und passt sich den veränderten Informationslagen an.

schichte sind Selektionshilfen, weil sie weiterhin wirken,»als Struktur von Systemen, als Kapital an Geld, Wissen oder Macht oder als Geschichte im Sinne einer Aufgabe künftiger Forschung – in jedem Falle aber nun begriffen als Sicherung der Freiheit zukünftiger Disposition.«[199] Die Art und Weise, wie Entscheidungen getroffen werden und welche Entscheidungen getroffen werden, bestimmt über die Struktur im Gehirn genauso wie über die Struktur eines Systems wie der Gesellschaft. Genauso wie im Hirn getroffene und unterlassene Entscheidungen gespeichert werden, existiert in der Gesellschaft ein Systemgedächtnis, das folgende Entscheidungen wahrscheinlich macht und andere unwahrscheinlich. Sie sind möglich, aber unwahrscheinlich und schwieriger zu treffen.

Gesellschaftliche Teilsysteme können Aufmerksamkeit bündeln und auf ein Thema, zum Beispiel Wirtschaft, fokussieren. So wird Komplexität verringert, weil die Welt temporär oder dauerhaft nur in einer beispielsweise wirtschaftlichen Hinsicht betrachtet werden muss. Massenmedien bündeln kollektive Aufmerksamkeit und wirken mit ihren Thematisierungen auf die verschiedenen Teilsysteme. Sie selektieren stellvertretend für die Rezipienten die Umwelt und thematisieren das, von dem sie glauben, dass es für den Rezipienten neu und wichtig ist. Die medialen Thematisierungen richten sich an die Öffentlichkeit und»die gesamte Aufmerksamkeitskapazität des Systems folgt jeder solchen Wendung.«[200] Die Bündelung der Aufmerksamkeit führt dazu, dass in einer Gesellschaft bestimmtes Wissen erwartet werden kann. Diese Selektion durch Themenfokussierung ist es,»die das Aufmerksamkeits- und Erinnerungsvermögen der Beteiligten partiell sozial integriert und dadurch erwartbar macht.«[201] Systemgeschichte, verstanden als Abfolge ihrer Thematisierungen und Erfahrungen, wird so zur Struktur des Systems, weil sie gemeinsames Wissen voraussetzt, bestimmte Folge-Kommunikation wahrscheinlich macht und andere ausschließt. Durch diese strukturierende Funktion bilden Themen eine Komplexitätsreduktion. Welche Themen in der kollektiven Wahrnehmung stattfinden und welche ausgespart bleiben, bestimmt über die Konstitution des Systems, über ihre Struktur und ihre Geschichte. Themen sind für Luhmann»bezeichnete, mehr oder weniger unbestimmte und entwicklungsfähige Sinnkomplexe«[202], sie sind die Struktur von Kommunikation.

Die Struktur wirkt nachhaltig auf neue Selektionen, indem sie bestimmte Selektionen wahrscheinlicher macht. Die Struktur spiegelt die Systemgeschichte. Komplexe Systeme sind abhängig von ihrer Systemgeschichte, sie

199 Luhmann:»Sinn als Grundbegriff der Soziologie«, S. 57
200 Luhmann: *Soziologische Aufklärung 2*, S. 28f.
201 Ebd. S. 27
202 Luhmann:»Öffentliche Meinung«, S. 13

sind »durch ihre eigene Selektionsgeschichte konditionierte Systeme«[203]. Wenn sich also ein Bildungssystem in einer Gesellschaft entwickelt, dann ist das eine Entscheidung für die Beschäftigung mit der Bildung, diese Entscheidung wird zum Beispiel in der Etablierung des Schulwesens institutionalisiert. Durch die Institutionalisierung ergibt sich eine Entlastung: Die getroffene Entscheidung muss nicht immer wieder getroffen werden, sondern, eben weil sie institutionalisiert ist, ist Bestandteil der gesellschaftlichen Struktur. Ressourcen für die Beschäftigung mit anderen Themen oder für Weiterentwicklung werden frei. Eine Selektion legt also die Weiche für anschließende Selektionen. Die Folge: Die Entscheidung gegen die Beschäftigung mit der Bildung wird unwahrscheinlich. Niklas Luhmann spricht in diesem Zusammenhang von ›Tradition‹, und beschreibt damit die Präferenzen für etablierte Möglichkeiten und die Tendenz, andere Möglichkeiten von vornherein auszuschließen.[204] Bestimmte Formen wurden bereits erfolgreich ausgewählt und werden deshalb gespeichert. Durch ihre Bekanntheit für das kognitive System werden sie immer wieder, vor allem unter Entscheidungsdruck, abgerufen.[205] Mit den Vorauswahlen greifen auch vorangegangene Erfahrungen und daraus resultierende Gefühlszustände in den Entscheidungsprozess mit ein. Vergangenheit reduziert Komplexität, weil das Vergangene, Bewährte auch als das Zukünftige betrachtet wird. Mit diesem Hintergrundkapital kann Vertrauen in die Zukunft gelegt werden, die durch die bewährten Schemata aus der Vergangenheit in ihrer Komplexität reduziert wird.[206] Diese Determinierung der Zukunft durch die Vergangenheit erschwert gleichzeitig das Aufbrechen von bewährten gesellschaftlichen Positionierungen und Rollenzuschreibungen.

2.2 Information und Selektion

Menschen sind informationsverarbeitende Wesen, die ihre Umwelt über Sinneseindrücke wahrnehmen, die dann von ihnen aufgrund bereits gemachter Erfahrungen interpretiert werden. Sinnesorgane registrieren einen Reiz, geben diesen als undifferenzierten physikalischen Impuls weiter, es entsteht ein bestimmtes Reizmuster. Dieses Vorstellungsbild der Welt, die »kognitive Land-

---

203 Luhmann: *Soziologische Aufklärung 5*, S. 62
204 Vgl. Luhmann: *Soziologische Aufklärung 5*, S. 68
205 Vgl. Luhmann: *Organisation und Entscheidung*, S. 61 Vgl. Goldstein u.a.: »Why and When Do Simple Heuristics Work?«, S. 178
206 Vgl. Luhmann: *Vertrauen. Ein Mechanismus zur Reduktion von Komplexität*, S. 23f.

karte«[207], wird ausgewertet und das System reagiert unter Abgleich verschiedener Instanzen mit einer Handlung.[208] Information ist eine Frage der Struktur und der Empfangsbereitschaft. Eine Information ist zunächst nur eine Mitteilung. Diese muss vom Empfänger selektiert, also aufgenommen und verstanden werden. Das Verstehen ist abhängig vom Wissens- und Erfahrungsstand des Empfängers. Information hat einen Neuigkeitswert, der abhängig vom Kontext und Vorwissen ist und daher ist Information subjektiv.[209] Die Informationsselektion und -verarbeitung geschieht auf Grundlage der schon verarbeiteten und gespeicherten Muster. Ist ein Reizmuster bereits gespeichert, kann es zwar für den Rezipienten wichtig aber nicht neu sein – und insofern kann es vom kognitiven System nicht als Unterschied, der einen Unterschied macht, angesehen werden. Über die bloße Neuigkeit hinaus spielen Emotionen und Interessen, also das Kriterium ›wichtig‹, bei der Aufnahme von Reizen als Informationen eine entscheidende Rolle.

An diesen Kriterien orientieren sich indirekt die Massenmedien. Niklas Luhmann identifizierte als Selektionskriterium für Nachrichten den binären Code Information/Nichtinformation.[210] Danach versetzen sich Medienakteure in die Psyche ihrer Rezipienten und suchen die Umwelt nach Reizen ab, die potentiell Informationen darstellen, also neu und wichtig sind. Alle anderen Reize gelten als Nichtinformation, weil sie entweder als schon bekannt oder irrelevant für die Lebenswelt der Rezipienten eingestuft werden und finden keine Beachtung. Dieser Code ist abhängig von Zeit:»Eine Nachricht, die ein zweites Mal gebracht wird, behält zwar ihren Sinn, verliert aber ihren Informationswert.«[211] Massenmedien sind laufend dabei, Nachrichten zu Nichtnachrichten, Unbekanntes zu Bekanntem zu machen und somit Bedarf für neue Nachrichten zu schaffen.

So wie Information subjektiv, also abhängig vom Wissensstand und Relevanzbereich des Rezipienten ist, ist Neuigkeit nur eine Variation von bereits Bekanntem. Eine Information muss an bereits Gespeichertes anknüpfen können. Besonders intensiv wirken Reize, die an archetypische Vorbilder anknüpfen können. Deshalb versuchen Wahlkampf-Manager gezielt für ihre Kandidaten Images aufzubauen, die an Ikonen oder Stereotypen angelehnt sind, so wurde zum Beispiel der CDU-Kandidat Frank Steffel bei den Wahlen

207 Kruse/Stadler:»Der psychische Apparat des Menschen«, S. 23
208 Vgl. Wiener: *Mensch und Menschmaschine. Kybernetik und Gesellschaft*, S. 114
209 Vgl. Meyer/Ontrup/Schicha: *Die Inszenierung des Politischen. Zur Theatralik von Mediendiskursen*, S. 105
210 Luhmann: *Die Realität der Massenmedien*, S. 36
211 Ebd. S. 41

um das Berliner Rote Rathaus 2001 als ›Spree-Kennedy‹ vermarktet. In diesem Fall war die Verknüpfung allerdings weniger von Erfolg gekrönt, weil das von Beratern angestrebte Image mit der Realität nicht übereinkam und als unglaubwürdig empfunden wurde.

Informationsverarbeitung baut auf Redundanzen. Die Wahrnehmung des Menschen funktioniert hierarchisch. So wie die meisten anderen Systeme ist auch das kognitive System hierarchisch strukturiert. Erfahrung ist in Mustern und verknüpften Systemen abgespeichert. Muster weisen Redundanzen auf. Aus diesen Wiederholungen ergibt sich ein hierarchisches System, das mehrere Subsysteme aufweist, also »beinahe zerlegbar«[212] ist. Diese Beinahe-Zerlegbarkeit macht es möglich, redundante Einheiten zusammenzufassen. Die Wissenschaft nutzt Redundanzen, um Beschreibungen der Welt zu vereinfachen, in Formeln, Gleichungen, Rezepten. Die Wirtschaft nutzt Redundanzen, um Produktbotschaften an bekannte Muster anzuknüpfen. Diese stabilen Zwischenformen[213] sind für Herbert Simon ein entscheidender Evolutionsvorteil[214], weil sich aus einfachen komplexe Systeme schneller bilden können. Zur Erklärung zieht er eine Parabel heran: Zwei Uhrmacher bauen die gleiche Uhr aus 100 Teilen. Uhrmacher A baut alle 100 Teile nacheinander ein, Uhrmacher B setzt seine Uhr aus zehn Modulen mit jeweils zehn Teilen zusammen. Er bedient sich stabiler Zwischenformen, indem er zunächst kleinere Einheiten entwickelt und diese anschließend zusammenbaut. Sollten die Uhrmacher in ihrer Arbeit unterbrochen werden, muss Uhrmacher A von vorne anfangen, Uhrmacher B verliert immer nur die Arbeit von zehn Teilen.

So wie Uhrmacher B die Redundanzen im Uhrwerk erkennt und für die Effizienz seiner Arbeit nutzt, nutzen Menschen Redundanzen zur schnelleren Erfassung ihrer Umwelt. Für die Erkennung eines Musters sind Erwartung und der Kontext, in dem ein Muster auftritt, entscheidend. Redundanz erleichtert die Informationsaufnahme durch Schlüsselreize. Weil zum Beispiel Sprache enorm redundant ist und die grammatikalischen Regeln nur bestimmte Kombinations-Möglichkeiten zulassen, können Menschen Wörter erkennen, ohne jeden Buchstaben einzeln zu lesen und Sätze verstehen, in denen Worte fehlen. Spracherkennung wird möglich durch die kognitive Leistung, Redundanzen abzuspeichern und wiederkehrende Informationszusammenhänge zu erkennen.

212 Simon: *Die Wissenschaften vom Künstlichen*, S. 156
213 Ebd. S. 151
214 Ebd. S. 172

»Redundanzen werden als Wissen markiert, sie werden wiedererkennbar registriert und dann ›ökonomisch‹ eingesetzt, um allfällige Prüfungen neuer Informationen zu konzentrieren und zu beschleunigen.«[215]

Im Gedächtnis abgespeicherte Redundanzen helfen bei der Orientierung in einer Welt, die wesentlich mehr Informationen und Reize bereit hält, als ein Mensch je verarbeiten könnte. Diese Reduzierung der Umwelt auf Schemata ist eine entscheidende Fähigkeit, um mit einer problematischen Umweltbedingung umzugehen: Komplexität.

3. Komplexität

In den letzten zwanzig Jahren hat eine tiefgreifende Veränderung nahezu die gesamte westliche Welt ergriffen: Der Schwerpunkt der wirtschaftlichen Wertschöpfung verlagerte sich vom sekundären in den tertiären Sektor, also vom materiellen in den immateriellen Bereich. Während noch vor 25 Jahren der Großteil der wirtschaftlichen Wertschöpfung mit der Produktion von Gütern erarbeitet wurde und auch die meisten Menschen im industriellen Bereich tätig waren, werden heute die meisten Gewinne mit Dienstleistungen erzielt. Im tertiären Sektor werden in Deutschland heute rund zwei Drittel der Bruttowertschöpfung erwirtschaftet, fast Zweidrittel aller Erwerbstätigen sind hier beschäftigt. Ein Großteil der Gewinne wird durch den Handel mit Informationen erzielt.[216]

Mit der Erfindung des Buchdrucks durch Gutenberg im 15. Jahrhundert konnten Medien erstmals im großen Stil vervielfältigt und einer breiten Masse zugänglich gemacht werden. Der Medienkonsum ist zwar mit dem Angebot gestiegen,[217] dennoch übersteigt das Angebot die Rezeptionskapazitäten. Schon immer haben die den einzelnen Mitgliedern einer Gesellschaft zur Verfügung stehenden Wahrnehmungsangebote die Aufnahmekapazität der Menschen übertroffen, doch die exponentielle Entwicklung der Massenmedien mit ihren konkurrierenden Aufforderungsangeboten, so diskutieren beispielsweise Werner Kroeber-Riel und Klaus Merten, hat eine extreme Überforderung

---

215 Luhmann: *Die Gesellschaft der Gesellschaft*, S. 124

216 Glaab/Gros: *Faktenlexikon Deutschland*, S. 501

217 So ergab die Studie ›Massenkommunikation 2000‹ im Auftrag von ARD und ZDF, dass in Deutschland durchschnittlich 502 Minuten Mediennutzung pro Tag auf jeden Bundesbürger ab 14 Jahre fallen, noch 1980 waren es nur 309 Minuten gewesen. Vgl. Wiedemann: »Ich werde gesendet – also bin ich‹ – Mediokratie statt Demokratie?«, S. 33

geschaffen. Kroeber-Riel errechnete bereits für das Jahr 1987 für die Bundesrepublik Deutschland eine Informationsüberlastung von 97 Prozent.[218] Merten beschreibt die Überlastung der nahezu gleichbleibenden Rezeptionskapazität durch ein um 4000 Prozent gestiegenes Medienangebot als »recipient's gap«[219], der nur durch stärkere Selektion überwunden werden kann sowie durch die Ausbildung von Vertrauen in Meta-Medien, die für den Rezipienten eine Vorselektion übernehmen. Egal, ob man den Berechnungen Glauben schenken mag oder sich auf die Tatsache beruft, dass die Aufmerksamkeitskapazität der Menschen schon immer wesentlich weniger Umweltinformationen aufnehmen konnte, als vorhanden sind, fest steht, dass der Mensch einer Umweltkomplexität gegenübersteht, die er nicht umfassend erfassen kann.

3.1 *Harmonia Mundi* vs. Komplexität

Die Offensichtlichkeit der Reizüberlastung nimmt ihren Anfang mit dem Eintritt in die Neuzeit. Die Entwicklung in den Naturwissenschaften, Kopernikanische Wende, die Ausbreitung der Idee des Humanismus, Säkularisierung, nicht zuletzt die Verbreitung der Schriftkultur und schließlich auch die industrielle Revolution setzten Vertrauen in die Wissenschaft an die Stelle des Schicksalsglaubens. Das harmonische religiöse Weltbild und das göttliche Schöpfungsmonopol bröckelten. Luthers Bibelübersetzung und die möglich gewordene Verbreitung durch Gutenbergs Druckerpresse trugen zum Sturz des Wahrheits- und Wissens-Monopols religiöser Führer bei. Hierarchische Entscheidungsstrukturen, soziale Hierarchien und vorgefertigte Lebenswege lösten sich auf.[220] Es entstand soziale Mobilität und die Freiheit der Wahl-Möglichkeiten, Wirklichkeit und Identität wurden zum »Möglichkeitsraum«[221]. Mit der Ablösung des mittelalterlichen Essenzenkosmos[222] entsteht der Fortschrittsgedanke und aus der ehemals festgelegten Zukunft wird eine Form der Wahrscheinlichkeit[223]. Der Mensch wird zum Individuum, das nicht mehr Subjekt eines Schicksals ist, sondern seine Zukunft selbst gestalten muss und das heißt: permanent Entscheidungen treffen. Jede Entscheidung aber hat unantizipierbare Folgelasten. Bei einer Entscheidung gibt es so viele Alternati-

---

218 Kroeber-Riel: *Strategie und Technik der Werbung*, S. 14
219 Merten: »Evolution der Kommunikation«, S. 155
220 Mehr dazu bei: Parsons: *Das System moderner Gesellschaften*, 1972.
221 Straub: »Personale und kollektive Identität«, S. 89
222 Vgl. Luhmann: *Beobachtungen der Moderne*, S. 130
223 Ebd. S. 140

ven, Zusammenhänge und Konsequenzen, dass diese unmöglich von vornherein alle bedacht werden können. Das bedeutet: Jede Entscheidung wird unter Unsicherheit getroffen und ist damit ein Risiko.[224] Mit dem neuen Weltbild wird ein altes Problem offenbar: Komplexität. Komplexität bedeutet, dass es mehr Möglichkeiten gibt, als realisiert werden können. In der Sprache der Systemtheorie würde man sagen, dass nicht mehr jedes Element mit jedem anderen verknüpfbar ist.[225] Komplexität bedeutet, eine Auswahl haben. Diese Freiheit ist gleichzeitig ein Zwang: Man muss eine Auswahl treffen. Jede Nicht-Entscheidung ist auch Entscheidung. Mit der Komplexität einher geht die Kontingenz: Selbst mit einer Entscheidung für eine Alternative sind die anderen Möglichkeiten nicht ausgelöscht, sondern nur aufgehoben. Sie bleiben für eine spätere Auswahl erhalten, als »Horizont der Verweisung auf andere Möglichkeiten und damit als Bereich für anschließende weitere Selektionsakten«[226].

Die Welt weist mehr Komplexität auf, als ein Mensch imstande ist zu verarbeiten. Zwischen Mensch und Welt existiert ein Komplexitätsgefälle[227], das den Menschen dazu zwingt, nur einen Ausschnitt der Welt zu betrachten, wie Herbert Simon sagt, eine nahezu leere Welt.[228] Das Komplexitätsgefälle beschreibt das Verhältnis von Knappheit auf Seiten des Menschen und Überfluss auf Seiten der Welt. Niklas Luhmann spricht dabei von einer »Selbstüberforderung des Erlebens durch andere Möglichkeiten«[229]. Nicht alle Möglichkeiten können realisiert werden und auch die ausgewählten sind nur Möglichkeiten, die durchaus anders denkbar wären. Weil jede Entscheidung ohne umfassende Kenntnis aller Alternativen sowie sämtlicher möglicher Konsequenzen getroffen werden muss, wird sie zum Risiko. Aus der Komplexität ergibt sich für den Menschen als Handlungsantrieb das Sicherheitsbedürfnis und damit ein Bedürfnis nach Risikominimierung.

Komplexität gab es bereits vor der Neuzeit, doch war die Welt im Mittelalter für die Menschen begrenzt. Komplexität war deshalb auszuhalten, weil ein Gegengewicht existierte: das Einfache, das Ganze, verkörpert durch Gott. Komplexität waren die Teile einer Ordnung. Mit der Auflösung des religiösen Weltbildes verliert der Begriff des Einfachen, des Ganzen an Bedeutung.

»Komplexität bleibt, aber die Welt hat sich gleichsam hinter ihrem Rücken gewandelt. Sie repräsentiert sich jetzt zeitlich als offene Zukunft immer anderer Möglichkeiten, sachlich als

224 Ebd. S. 141f.
225 Vgl. Luhmann: *Organisation und Entscheidung*, S. 13
226 Luhmann:»Moderne Systemtheorien als Form gesamtgesellschaftlicher Analyse«, S. 12
227 Baecker: *Niklas Luhmann. Einführung in die Systemtheorie*, S. 168
228 Simon: *Reason in human affairs*, S. 20
229 Luhmann:»Sinn als Grundbegriff der Soziologie«, S. 32

endlose (und damit bestimmungsbedürftige) Mannigfaltigkeit empirischer Kausalitäten und sozial als gleiche Subjektqualitäten aller Menschen, die auf Konventionen zur Regelung ihrer Angelegenheiten angewiesen sind und diese Angewiesenheit, zur Kontrolle gleichsam, in der Selbstreflexion reduplizieren.«[230]

Dieser »Wandel des Welthorizontes«[231] war bedingt durch die Entwicklung der Wissenschaften, welche die Schöpfungsordnung aufgehoben und damit »das Gesamtschema ruiniert«[232] haben.

3.2 Knappheit und *Bounded Rationality*

Die Knappheit der Ressource Aufmerksamkeit ist nicht nur auf ihre neurobiologische Begrenztheit, sondern auf das Überangebot an Informationen[233] zurückzuführen. Herbert Simon vergleicht diesen Mechanismus mit den Abhängigkeiten zwischen Angebot und Nachfrage. Dem Informationsreichtum der Welt steht eine Aufmerksamkeitsarmut gegenüber.

»Similarly, in an information-rich world the wealth of information means a dearth of something else: a scarcity of whatever it is that information consumes. What information consumes is rather obvious: it consumes the attention of its recipients. Hence a wealth of information creates a poverty of attention and a need to allocate that attention efficiently among the overabundance of information sources that might consume it.«[234]

Knappheit resultiert nicht, weil ein Mangel vorliegt, sondern weil einer Ressource unverhältnismäßig viele Verwendungsmöglichkeiten gegenüber stehen. So gibt es zum Beispiel unabhängig vom finanziellen Einkommen immer wesentlich mehr Möglichkeiten, für die Geld ausgegeben werden könnte, als Geld vorhanden ist.

Die Fähigkeit, Aufmerksamkeit zu konzentrieren, ist Voraussetzung, um sinnvolles Planen und Handeln anschließen zu können.

»Erst im Rahmen dessen, was überhaupt mit Aufmerksamkeit bedacht wird – also gleichsam nach Vorsortierung durch die Aufmerksamkeitsregeln –, kann es zu rationalisierbaren Entscheidungen kommen.«[235]

---

230 Luhmann: *Soziologische Aufklärung 5. Konstruktivistische Perspektiven*, S. 60

231 Ebd. S. 61

232 Ebd. S. 61

233 Weil erst die Aufmerksamkeit den Reizen eine Bedeutung zuordnen kann und somit aus Reizen Informationen macht, müsste man richtigerweise statt von Informationen von Daten oder Reizen sprechen. Der Terminus ›Information‹ enthält bereits eine Sinnzuweisung.

234 Simon:»Designing Information for an information-rich world«, S. 40f.

235 Luhmann:»Öffentliche Meinung«, S. 15

Übersteigen die eintreffenden Reize die Verarbeitungskapazitäten, dann müssen Menschen und Gesellschaften die meisten Informationen ignorieren, um nicht handlungsunfähig zu werden. Sie müssen eine Auswahl treffen. In den Wirtschaftswissenschaften geht man beim Entscheidungsverhalten von Menschen von Idealmodellen aus, in denen alle Handlungsalternativen und die sich daraus ergebenden Konsequenzen bekannt sind. Nach Abwägung aller Faktoren und Folgen entscheidet sich der sogenannte homo oeconomicus für die beste Möglichkeit. Die Tatsache, dass dies jedoch nur ein Idealmodell ist, das niemals Anwendung gefunden hat oder je Anwendung finden wird, hat Nobelpreisträger Herbert Simon ausführlich als das Problem der ›Bounded Rationality‹ beschrieben. Menschen sind aufgrund der Komplexität einer Entscheidung nicht in der Lage, alle Alternativen zu kennen, geschweige denn, alle Konsequenzen zu antizipieren. Ihre Rationalität ist eingeschränkt. Eingeschränkte Rationalität bedingt Selektion, die sich nicht am Optimum orientiert sondern daran, ob die Ziele mit der Auswahl ausreichend befriedigend erfüllt werden können:

»We know today that human reasoning, the product of bounded rationality, can be characterised as selective search through large spaces of possibilities. The selectivity of the search, hence its feasibility, is obtained by applying rules of thumb, or heuristics, to determine what paths should be traced and what ones can be ignored. The search halts when a satisfactory solution has been found, almost always long before all alternatives have been examined.«[236]

Gesellschaftliche Prozesse richten sich an der Knappheit der Güter aus.[237] Rawls hat die Knappheit der Güter als Ausgangspunkt für eine Diskussion über Gerechtigkeit gesehen. Knappheit ist die Bedingung, die Gerechtigkeit erst notwendig macht.

»Lägen diese Bedingungen nicht vor, so gäbe es für die Tugend der Gerechtigkeit keinen Anlass, ganz wie es beim Fehlen drohender Gefahr für Leib und Leben keinen Anlass für körperlichen Mut gäbe.«[238]

Aus der Verteilung der knappen Güter erwachsen Konflikte,[239] für deren Lösung rationale Handlungsoptionen entworfen werden müssen. Diese Entwürfe[240], so argumentiert Herbert Simon, orientieren sich nicht nur an den

---

236 Simon: *Economics, Bounded Rationality and the Cognitive Revolution*, S. 4
237 Vgl. Buchanan: *Die Grenzen der Freiheit*, S. 35
238 Rawls: *Eine Theorie der Gerechtigkeit*, S. 150
239 Vgl. Luhmann: »Knappheit, Geld und die bürgerliche Gesellschaft«, S. 198: »Bei Knappheit von Gütern ist es nämlich zunächst unwahrscheinlich, dass der Zugriff des einen für den anderen akzeptabel ist«.
240 Begriff von Simon: *Die Wissenschaften vom Künstlichen*.

limitierten kognitiven Fähigkeiten, sondern auch an den Bedingungen der Umwelt und hier insbesondere an den Engpässen.

»Knappheit ist ein wesentlicher Faktor im Leben. Da die Ressourcen – Boden, Geld, Kraftstoff, Zeit, Aufmerksamkeit – knapp sind im Verhältnis zu den Verwendungsmöglichkeiten, ist es Aufgabe der Rationalität, sie zu verteilen.«[241]

Mit gesellschaftlichen Veränderungen, ändern sich auch die Engpässe. Vor der Entwicklung der Massenmedien und den Möglichkeiten der Telekommunikation lagen die Engpässe in der Übermittlung von Nachrichten. Telegramme zum Beispiel konnten zunächst nur nacheinander verschickt werden. Heute können Millionen von Nachrichten gleichzeitig versandt werden, per Fax, per Mail, per SMS, per Telefon, über den Ticker, etc. Heute ist nicht mehr die Leitung zum Versenden einer Nachricht der Engpass, sondern die Kapazitäten, die alle einkommenden Nachrichten bewerten und wichtige von unwichtigen Nachrichten unterscheiden müssen.[242] Dementsprechend wichtig werden Filter, die die Nachrichtenflut eingrenzen und zum Beispiel unerwünschte Mails aussortieren.

Die Tatsache, dass nicht alle Optionen überblickt werden, dass also Rationalität begrenzt ist, macht für Simon und March das Überleben des einfacher strukturierten Menschen in der komplexen Welt erst möglich, weil er die komplexe Welt durch eine überschaubare ersetzt. »Rational behavior involves substituting for the complex reality a model of reality that is sufficiently simple to be-handled by problem-solving processes.«[243] Entscheidend ist, dass die Aufnahmefähigkeit des Menschen und die Einschränkung des Weltausschnittes ausreichen, um adäquat auf die überlebensrelevanten Reize zu reagieren.[244] Das Resultat, das aus der begrenzten Rationalität entsteht, ist selten optimal, aber auf den betrachteten Ausschnitt bezogen und unter Berücksichtigung knapper kognitiver und zeitlicher Kapazitäten kann es durchaus befriedigend sein, oder wie Simon sagt, ›satisficing‹[245]: befriedigend genug, um das Überleben zu sichern.[246] »An example is the difference between searching a haystack to find the *sharpest* needle in it and searching the haystack to find a needle sharp enough to sew with.«[247] Bedingung für den Mechanismus der begrenzten Rationalität, also die Fähig-

241 Simon: *Die Wissenschaften vom Künstlichen*, S. 22
242 Ebd. S. 124
243 Simon/March: *Organizations*, S. 151
244 Vgl. Abschnitt 2 Selektion, S. 56
245 Simon/March: *Organizations*, S. 169
246 Vgl. Luhmann: *Organisation und Entscheidung*, S. 17; Vgl. auch Max Planck Institut für Bildungsforschung. »Zentrale Konzepte: Eingeschränkte Rationalität«
247 Simon/March: *Organizations*, S. 141; Hervorhebungen im Original.

keit, die komplexe Welt auf eine ›fast leere‹ Welt zu reduzieren, ist die Fähigkeit Aufmerksamkeit zu richten, Wahrnehmung auf einen oder wenige Gegenstände zu konzentrieren. Aufmerksamkeit zu konzentrieren ist eine Grundfunktion von Emotionen, zum Beispiel veranlasst uns Hunger, etwas zu essen. Emotionen können so den Selektionsprozess sinnvoll einschränken und in der Funktion von Stopp-Regeln sogar beenden.[248] Wenn der Hunger groß ist, muss es nicht ein exklusives Restaurant sein, dann reicht die nächstgelegene Imbissbude. So argumentiert auch Simon:»the attention-direction mechanism must have the means for interrupting ongoing activity to give priority to the urgent needs.«[249] So beendet Liebe meist die Suche nach einem geeigneten Lebenspartner und Sympathie beendet oftmals die Suche nach einem geeigneten politischen Kandidaten für die nächste Wahl. Menschen handeln bei der Auswahl der zu verarbeitenden Reize auch auf Grundlage internalisierter Wertemuster. Wie lernende Systeme können Menschen durch Rückkopplung ihr Verhalten an Veränderungen anpassen. Das ist zum Beispiel dann hilfreich, wenn die Menge an eintreffenden Nachrichten die Verarbeitungskapazität übersteigt und wie Karl W. Deutsch es ausdrückt, die ›Kanäle verstopfen‹. Lernende Systeme setzen Prioritäten bei Empfang, Auslese und Weiterleitung der Nachrichten. So werden zum Beispiel Telefongespräche mit den Nummern 110 und 112 bevorzugt durchgestellt, oder besonders wichtige Nachrichten in Redaktionen als Eilmeldungen durchgegeben.

»Solche Beispiele verdeutlichen, wie in jedem komplexen Netzwerk die ›Aufmerksamkeit‹ des Systems verteilt, die Prioritäten bei der Abfertigung gleichzeitig eintreffender Nachrichten festgelegt und eine Entscheidung zwischen der großen Zahl verfügbarer Möglichkeiten zur Vermittlung, Verknüpfung und Neuvermittlung jeder einzelnen Nachricht getroffen werden muss.«[250]

Im System entsteht ein »interner Konflikt«[251], der dadurch gelöst wird, dass einer Nachricht Priorität zugewiesen wird. Welche Nachrichten oder Reize bevorzugt ins menschliche Bewusstsein durchgestellt werden, ist abhängig von biologischen Faktoren, von emotionalen Präferenzen und gesellschaftlichen Werten. Mit der Wahrnehmung der Welt lernen Menschen in der Sozialisation die Bedeutungen und Beziehungen der Wahrnehmungsgegenstände mit.[252] Über den Lernprozess kann der Mensch Prioritäten und Wissen verändern, Deutsch spricht von »allgemeiner Formbarkeit«[253]. Vernetzungen im Gehirn

---

248 Vgl. Max Planck Institut für Bildungsforschung.»Zentrale Konzepte: Soziale Rationalität«
249 Simon:»The Bottleneck of Attention«, S. 3
250 Vgl. Deutsch: *Politische Kybernetik*, S. 142
251 Ebd. S. 151
252 Vgl. Hahn:»Aufmerksamkeit«, S. 25
253 Deutsch: *Politische Kybernetik*, S. 152

entstehen in Abhängigkeit von der Umwelt, in der das Gehirn benutzt wird.[254] Entscheidungen hängen davon ab, welche Umweltbedingungen vorherrschen und welche Entscheidungen üblicherweise getroffen werden, sich als erfolgreich erwiesen haben oder gar institutionalisiert sind. Entscheidungen, die oftmals getroffen werden, haben starke Vernetzungen und werden später bevorzugt.

Die Erkenntnisse aus der Hirnforschung stimmen mit Simons Vorstellungen der Komplexität eines Menschen überein. Maßgeblich für sinnvolles Handeln eines Menschen ist seine Umwelt, ihre Komplexität und ihre Bedingungen. Innere Komplexität erklärt sich für Simon aus der Komplexität der Umwelt. So zeigt für ihn der Weg, den eine Ameise über einen Strand zurücklegt, nicht die Komplexität der Ameise, sondern eben die Komplexität der Strandoberfläche.[255] Genauso wie das Beispiel der Ameise zeigt, ist die Komplexität des Menschen auf die Komplexität seiner Umwelt ausgerichtet.

»Ein Mensch betrachtet als System mit bestimmten Verhalten, ist recht einfach. Die scheinbare Komplexität seines Verhaltens in der Zeit spiegelt weitgehend die Komplexität der Umgebung wider, in der er sich befindet.«[256]

Die Aufgabe des Menschen besteht darin, passende Handlungsentwürfe für die komplexe Umgebung anzubieten und das Verhalten entsprechend anzupassen. Die Entwürfe orientieren sich an den maßgeblichen Bedingungen der Umwelt, also den knappen Ressourcen. »Eine Entwurfrepräsentation für eine Welt, in der Information der Mangelfaktor ist, kann gerade die falsche sein für eine Welt, in der der Mangelfaktor Aufmerksamkeit ist.«[257]

4. Komplexitätsreduktion

Der Mensch weist weniger Komplexität auf als seine Umwelt, kann die Komplexität der Welt nicht komplett erfassen und verarbeiten und benötigt deshalb Mechanismen zur Reduktion von Komplexität.[258] Seine Informationsverarbeitung erfolgt selektiv, seine Wahrnehmung und Speicherung von Informationen schematisch und hierarchisch. Die Welt, wie wir sie wahrnehmen, ist

---

254 Vgl. Hüther: *Bedienungsanleitung für ein menschliches Gehirn*, S. 34
255 Vgl. Simon: *Die Wissenschaften vom Künstlichen*, S. 46
256 Ebd. S. 47 siehe auch S. 56
257 Ebd. S. 124
258 Vgl. Luhmann: *Vertrauen. Ein Mechanismus zur Reduktion von Komplexität*, S. 8

bereits komplexitätsreduziert durch Selektion und Verarbeitung durch unsere Sinnesrezeptoren.[259] Weil wir immer nur den Ausschnitt des gerade vorliegenden Problems betrachten, leben wir, wie Herbert Simon sagt, in einer »nearly empty world«[260]. In dieser fast leeren Welt werden komplexe Zusammenhänge vereinfacht dargestellt, Vorgänge institutionalisiert, Informationen ausgeblendet, Reize ignoriert, Handlungs- und Entscheidungsoptionen reduziert und Wahrnehmungen unterbunden. Menschen stellen bewusst Regeln auf, die ihren Möglichkeitsraum einschränken, die eigenes Handeln kontrollieren und fremdes Handeln erwartbar machen, sie haben einen Wertekosmos etabliert, nach dem die Mitglieder einer Gesellschaft ihr Handeln ausrichten.

»Denn die reale Umgebung ist insgesamt zu groß, zu komplex und auch zu fließend, um direkt erfasst zu werden. Wir sind nicht so ausgerüstet, dass wir es mit soviel Subtilität, mit so großer Vielfalt, mit so vielen Verwandlungen und Kombinationen aufnehmen könnten. Obgleich wir in dieser Umwelt handeln müssen, müssen wir sie erst in einfacherem Modell rekonstruieren, ehe wir damit umgehen können.«[261]

4.1 Symbole und symbolisch generalisierte Kommunikationsmedien

Der Mensch bedient sich zur Orientierung nicht der komplexen Welt, sondern nutzt, wie Habermas es ausdrückt, »übervereinfachende Weltinterpretationen«[262]. Zur Erfassung und Verarbeitung der Komplexität in reduzierter Form dienen dem Menschen Symbole: Sinnkonglomerate, die einen vielschichtigen Zusammenhang in vereinfachter Form abbilden. Intelligenz ist die Fähigkeit, die Welt abstrakt zu erfassen und in Symbolsystemen abzuspeichern, diese abzurufen, zu verändern und zu neuen Zusammenhängen zu verknüpfen. Während der Sozialisation erfährt der Mensch die Welt und ihre Gesetzmäßigkeiten spielerisch. Er verarbeitet sie zu seinem Erfahrungsschatz und speichert sein Wissen symbolisch, als »interne Repräsentationen«[263]. So wird es ihm möglich, vielfältige Erfahrungen als Verallgemeinerungen abzurufen. Symbole reduzieren Komplexität der Umwelt, weil sie stellvertretend für etwas Komplexes stehen. Sie integrieren die äußere Welt in das System. Symbole können neben Objekten auch Prozesse und Programme darstellen und aktivieren. Als das wichtigste Symbolsystem gilt die Sprache. Sprache, wie auch die

259 Vgl. Roth: *Das Gehirn und seine Wirklichkeit*, S. 115
260 Simon: *Reason in human affairs*, S. 20
261 Lippmann: *Die öffentliche Meinung*, S. 18
262 Habermas: *Theorie der Gesellschaft oder Sozialtechnologie. Was leistet die Systemtheorie*, S. 157
263 Simon: *Die Wissenschaften vom Künstlichen*, S. 20

Kultur, bietet Handlungsoptionen oder Erklärungsmuster an. Sprache und Kultur stehen in einer Wechselbeziehung und repräsentieren nur einen Ausschnitt der Welt: Indem sie bewährte Schemata anbieten, minimieren sie die Fülle an Möglichkeiten auf ein überschaubares Angebot. Heute wird Kultur als kollektives Wissen zu großen Teilen über Massenmedien transportiert, so dass diese Schemata ihren Gültigkeitsanspruch räumlich ausweiten. Die Reichweite medialer Wirklichkeitsinterpretationen ermöglicht die Anpassung der Weltsicht auf einen globalen Erlebnishorizont. Auch durch diese Übereinkunft entsteht Komplexitätsreduktion.

Über Kommunikation wird reduzierte Komplexität übertragbar.[264] Dazu dient die Sprache aber auch symbolisch generalisierte Kommunikationsmedien wie Geld, Macht und Wahrheit. Am verständlichsten wird diese Funktionsweise im Bereich der Wirtschaft. Hier wirkt die Einigung auf eine Währung und ein einheitliches Preissystem komplexitätsreduzierend. Es ist eine enorme Erleichterung, dass wir im Supermarkt mit einer einheitlichen Währung zahlen können und nicht erst eine Gegendienstleistung für die Palette Milch aushandeln müssen. Der Preis-Mechanismus ermöglicht intelligente Entscheidungen. Mit den symbolisch generalisierten Kommunikationsmedien etablieren sich eindeutige Tauschbedingungen, die dann funktionieren, wenn sie von allen Kommunikationsteilnehmern anerkannt werden.

Die Theorie symbolisch generalisierter Kommunikationsmedien geht auf Talcott Parsons zurück. Symbolisch generalisierte Kommunikationsmedien lösen individuelle Tauschprozesse ab. Das, was getauscht werden soll, wird durch unspezifisch verwendbare Medien symbolisch repräsentiert. Geld steht für alles das, was damit erworben werden könnte. Tauschmedien wie Geld funktionieren deshalb, weil sich alle Gesellschaftsmitglieder darauf geeinigt haben, die Bedingungen des Erwerbs und Gebrauchs zu akzeptieren. Menschen vertrauen»darauf, dass die Komplexitätsreduktion gelingt, dass die Übernahme des darin beschlossenen Risikos sich im sozialen Leben bewährt hat und dadurch zum Motiv wird, das sich weiter bewährt.«[265] Symbolisch generalisierte Kommunikationsmedien sind reflexiv: Geld funktioniert, weil es funktioniert. Das Funktionieren setzt bei den Gesellschaftsmitgliedern wechselseitiges Vertrauen voraus. Dieses Vertrauen ist institutionalisiert, so dass man nicht bei jedem Tauschakt von Neuem vor der Vertrauensfrage steht. Sprache ist das ursprünglichste generalisierte Tausch-

264 Vgl. Luhmann: *Soziologische Aufklärung 2. Aufsätze zur Theorie der Gesellschaft*, S. 174
265 Luhmann: *Vertrauen. Ein Mechanismus zur Reduktion von Komplexität*, S. 90f.

medium, weshalb Parsons Tauschmedien als Formen der Sprache betrachtet.[266] Tauschmedien sind ein Resultat der mit der Moderne einhergehenden Ausdifferenzierung der Gesellschaft in funktionale Teilsysteme, die einen übersichtlichen Sinnkontext anbieten. Jedes System beinhaltet nur einen Ausschnitt der Welt, somit präsentieren sich die Teilsysteme der Gesellschaft als »Kleinkontexte mit gut überblickbaren Selektionsmustern«[267]. Ein System ist notwendig komplexitätsreduziert und erbringt selbst Reduktionsleistungen. Das System der Massenmedien beispielsweise wählt für seine Berichterstattung aus der Umwelt nur bestimmte Informationen aus, die geeignet erscheinen, Aufmerksamkeit zu erzielen und an vorangegangene Berichte anzuknüpfen. Die Medienakteure prüfen die Informationen aus ihrer Umwelt auf ihren Nachrichtenwert und wählen nur die in ihren Augen relevanten Informationen für ihre Berichterstattung aus. Die ausgewählten Informationen werden in komplexitätsreduzierender Form aufbereitet, in der Darstellung ist man auch um komplexitätsreduzierende Mittel bemüht, zum Beispiel bieten Symbolbilder wie der Sturz der Hussein-Statue in Bagdad oder das Hissen der Sowjet-Flagge auf dem Berliner Reichstag im zweiten Weltkrieg die Vermittlung einer Situation in vereinfachter Form, die sofort von der Mehrheit der Rezipienten verstanden wird.[268] Ein System nimmt Reize aus seiner Umwelt auf, bzw. folgt man der Argumentation der Systemtheorie, reagiert es auf Irritationen und bezieht diese auf Ereignisse der Vergangenheit. Es ist selbstreferentiell, das heißt, es schöpft aus einem Systemgedächtnis und bezieht sich immer wieder auf sich selbst: »das System interpretiert die Welt selektiv, überzieht die Information, die es erhält, reduziert die äußerste Komplexität der Welt auf einen Umfang, an dem es sich sinnvoll orientieren kann, und gewinnt dadurch erst strukturierte Möglichkeiten eigenen Erlebens und Verhaltens. Die Reduktion kann intersubjektiv übereinstimmend erfolgen und führt dann zu Erkenntnissen, die sozial garantiert sind und deshalb als ›wahr‹ erlebt werden.«[269] Auch die Gesellschaft, in der die Teilsysteme enthalten sind, kann als ein System betrachtet werden. Als solches stellt es selbst bereits eine umfassende Komplexitätsreduktion dar: nämlich ein System, das Selektionen in Institutionen, Werten und Normen vorstrukturiert. Das Gesellschaftssystem bietet seinen Mitgliedern basale Orientierung und Sinn durch »grundlegende

---

266 Vgl. Luhmann: *Soziologische Aufklärung 2. Aufsätze zur Theorie der Gesellschaft*, S. 172
267 Luhmann: *Soziologische Aufklärung 5. Konstruktivistische Perspektiven*, S. 74
268 Dieses Bild wurde von den Sowjets für so wirksam eingeschätzt, dass sie es inszenierten. Das ›Originalfoto‹ wurde erst im Nachhinein erstellt.
269 Luhmann: *Vertrauen. Ein Mechanismus zur Reduktion von Komplexität*, S. 39

Reduktionen«[270]. In einer Gesellschaft verständigen sich alle Mitglieder auf Regeln. Regeln besitzen eine Entlastungsfunktion, weil Verhalten anderer vorhersagbar wird.

»Diese Vorhersagbarkeit ergibt sich aus der Tatsache, dass Regeln die Ableitung von Informationen – zumindest in einer bestimmten Variationsbreite – hinsichtlich des Verhaltens der übrigen Beteiligten ermöglichen.«[271]

Regeln reduzieren erlaubtes, mögliches und denkbares Handeln auf wenige Optionen. Regeln lassen auch darauf schließen, wie jemand höchstwahrscheinlich nicht handeln wird. So ist es unwahrscheinlich, dass jemand sein Fahrzeug bei grünem Ampellicht anhalten wird. Regeln bieten also eine Information über das Verhalten Unbekannter, werden die Regeln außer Kraft gesetzt, werden folglich die Informationen »zerstört«[272]. Das Vertrauen in das Funktionieren von Regeln macht rationales Handeln möglich. Aber: Vertrauen ist ein Risiko. Damit Menschen Regeln vertrauen, müssen sie beständig sein. Wer zum Beispiel die Erfahrung macht, dass er eingezahltes Geld von einer Bank nicht zurückbekommt, wird dieser Institution nicht mehr vertrauen.

4.2 Sinn

»Sinn ist eine bestimmte Strategie des selektiven Verhaltens unter der Bedingung hoher Komplexität. Durch sinnhafte Identifikationen ist es möglich, eine im einzelnen unübersehbare Fülle von Verweisungen auf andere Erlebnismöglichkeiten zusammenzufassen und zusammenzuhalten, Einheit in der Fülle des Möglichen zu schaffen und sich von da aus dann selektiv an einzelnen Aspekten des Verweisungszusammenhanges zu orientieren.«[273]

Soziale Systeme reduzieren Komplexität durch Sinn, Grenzen von sozialen Systemen sind Sinngrenzen.[274] Sinn ist ein Mittel zur Selektion, das aus menschlichen Erfahrungen und Handlungen ein logisches Arrangement macht. In einer Gesellschaft werden gemeinsame Sinnvorstellungen unterstellt. Sinn ist der Rahmen, der bestimmte Ereignisse in den Bereich des Vorstellbaren bringt und andere vorläufig ausklammert. Sinn ist eine kollektive Selektionsübereinkunft und wird mit der Sozialisation erlernt. Diese grundlegende Komplexitätsreduktion ist die im Anerkennungsteil beschriebene Sicht des

---

270 Vgl. Luhmann: *Moderne Systemtheorien als Form gesamtgesellschaftlicher Analyse,* S. 16
271 Brennan/Buchanan: *Die Begründung von Regeln,* S. 10
272 Ebd. S. 14
273 Luhmann: »Moderne Systemtheorien als Form gesamtgesellschaftlicher Analyse«, S. 12
274 Vgl. Luhmann: »Moderne Systemtheorien als Form gesamtgesellschaftlicher Analyse«, S. 11

generalisierten Anderen, die vom sozialisierten Menschen als Alltagswirklichkeit, als vertraute Welt, empfunden wird.

»Mit der anonym und latent bleibenden Konstitution von Sinn und Welt wird das volle Potential der an sich gegebenen Erlebnismöglichkeiten, die extreme Komplexität der Welt, dem Bewusstsein entzogen.«[275]

Unterstellte gemeinsame Sinnvorstellungen ermöglichen auch den Perspektivwechsel, das Hineinversetzen in andere, die Vorstellung vom anderen Erleben und anderen Anschauungen. Damit wird es dem Individuum möglich, sich selbst aus der anderen Perspektive zu betrachten. Wenn sich zwei Menschen wechselseitig wahrnehmen, also erkennen und anerkennen, haben sie bereits eine Selektion getroffen. Es herrscht stille Übereinkunft über das, was als wirklich angesehen wird, zum Beispiel der Raum und die Umstände des Zusammentreffens.

Wie bereits ausgeführt, ist Sinn die Selektionshilfe, die Nachrichten zu Informationen macht und sie für das Bewusstsein zugänglich macht.[276] Information ist relativ und auf den sich ändernden Kenntnisstand bezogen. »Ein und derselbe Sinnkomplex kann daher sehr unterschiedliche Informationen auslösen, je nachdem, wann und bei wem er erlebnismäßig aktualisiert wird.«[277] Erfahrung bedeutet immer Umstrukturierung einer Erwartungshaltung. »Erfahrung ist eine laufende Rekonstruktion der sinnhaft konstituierten Wirklichkeit durch Abarbeitung von Enttäuschungen, durch normalisierende Verarbeitung von Information.«[278] Durch Kommunikation wird für Luhmann Sinn aktualisiert. Als beispielsweise am 11.September 2001 die Anschläge von New York und Washington von den Medien weltweit übertragen wurden, war das für die meisten Menschen ein eklatanter Bruch der Erwartungshaltungen. Doch mit der Übertragung der Ereignisse und durch die stetigen medialen Wiederholungen rückten derartige Terrorakte in den Bereich des Möglichen, des Denkbaren, die Erwartungshaltung wurde aktualisiert.

Eine Sonderform von komplexitätsreduziertem Sinn ist der Mythos. Mythos ist eine komplexe Aussage, die als einfaches, sinnvolles Zeichen von Objekten, Personen, Handlungen und Ideen transportiert werden kann.[279] Mythos bietet Erklärungen für vielschichtige Phänomene an und transportiert sinnvolle Orientierungsmuster. Mythen, die Geschichten, in denen der Mythos sich entfaltet, arbeiten mit dem gleichen Klassifikationsschema, das auch

---

275 Luhmann: *Vertrauen. Ein Mechanismus zur Reduktion von Komplexität*, S. 22
276 Vgl. Luhmann:»Sinn als Grundbegriff der Soziologie«, S. 40
277 Ebd. S. 41
278 Ebd. S. 42
279 Mehr dazu bei: Barthes: *Mythen des Alltags*.

unserer Sprache und dem Denken innewohnt: dem Binarismus. Mythen beschreiben Kultur nicht in den Kategorien wahr und falsch, sondern Sinn und Nichtsinn. Mythen sind Welterklärungsmodelle, die Werte transportieren, kollektives Wissen speichern, Regeln manifestieren und Verhaltensangebote machen.[280] Mythos wird im limbischen System verarbeitet, also in der rechten Hirnhälfte, in der auch das Denken in Bildern lokalisiert ist. Mythos wird emotional und unbewusst rezipiert und von der Ratio nicht mehr hinterfragt. Mythos ist deshalb so wirkungsvoll, weil sein Sinn ohne verstandesmäßiges Begreifen intuitiv erfasst wird.

Mythen gibt es in allen Kulturen der Welt. Der amerikanische Mythenforscher Joseph Campbell hat in den unterschiedlichen Erzählungen der verschiedenen Kulturen ein allen innenwohnendes Schema identifiziert: den Monomythos.[281] Der Monomythos wird nicht nur erfolgreich von Regisseuren und Drehbuchautoren permanent neu inszeniert, mythische Strukturen werden auch auf Produktstrategien übertragen.[282]

5. Knappe Aufmerksamkeit unter den Bedingungen der Massenmedien

Unter den Bedingungen konkurrierender Massenmedien spitzt sich die Knappheit der Ressource Aufmerksamkeit drastisch zu, weil Informationsmenge und Kommunikationsgeschwindigkeit[283] steigen. Mit der Informationsmenge steigt notwendig auch die Selektionsleistung. Weil die Selektionsleistung steigt und immer mehr Reize nicht wahrgenommen werden, werden die konkurrierenden Reize, die zur Wahrnehmung animieren sollen, systematisch intensiviert. Außerdem ist anzunehmen, dass sich zahlreiche Meta-Medien ausbilden, denen Menschen die Vorselektion relevanter Inhalte anvertrauen.[284]

---

280 Vgl. Bleicher: *Fernsehen als Mythos - Poetik eines narrativen Erkenntnissystems,* S. 34

281 Vgl. Campbell: *Der Heros in tausend Gestalten.*

282 Vgl. Vogler: *Die Odyssee des Drehbuchschreibers. Über die mythologischen Grundmuster des amerikanischen Erfolgskinos.*

283 Vgl. Pfetsch:»Öffentliche Aufmerksamkeit, Medien und Realpolitik. Zum Management von Themen in der politischen Kommunikation«, S. 45

284 Ein Beispiel hierfür ist der ›Wahlomat‹ der Bundeszentrale für politische Bildung: Unter Berücksichtigung der Parteiprogramme und nach der Beantwortung eines Fragenkatalogs zu politischen Themen durch den Nutzer ermittelt dieses Computerprogramm die individuellen parteipolitischen Präferenzen und gibt eine Wahlempfehlung ab.

Während im Mittelalter das Wissensmonopol bei den religiösen Führern lag, wurde mit der Neuzeit durch die Möglichkeiten der Vervielfältigung Wissen potentiell jedem zugänglich. Das erklärte Ziel der Aufklärung war es, alle Menschen am Wissen teilhaben zu lassen und ihnen die Möglichkeit zu geben, über eigene Erfahrungen Erkenntnisse zu erlangen. Heute wird die Erarbeitung von Wissen zum Großteil spezialisierten Experten übertragen, die Auswahl und Aufbereitung den Massenmedien anvertraut. Dieses medial vermittelte Wissen wird selten aus eigener Erfahrung oder Erarbeitung gewusst, man bildet sich lediglich eine Meinung dazu. Welcher Meinung man sich anschließt, ist häufig eine Frage von bereits vorliegenden Präferenzen und Vertrauen sowie von Konformitätsdruck.

Bourdieu hat darauf hingewiesen, dass sich auch gesellschaftlicher Status am Besitz knapper Ressourcen orientiert.[285] Wenn Aufmerksamkeit knappe Ressource ist, dann orientieren sich Positionierungen innerhalb der Gesellschaft daran, wie viel Aufmerksamkeit jemand erhält und inwiefern die Aussage, die jemand mit seiner Positionierung trifft, von vielen Menschen als einfaches, sinnvolles Zeichen verstanden wird. Weil die meisten Reize vom Individuum ausgeblendet werden müssen, und weil sich niemand das Nicht-Beachtetwerden leisten kann, findet ein stetiger Konkurrenzkampf um die Aufmerksamkeit der Anderen statt. Um selbst wahrgenommen zu werden, müssen sich die Individuen effektreich in das Wahrnehmungsfeld einbringen, denn sonst verbleiben sie unterhalb der Wahrnehmungsschwelle. Sie müssen sich den Bedingungen der Umwelt anpassen und entsprechende Entwürfe für Rollenverhalten entwickeln. Unter den Bedingungen der Massenmedien bedeutet entwerfen: Rollenverhalten und Lebensstil so auszurichten, dass die Aufmerksamkeit anderer gesichert werden kann. Wenn Aufmerksamkeit zur knappen Ressource wird, dann bestimmen Qualität und Intensität der ausgesandten Nachricht, so konstatiert Karl W. Deutsch bereits in den 60er Jahren, den sozialen Status seines Senders.

»In ähnlicher Weise kann ›Aufmerksamkeitsüberlastung‹ ein wesentlicher Bestandteil der Misere unserer gehetzten und vielfach oberflächlichen Massenkultur mit ihren ›heißen‹ Tagesmeldungen, Kurzrezensionen und Bücherextrakten sein. Oder es kann sein, dass in einer prosperierenden und wirtschaftlich egalitären Demokratie die Überlastung der Aufmerksamkeit und Kommunikationsfähigkeit viele Menschen dazu zwingt, in hektischer Rastlosigkeit einen privilegierten Status für ihre eigenen Nachrichten anzustreben. Sofern sie sich nicht in ›Statusjäger‹ (status seekers) verwandeln wollen, müssen die Mitglieder einer solchen Gesellschaftsordnung damit rechnen, dass sie ohne sozialen Status bleiben – dass also den Nachrichten, die sie aussenden, im sozialen System keine Priorität zuerkannt wird – und ihre attraktiven, interessanten oder einflussreichen Zeitgenossen einfach keine Zeit

---

285 Vgl. auch Buchanan: *Die Grenzen der Freiheit*, S. 35

haben, sich mit ihnen zu befassen. Wenn das zutrifft, dann wird die Wirtschaftsdemokratie zum Dschungelkampf frustrierter Snobs, die nach individueller Aufmerksamkeit dürsten. Der Begriff der Nachrichtenüberlastung wäre dann ein Schlüssel zum Verständnis dieser grausamen Perversion demokratischer Hoffnungen und damit schließlich zur Korrektur der zugrundeliegenden Fehlentwicklung.«[286]

5.1 Aktives und passives Aufmerksamkeitsprivileg

Die von Deutsch aufgestellte Prognose von der Jagd nach Status über einen Kampf um Aufmerksamkeit lässt sich mit einem Gedanken von Thomas Macho verbinden: Anders als in agrarischen Strukturen geht es heute nicht mehr darum, andere Menschen zu sehen und gleichsam unerkannt zu bleiben, sondern darum, gesehen zu werden, ohne selbst sehen zu müssen. Mit dem Wandel zur Neuzeit wird aus dem »aktiven« ein »passives Aufmerksamkeitsprivileg«[287].

Das aktive Aufmerksamkeitsprivileg beschreibt nach Macho die erhöhte Position von Herrschern, die das Volk beobachten konnten, selbst aber vor den Augen des Volkes geschützt waren. Nur wenige wussten, wie der König aussah, man erkannte ihn nicht am Gesicht, sondern an seinen Machtinsignien, am Thron, an der Krone, am Umhang, am Siegel, etc. Prominenz war an das Amt, bzw. die soziale Position gebunden. Es war gleich, wer in den königlichen Umhang gehüllt war, seine Symbole machten ihn zum König. Mit der Moderne wird der soziale Aufstieg möglich und es bildet sich das passive Aufmerksamkeitsprivileg heraus. Weil hierarchische Herrschaftsstrukturen aufgebrochen wurden, sind Unterschiede nicht mehr per se durch Rangfolgen konstatiert. Mit dem passiven Aufmerksamkeitsprivileg wurden andersartige Distinktionen nötig, die soziale Unterscheidung war auf neue Symbole angewiesen. Vor der Möglichkeit, die eigene Position zu präsentieren, musste man zunächst auf sich aufmerksam machen. Genauso wandeln sich die Bedingungen für den politischen Aufstieg, der sich nun nicht mehr an Herkunft, sondern an der Fähigkeit misst, kollektive Aufmerksamkeit anzuziehen. »Der Imperativ des Erfolgs im industriellen Zeitalter lautet schlicht und einfach: ein Maximum an Aufmerksamkeit zu erzielen.«[288] Joshua Meyrowitz sieht diese Entwicklung durch die elektronischen Medien weiter zugespitzt.

---

286 Deutsch: *Politische Kybernetik*, S. 231f.
287 Macho: »Von der Elite zur Prominenz. Zum Strukturwandel politischer Herrschaft«, S. 762
288 Macho: »Von der Elite zur Prominenz. Zum Strukturwandel politischer Herrschaft«, S. 766

»The backstage exposure of our high status performers dramatically changes the relative flow of social information. With respect to our national leaders, for example, we have essentially reversed the nonreciprocal flow or information that traditionally supported their high status. Leaders once had easy access to others, but were able to control access to themselves. Before the 1920s, most people had never heard the voice of a President or received any direct evidence of his humanness or personality. Before the late 1940s, few reporters had access to portable voice recording machines that could be used to substantiate quotes from interviews (and therefore quote could be denied).«[289]

Um kollektive Aufmerksamkeit einzunehmen, bedarf es ästhetischer Distinktionen. Wichtig wird die Präsentation einer Form, die es erlaubt, auf einen Blick den Status abzulesen.

»Dieser Imperativ lässt sich auf jede Tätigkeit und auf jedes Produkt anwenden; ›Design‹ und ›Marketing‹ heißen die Schlüsselbegriffe aller strategischen Anstrengungen, gleichgültig ob es sich um politische Parteiprogramme oder um einen neuen Konsumartikel handelt.«[290]

Laut Macho gab es also schon immer ein Aufmerksamkeitsstreben. Nur wer von welcher Position aus wessen Anerkennung in Form von Aufmerksamkeit erhält, hat sich gewandelt. Hatten früher nur Eliten das Privileg, ist heute der breiten Masse die Möglichkeit gegeben, nach kollektiver Aufmerksamkeit zu streben. Aufmerksamkeit ist nicht mehr den Herrschern vorbehalten, jeder kann prominent werden. Dieser Wandel des Aufmerksamkeitsprivilegs leistet der Herausbildung von Mechanismen Vorschub, die Aufmerksamkeit systematisch erzeugen und eine positive Rezeption des Aufmerksamkeitsuchenden begünstigen.

Der Wandel des Aufmerksamkeitsprivilegs bringt nicht nur Mechanismen zur strategischen Selbstdarstellung mit sich. Die mit der Moderne problematisch werdende Komplexität stürzt die Selbstdarstellung der eigenen Position gleichzeitig in eine Glaubwürdigkeitskrise. Aus dem nun sichtbaren Komplexitätsproblem erwächst ein Sicherheitsbedürfnis: der Wunsch, zukünftige Ereignisse zu antizipieren, zu koordinieren und zu kontrollieren. Mit Luhmanns Worten entsteht ein »Dilemma von Instrumentalität und Expressivität bzw. von zukunftsbezogener Ereigniskontrolle und gegenwärtiger Bestandssicherheit«[291]. Während die instrumentelle Orientierung auf einen Zweck zielt, der in der Zukunft einen Nutzen bringen soll, richtet sich die expressive Orientierung auf die Gegenwart. Das Sicherheitsbedürfnis verzahnt beide zu dem Wunsch, zukünftige Wirkungen zu beeinflussen:»die Gegenwärtigkeit des anderen Menschen in die Zukunft zu projizieren und damit Zeit zu gewinnen,

289 Meyrowitz: *No sense of place*, S. 168
290 Macho:»Von der Elite zur Prominenz. Zum Strukturwandel politischer Herrschaft«, S. 766
291 Luhmann: *Vertrauen. Ein Mechanismus zur Reduktion von Komplexität*, S. 17

sie zu planen und durch selektive Manipulation von Darstellungen zu beeinflussen.«[292] Weil dieses Bedürfnis ein kollektives ist, wird manipulierte Darstellung von vornherein unterstellt. Darstellungen der eigenen Position sind nicht per se glaubwürdig, sondern stehen unter Manipulationsverdacht und werden angezweifelt. Auch Goffman thematisiert die Glaubwürdigkeit als Risiko, das Darstellungen innewohnt:

»Eine richtig inszenierte und gespielte Szene veranlasst das Publikum, der dargestellten Rolle ein Selbst zuzuschreiben, aber dieses zugeschriebene Selbst ist ein Produkt einer erfolgreichen Szene, und nicht ihre Ursache. Das Selbst als dargestellte Rolle ist also kein organisches Ding, das einen spezifischen Ort hat und dessen Schicksal es ist, geboren zu werden, zu reifen und zu sterben; es ist eine dramatische Wirkung, die sich aus einer dargestellten Szene entfaltet, und der springende Punkt, die entscheidende Frage, ist, ob es glaubwürdig oder unglaubwürdig ist.«[293]

Die Selbstdarstellung wird unter dem Gesichtspunkt der Vertrauenswürdigkeit betrachtet, also ob sie hält, was sie verspricht. Dieser Ausdruckswert seines Handelns ist dem Menschen bewusst, deswegen versucht er die Erwartungen der anderen in die eigene Selbstdarstellung einzubauen. Es handelt sich um »eine Selbstdarstellung, die anderen Anhaltspunkte gibt für die Bildung von Vertrauen und für die Normierung von Kontinuitätserwartungen.«[294] Man muss einerseits Rollenerwartungen erfüllen und sie andererseits brechen: Wer zu sehr den Erwartungen anderer entspricht, wer zu konform mit Rollenerwartungen geht, der läuft Gefahr, übersehen zu werden.

5.2 Top of Mind: Einfache Entscheidungsregeln bevorzugen Bekanntheit

Simons Konzept der Bounded Rationality hat gezeigt: Menschen verarbeiten Informationen nicht in Form eines Optimierungsprozesses, der am Ende das ideale Ergebnis ausspuckt. Menschen verarbeiten Informationen unter Zeitdruck und unter beschränkten Aufmerksamkeits- und Datenverarbeitungskapazitäten. Um dennoch sinnvolle Entscheidungen treffen zu können, vereinfachen Menschen die Entscheidungsbedingungen, sie reduzieren die komplexe Welt auf eine fast leere Welt und wenden einfache Heuristiken an. Dass Simplifizierung ein Vorteil ist, zeigen Untersuchungen des Center for Adaptive Behavior and Cognition (ABC) des Max Planck Instituts für Bildungsforschung, die ergaben, dass einfache Entscheidungsregeln komplizierten

292 Ebd. S. 16
293 Goffman: *Wir alle spielen Theater. Die Selbstdarstellung im Alltag*, S. 231
294 Luhmann: *Vertrauen. Ein Mechanismus zur Reduktion von Komplexität*, S. 49

Berechnungen sogar überlegen sein können: »Simplicity is a virtue, rather than a curse.«[295] Gerd Gigerenzer und Reinhard Selten sprechen dann von Ökologischer Rationalität, wenn einfache Heuristiken angewendet werden, die sowohl den limitierten kognitiven Kapazitäten sowie den strukturellen Umweltbedingungen angepasst sind und wenn diese Such-, Stopp- und Entscheidungsregeln schnell und genügsam sind und dennoch ein richtiges Ergebnis erzielen.[296] So kann die Suche nach Entscheidungsalternativen dann beendet werden, wenn im Sinne der Ausgangslage ein zwar nicht unbedingt optimales, aber ausreichendes Resultat ereicht ist. Auch einfache Stopp-Regeln können die Suche beenden, bevor das Optimalziel erreicht ist. Diese Stopp-Regeln können zum Beispiel kulturelle Normen sein, die bestimmte Möglichkeiten durch Tabugrenzen ausschließen. Auch das Imitieren von Entscheidungsverhalten anderer kann den Entscheidungsprozess effektiv abkürzen, indem Erfahrungen anderer vertraut wird.[297] Weiter stellen Emotionen effektive Mittel zum Minimieren der Auswahlmöglichkeiten und zur Beendigung der Suche dar. Gefühle wie Ekel oder Liebe schränken die Entscheidungen ein und können die Suche auch beenden, genauso wie Hunger uns mit der nächsten Imbissbude zufrieden stellt, sorgt Liebe für die Beendigung der Partnersuche.

Neben Emotionen und kulturellen Normen ist Bekanntheit bei Unsicherheit offenbar ein wesentliches Entscheidungskriterium. Folgt man den Theorien zur Bounded Rationality von Simon und den Forschungsergebnissen des Max-Planck-Institutes für Bildungsforschung, dann entscheiden sich Menschen bei Intransparenz oftmals erfolgreich für die Option, die ihnen am bekanntesten ist. Dazu sollen hier kurz drei Entscheidungsregeln vorgestellt werden, die nicht universell, aber in spezifischen Situationen erfolgreich sind: die ›Rekognitions-Heuristik‹, ›Take The Best‹ und ›Take The First‹. Bei diesen Entscheidungstechniken ist nicht nur hinnehmbar, dass Wissen und Informationsverarbeitung beschränkt sind, sondern, es ist sogar von Vorteil. Die Rekognitions-Heuristik beruht auf Wiedererkennung und arbeitet mit Ignoranz. Wenn man die Wahl zwischen zwei Lösungen hat, von denen nur eine bekannt ist, ist es sinnvoll, die bekannte als die wichtigere und deswegen richtige Auswahl anzusehen. So schnitten unwissende Personen am Aktienmarkt mit der Rekognitions-Heuristik etwa genauso gut ab, wie Aktien-Experten, die alle Firmen kannten. Die Regel der Wiedererkennung macht aus weniger Wissen mehr Informationen: In einem Experiment fragte man deutsche und amerikanische Schüler danach, ob San Diego oder San Antonio größer sei. 100

295 Todd: »Fast and Frugal Heuristics for environmentally Bounded Minds«, S. 53
296 Gigerenzer/Selten: »Rethinking Rationality«, S. 9
297 Vgl. Gigerenzer/Todd: »Fast and Frugal Heuristics: The Adaptive Toolbox«, S. 31

Prozent der deutschen aber nur 62 Prozent der amerikanischen Schüler antworteten richtig. Die deutschen Schüler kannten zwar San Diego, hatten aber noch nie von San Antonio gehört und schlossen von Bekanntheit auf Größe.[298] Die amerikanischen Schüler hingegen kannten beide Städte und konnten deshalb die Rekognitions-Heuristik nicht anwenden, ihre Trefferquote war geringer.

Die Heuristik Take The Best[299] wählt ebenfalls Bekanntheit als Auswahlkriterium, um Entscheidungen zu treffen. Take The Best geht davon aus, dass mehrere Alternativen bekannt sind und funktioniert durch das konstruieren einer Rangfolge auf Grundlage eines einzelnen Kriteriums. Diese Heuristik geht davon aus, dass Elemente, für die das Kriterium unbekannt ist, weiter unten in der Rangfolge stehen, sie scheiden deshalb als Alternativen aus. Wenn also bei der Frage nach der Einwohnerzahl einer Stadt als Auswahlkriterium die Existenz eines Bundesliga-Fußballvereins angewendet wird, steht die Stadt mit einem bekannten Fußballverein höher in der Rangliste. Von der Existenz eines Fußballvereins wird auf die Größe der Stadt geschlossen. Städte mit keinem Fußballverein werden von der Liste ausgeschlossen, so minimiert sich die Auswahl. Ist die Anzahl der überbleibenden Alternativen noch zu groß, um eine Entscheidung treffen zu können, kommt ein zweites Kriterium hinzu, beispielsweise die Existenz eines Flughafens, bis schließlich eine Option identifiziert ist. Die Entscheidungsregel Take The Best ignoriert also ebenfalls die meisten Informationen. Untersuchungen des Max-Planck-Institutes haben ergeben, dass mit dieser einfachen Heuristik genauso gute Ergebnisse erzielt wurden, wie mit rechnerisch aufwendigen statistischen Erhebungsmethoden.[300] Eine weitere Entscheidungsregel, die die ABC-Research Group identifiziert hat, heißt Take The First[301] und trifft vor allem auf Experten-Entscheidungen zu. Wenn diese mit einem Problem konfrontiert sind, ist oft die erste Lösung, die ihnen einfällt, die richtige. So haben beispielsweise Schach-Profis mit einem Blick auf das Spielbrett intuitiv den besten Zug im Kopf. Simon erklärt dieses Expertenwissen mit der Erfahrung, die seiner Meinung nach zehn Praxis-Jahren eintritt. Er vergleicht Intuition mit der menschlichen Fähigkeit einen Menschen auf der Straße ohne nachzudenken sofort wiederzuerkennen.[302] Diese Entscheidungsregeln sind unvollständig und nicht generalisierbar. Den-

---

298 Vgl. Goldstein u.a.: »Why and When Do Simple Heuristics Work?«, S. 178
299 Ebd. S. 176
300 Vgl. Max Planck Institut für Bildungsforschung. »Zentrale Konzepte: Wie gut sind einfache Heuristiken?«
301 Goldstein u.a.: »Why and When Do Simple Heuristics Work?«, S. 177
302 Vgl. Simon: *Reason in Human Affairs*, S. 27f.

noch geben sie wichtige Hinweise auf Entscheidungsverhalten unter eingeschränkter Rationalität.

Wenn Emotionen die Suche beenden und tatsächlich Bekanntheit bei eingeschränkter Rationalität zum Entscheidungskriterium wird, sind Emotionsmanagement und Aufmerksamkeitsmaximierung gute Möglichkeiten, um in komplexen Situationen Selektionswahrscheinlichkeit durch einen hohen Platz in der Rangstufe zu steigern. Um als Entscheidungsalternative wahrgenommen zu werden, muss ein Gegenstand im Bewusstsein der Entscheider, im ›relevant set‹, präsent sein. Im ›relevant set‹ sind alle in Betracht kommenden Optionen enthalten. Die Entscheidungsoption, die in der Rangstufe ganz oben steht, also ›top of mind‹ ist, kommt als erstes in den Sinn.

Gesellschaftlich übergreifende Bekanntheit misst sich an der Präsenz in den Massenmedien. So hat eine weitere Untersuchung über die Einschätzung von Größenordnungen von Städten ergeben, dass die Häufigkeit der Erwähnung von Städten in den Medien mit der durch die Versuchsteilnehmer erstellten Rangfolge übereinstimmten.

»These results suggest that individual recognition is more in tune with the media than with the actual environment, which indicates that citiy name recognition may come largely from media.«[303]

Das Prinzip der Aufmerksamkeitsmaximierung ist in der Struktur der Massenmedien wesentlich: Massenmedien sind Wirtschaftsunternehmen, die strategisch Aufmerksamkeit anziehen und auf beliebige Inhalte umleiten. Um einer breiten Masse bekannt zu werden, bietet sich die Kommunikation über die Massenmedien an. Denn die wenigen Thematisierungen, denen die Gesellschaft übergreifend Aufmerksamkeit widmen kann, werden hauptsächlich über die Massenmedien vermittelt. Protagonisten aus anderen gesellschaftlichen Teilbereichen versuchen an diese Thematisierungen anzuknüpfen bzw. eigene Thematisierungen zu setzen. Immer wichtiger werden Techniken, die massenmediale Thematisierungen möglich machen und so den Sprung in den ›relevant set‹ der Verbraucher schaffen, auf einen Blick die Botschaft vermitteln und emotionale Spontanentscheidungen zulassen. Es ist anzunehmen, dass in der Gesellschaft längst Mechanismen entstanden sind, die sich auf das Problem der knappen Aufmerksamkeit richten. Wenn es so ist, dass der Mensch bei einer Vielzahl an Optionen und einer unübersichtlichen Entscheidungssituation anhand einer Rangordnung entscheidet, die sich an Bekanntheit orientiert, dann ist anzunehmen, dass sich die meisten gesellschaftlichen Teilbereiche bereits mit der strategischen Erzeugung von Aufmerksamkeit und Be-

---

303 Gigerenzer/Goldstein:»The Recognition Heuristic. How Ignorance Makes Us Smart«, S. 55

kanntheit befassen. Im Folgenden sollen deshalb die Bereiche Massenmedien, Wirtschaft und Politik im Hinblick auf ihr Aufmerksamkeits-Management analysiert werden.

III. Aufmerksamkeits-Management

In den vergangenen Abschnitten wurde diskutiert, dass Menschen zur Bestätigung ihres Selbstwertes, zur Entwicklung einer Identität und zur Behauptung einer Position in der Gemeinschaft nach Anerkennung streben. Es wurde aufgezeigt, dass Gesellschaften nach ihren knappen Ressourcen strukturiert sind und dass Aufmerksamkeit biologisch begrenzt und im Vergleich zu den Verwendungsmöglichkeiten knapp ist. Dabei wurde die Möglichkeit erörtert, dass in Gesellschaften mit konkurrierenden Massenmedien, in denen Aufmerksamkeit eine zentrale knappe Ressource ist, ein Kampf um Aufmerksamkeit eine Form des Kampfes um Anerkennung darstellt.

Es wurde weiter herausgearbeitet, dass mit der Knappheit von Aufmerksamkeit notwendig Rationalitätsbegrenzung und der Zwang zu Komplexitätsreduktion einhergehen. Zur Reduktion von Komplexität verwenden Menschen Symbole, fokussieren ihre Aufmerksamkeit auf bestimmte Themen, schränken Sinnbereiche in ausdifferenzierte Teilsysteme ein und nutzen Redundanzen, Stereotypen und Muster zur Erfassung und Verarbeitung der Welt. Bei begrenzter Zeit und Aufmerksamkeit und Datenverarbeitungskapazität ist Bekanntheit wesentliches Auswahlkriterium. Die Zuwendung von Aufmerksamkeit, die Bündelung und Fokussierung auf bestimmte Ereignisse und Themen ergibt eine Struktur, die Grundlage dafür wird, was einzelne Menschen und die Gesellschaft zukünftig entscheiden, denken und für richtig erachten. Weil die diskutierten Themen und die Art und Weise, in der sie diskutiert werden, die gesellschaftliche Wirklichkeitssicht bestimmen, sind Menschen, Institutionen, etc. bestrebt, der Gesellschaft ihre Themen zur Diskussion anzubieten und debattierte Themen in einem für sie günstigen Rahmen zur Deutung zugänglich zu machen.

Bei ihrer Suche nach passenden Handlungsentwürfen für die komplexe Welt orientieren sich Menschen an den Engpässen. In einer Welt, deren Mangelfaktor Aufmerksamkeit ist, heißt entwerfen: Das Handeln so auszurichten, dass Aufmerksamkeit der Mitmenschen gesichert und ein hoher Platz in der Rangstufe des relevant sets durch einen hohen Wiedererkennungswert erreicht wird. Aufmerksamkeitsmaximierung ist das Funktionsprinzip der Massenmedien. Ausgehend von der Vermutung, dass Aufmerksamkeitsmaximierung auch in den anderen Teilbereichen maßgeblich ist, wird im Folgenden untersucht, wie die gesellschaftlichen Teilbereiche Medien, Wirtschaft und Politik mit dem Problem der knappen Ressource Aufmerksamkeit umgehen und welche Mechanismen zum Aufmerksamkeits-Management in den gesellschaftlichen Teilbereichen Medien, Wirtschaft und Politik Anwendung finden.

1. Massenmedien

In diesem Abschnitt geht es darum zu klären, was ein Ereignis zu einer Nachricht macht. Dazu ist es notwendig zu verstehen, wie Massenmedien funktionieren, was ihre Aufgabe ist, wie sie entstanden und strukturiert sind und wie der Selektionsprozess angelegt ist. Die Definition der Massenkommunikation von Gerhard Maletzke dient als Ausgangspunkt für die Entfaltung der Argumentation.

»Unter Massenkommunikation verstehen wir alle Formen von Kommunikation, bei der Aussagen öffentlich (also ohne begrenzte personell definierte Empfängerschaft) durch technische Verbreitungsmittel (Medien) indirekt (also bei räumlicher oder zeitlicher oder raumzeitlicher Distanz zwischen den Kommunikationspartnern) und einseitig (also ohne Rollenwechsel zwischen Aussagenden und Aufnehmenden) an ein disperses Publikum (im Unterschied zu einem Präsenzpublikum) vermittelt werden.«[304]

Bei Massenkommunikation handelt es sich um eine indirekte Kommunikation an ein unbestimmtes Publikum, die unabhängig vom Interaktionspartner stattfindet. Da die Aussage einseitig über technische Verbreitungsmittel kommuniziert wird, wird eine unmittelbare Antwort auf die Aussage nicht erwartet. Auch wenn diverse Formen der Massenkommunikation direkte Reaktionen ermöglichen, ist diese Unabhängigkeit vom Interaktionspartner Voraussetzung für die Entstehung von Massenmedien. Die Ausdifferenzierung der Massenmedien begann mit der Erfindung der Verbreitungstechnologien, die diese Unabhängigkeit ermöglichten. Mit dem Buchdruck und der massenhaften Zugänglichkeit der Schriftkultur im 15. Jahrhundert ist die unmittelbare Anwesenheit der Kommunikationsteilnehmer nicht mehr notwendig.[305] Schriften können vervielfältigt und ohne weitere Interaktionsleistungen einer breiten Masse an Menschen zugänglich gemacht werden. Weil Kommunikation nicht mehr vom Empfänger abhängt, vollzieht sich, was in der Systemtheorie

---

304 Maletzke: *Einführung in die Massenkommunikationsforschung*, S. 9
305 Vgl. Bleicher: *Fernsehen als Mythos*, S. 55; Vgl. Luhmann: *Die Realität der Massenmedien*, S. 34

»operative Schließung«[306] heißt: das System bezieht sich auf sich selbst. Die Auswahl der Themen hängt jetzt von der eigenen Informationslage ab. Neuigkeit und Bekanntheit messen sich daran, ob darüber in den Medien kommuniziert wurde. Was medial vermittelt wurde, wird als bekannt vorausgesetzt und verliert den Status der Neuigkeit.

»So kann im Bereich der Massenmedien ein autopoietisches, sich selbst reproduzierendes System entstehen, das auf Vermittlung durch Interaktionen unter Anwesenden nicht mehr angewiesen ist.«[307]

1.1 Funktionsweise

Medien unterliegen den Gesetzen eines Wettbewerbmarktes, sie sind profitorientierte Wirtschaftsunternehmen. Während die öffentlich-rechtlichen Rundfunk-Anstalten durch Gebühren co-finanziert werden, erzielen private Medienunternehmen Einnahmen ausschließlich über Werbung. Der Preis für Werbung richtet sich nach der Aufmerksamkeit, die dem Medium zukommt: Anzahl der Rezipienten, Einschaltquoten bei TV und Hörfunk, Auflage bei Printmedien, Pagevisits bei Online-Medien. Die Medienunternehmen sind bemüht, Rezipienten und damit Aufmerksamkeit für ihr Produkt zu maximieren. Folglich orientiert sich alles, was medial verwertet werden soll, an den Mechanismen der Aufmerksamkeitsmaximierung.

Massenmedien sind Partner im wirtschaftlichen Prozess und Wirtschaftsunternehmen zugleich. Sie bieten Produkte an, für die sie Aufmerksamkeit benötigen, mit dem Ziel, maximale Aufmerksamkeit anzuziehen und gewinnbringend umzuleiten. Wie Finanzinstitute Geld, nehmen Massenmedien Aufmerksamkeit ein und verkaufen diese weiter. Folgerichtig schreibt Franck, dass es Medienunternehmen nicht um Verkauf von Informationen geht, es geht um den »Verkauf der Dienstleistung, Aufmerksamkeit für Beliebiges anzuziehen.«[308] Massenmedien müssen Produkte anbieten, die selbst Aufmerksamkeit finden, zunächst bei anderen Massenmedien, dann bei Rezipienten. Findet ein Medienprodukt quantifizierbare Aufmerksamkeit von Rezipienten, kann diese Aufmerksamkeit gewinnbringend auf beliebige Zwecke, zum Beispiel klassische Werbung, umgeleitet werden. Die Aufmerksamkeit für ein Medienprodukt wie einen Film oder eine Serie kann darüber hinaus noch genutzt

306 Luhmann: *Die Realität der Massenmedien*, S. 207f.
307 Luhmann: *Die Realität der Massenmedien*, S. 34f. Anders als die Systemtheorie halte ich das Mediensystem durch politische und rechtliche Vorgaben jedoch für beeinflussbar. Vgl. dazu Jarren:»»Mediengesellschaft« – Risiken für die politische Kommunikation«, 2001.
308 Franck:»Jenseits von Geld und Information«, S. 91

werden, um schließlich im Anschluss an den Medienkonsum Merchandising-artikel zu verkaufen. Weil sich die angezogene Aufmerksamkeit gewinn-bringend weiterverwerten lässt, konkurrieren Medienanbieter um Aufmerk-samkeit für ihre Produkte.

1.2 Aufgabe

»Massenmedien erzeugen kulturelle Identität, liefern Welterklärung, stiften Sinn, vermitteln Wertvorstellungen und binden das Individuum an das gesell-schaftliche Kollektiv.«[309] Weil Massenkommunikation durch Massenmedien grundsätzlich fast allen Mitgliedern einer Gesellschaft zugänglich ist, liefert sie eine gemeinsame Grundlage für Kommunikation. Gemeinschaft entsteht, weil wir wissen können, was andere wissen können und weil wir darüber sprechen können. Massenmedien bringen Themen in Umlauf, etablieren einen gemeinsamen Wirklichkeitshorizont und Wissensstand und liefern damit den Hintergrund[310] für Kommunikation. Massenmedien überwinden die Aus-differenzierung der Gesellschaft in kleinere Subsysteme, indem sie quer zu allen Teilöffentlichkeiten eine Öffentlichkeit erzeugen, in der gesellschaftliche Werte und Sinn aktualisiert und Handlungsmuster, Meinungen und Identitäts-entwürfe angeboten werden. Darüber hinaus strukturieren Medien Alltag durch Programmschemata.

Die Aufgabe der Massenmedien besteht darin, in einer Gesellschaft Gemeinschaft über Anschlussfähigkeit zu ermöglichen:

»Massenmedien sind also nicht in dem Sinne Medien, dass sie Informationen von Wissenden auf Nichtwissende übertragen. Sie sind Medien insofern, als sie ein Hintergrundwissen bereitstellen und jeweils fortschreiben, von dem man in der Kommunikation ausgehen kann.«[311]

1.2.1 Konstruktion des sozialen Gedächtnisses

Niklas Luhmann schreibt in der Einleitung zu seinem Buch über die ›Realität der Massenmedien‹, dass wir alles Wissen über die Welt aus den Massenmedien beziehen.[312] Das stimmt nur zum Teil, denn wesentliche Informationen erhal-ten wir aus unserer persönlichen Nahwelt, von Freunden, Familie, Nachbarn, Fremden auf der Straße und aus eigenem Erleben. Dennoch sind Massen-

---

309 Bleicher: *Fernsehen als Mythos*, S. 54
310 Luhmann: *Die Realität der Massenmedien*, S. 120; S. 173
311 Ebd. S. 121f.
312 Vgl. Ebd. S. 9

medien entscheidend für die Wirklichkeitskonstruktion der Gesellschaft. Medien besitzen Themenstrukturierungsmacht, das bedeutet, sie schlagen vor, was in einer Gesellschaft diskutiert wird und unterstellen damit, dass die vorgeschlagenen Themen für die Gesellschaft bedeutsam sind. Massenmedien reduzieren die Komplexität der Umwelt auf einen überschaubaren Ausschnitt. Dieser Ausschnitt enthält jene Elemente, aus denen Individuen sich bedienen, um ihr Wirklichkeitsbild zusammenzusetzen. Weil Massenmedien Organe kollektiver Aufmerksamkeit sind, besitzen sie Deutungshoheit über die Elemente einer Wirklichkeitskonstruktion, die für die Gesellschaft maßgeblich ist. In dieser Funktion von Medien als »institutionalisierte Aufmerksamkeit«[313] liegt auch ihre Schlüsselfunktion in der Ökonomie der Aufmerksamkeit. Massenmedien entscheiden, was thematisiert wird, was Eingang in den gesellschaftlichen Diskurs findet. Die Selektion der Massenmedien bestimmt damit auch, was im »sozialen Gedächtnis«[314] als gemeinsame gesellschaftliche Wirklichkeit verankert wird.

Innerhalb der Massenmedien gilt das Fernsehen als dominantes Medium für die Gedächtnisbildung. Hier beziehen die Individuen einer Gesellschaft den Hauptteil der Elemente, aus denen sie ihre Vorstellung der Wirklichkeit zusammensetzen. Wirklichkeitskonstruktion orientiert sich nicht daran, wie die Welt ist, sondern daran, was sinnvoll und brauchbar erscheint im Sinne der Handelnden einer Gesellschaft. Diese Wirklichkeitskonstruktion ist ein Angebot, weil es von den meisten Menschen rezipiert wird, hat es sich als brauchbar erwiesen. Die Wirklichkeit der Massenmedien hat einen ›Verkehrswert‹. Was in den Massenmedien als Wirklichkeitskonstruktion angeboten wird, ist aber nicht willkürlich von den Medien-Akteuren bestimmbar.

1.3 Selektionsprozess

Die Funktion von Massenmedien ist es, Inhalte anzubieten, um damit kollektiv Aufmerksamkeit zu mobilisieren und zu binden. Deshalb richten sich Themenwahl und Aufbereitung nach der Aufmerksamkeitshierarchie der Rezipienten und den Kriterien ›neu/wichtig‹. Das Reizschema neu/wichtig signalisiert Information. Niklas Luhmann beschreibt Massenmedien darum als ein Funktionssystem, das auf Grundlage des binären Codes ›Information – Nichtinformation‹ agiert. Reize, die dem positiven Part des Codes entsprechen,

313 Bleicher: »Medien, Markt und Rezipienten«, S. 26
314 Luhmann: *Die Realität der Massenmedien*, S. 75; Schmidt benutzt hier den Terminus »soziales Wissen«, Schmidt: »Die Wirklichkeit des Beobachters«, S. 17

werden ausgewählt, die negative Code-Ausprägung ›Nichtinformation‹ bleibt unbeachtet. Bei der Entscheidung darüber, was Information ist, orientieren sich die Massenmedien am eigenen Informationsstand. Weil bereits medial Vermitteltes als bekannt angenommen wird, beziehen sich Akteure der Massenmedien immer auf das System der Medien selbst. Massenmedien erneuern laufend den Informationsbedarf. Wird eine ›Information‹ kommuniziert, verliert sie ihren Neuigkeitswert, wird also zur ›Nichtinformation‹. Massenmedien schaffen Redundanz, weil sie Unbekanntes in Bekanntes und damit Information in Nichtinformation umwandeln. Der Bedarf an Aktuellem wird aufrecht erhalten, wobei ›aktuell‹ keine Beschreibung einer Information, sondern abhängig von Zeit, Kontext und Systemgedächtnis ist.

»Ihre Präferenz für Information, die durch Publikation ihren Überraschungswert verliert, also ständig in Nichtinformation transformiert wird, macht deutlich, dass die Funktion der Massenmedien in der ständigen Erzeugung und Bearbeitung von Irritation besteht.«[315]

1.4 Nachrichtenfaktoren / Aufmerksamkeitsregeln

Die Themenwahl und Aufbereitung orientiert sich daran, was in einer Gesellschaft bereits als bekannt vorausgesetzt wird, was bereits medial kommuniziert wurde. Bei der Selektion der Themen verfahren Journalisten nach Nachrichtenfaktoren.[316] Bei der Auswahl und im Verbreitungsprozess einer Nachricht kommt Journalisten eine Gatekeeper-Funktion zu. Gatekeeper sind Entscheidungsträger, die in einer Gemeinschaft Schlüsselpositionen besetzen.[317] Sie beobachten die Umwelt und wählen stellvertretend für den Rezipienten Nachrichten aus, verarbeiten solche Themen, von denen angenommen werden kann, dass sie Interesse bei vielen potentiellen Rezipienten finden.

Journalisten sind bei der Wahl der Medieninhalte jedoch nicht frei, sie orientieren sich im Selektionsprozess an Nachrichtenfaktoren und formatspezifischen Kriterien. Entscheidend für die Publikationswürdigkeit ist, ob die Nachricht eine Relevanz für die Rezipienten aufweist. Der Nachrichtenwert ist das wichtigste medienimmanente Selektionskriterium. Er ist eine journalistische Technik, die das zu erwartende Rezipienten-Interesse an einer Nachricht bewertet. Die Publikation einer Nachricht ist um so wahrscheinlicher, je höher ihr Nachrichtenwert eingeschätzt wird. Nachrichtenwert bezeichnet das, was

---

315 Luhmann: *Die Realität der Massenmedien*, S. 174
316 Staab: *Nachrichtenwert-Theorie – Formale Struktur und empirischer Gehalt*, S. 41
317 Vgl. Ebd. S. 12

Walter Lippmann in seinem Werk ›Die öffentliche Meinung‹ 1922 als die Publikationswürdigkeit von Ereignissen beschrieben hat. Ereignisse werden zu Nachrichten, wenn sie als Aktionen dargestellt werden können, die eine gewisse Dramatik beinhalten, die Identifikationspotential bieten und geeignet sind, in einer Stereotypisierung Kompliziertes einfach darzustellen. Unter Nachrichtenwerten sind all jene Phänomene zusammengefasst, von denen angenommen werden kann, dass sie Aufmerksamkeit auf sich ziehen:

»Im wesentlichen sind es ›Aufmerksamkeitsregeln‹, die den Medienprozess in Gang halten. Und wir kennen diese Regeln aus der sog. Nachrichtenwertforschung recht genau: Neuigkeitswert, Negativismus, Skandalträchtigkeit, Prominenz, Konflikt, Betroffenheit, die Ausnahmen und nicht die Normalfälle, das sind solche Aufmerksamkeitswerte, nach denen sich der Medienprozess vor allem richtet.«[318]

Joachim Friedrich Staab benennt als Einzelfaktoren räumliche, politische, wirtschaftliche und kulturelle Nähe, Status der Ereignisnation oder der Ereignisregion, institutioneller oder persönlicher Einfluss, Prominenz, Personalisierung, Kontroverse, Aggression, Demonstration, Überraschung, Reichweite, tatsächlicher oder möglicher Nutzen oder Erfolg, tatsächlicher oder möglicher Schaden oder Misserfolg, Zusammenhang mit bereits kursierenden Themen, Etablierung der Themen und Faktizität. Im Folgenden sollen diese Nachrichtenwerte gebündelt betrachtet werden:

1.4.1 Relevanz: Nähe, Reichweite, Nutzen

Um von den Medienschaffenden für eine Vermittlung an die Rezipienten ausgewählt zu werden, ist es hilfreich, wenn ein Ereignis eine Ähnlichkeit zum Leben der Rezipienten, eine Vergleichbarkeit aufweist. Identifikationspotential bieten solche Begebenheiten, die räumlich, wirtschaftlich, politisch und kulturell sich im weitesten Sinne auf das westliche Abendland beziehen. Mit Interesse und Aufmerksamkeit werden Themen verfolgt, deren Folgen man selbst zu spüren bekommt oder bei denen das Wissen um das Ereignis dem Rezipienten einen Vorteil bringt. »Wenig öffentliche Aufmerksamkeit können Probleme erwarten, die wir nicht am Maßstab eigener Erfahrung messen können.«[319] Themen, die wie zum Beispiel Hunger in Afrika nur für wenige echtes Identifikationspotential bieten, erreichen uns nur dann, wenn Medien damit Betroffenheit auslösen können oder ein Lerneffekt erzielt werden kann.

---

318 Ulrich Sarcinelli: »Politische Inszenierung im Kontext des aktuellen Politikvermittlungsgeschäfts«, S. 153
319 Pfetsch: »Öffentliche Aufmerksamkeit, Medien und Realpolitik. Zum Management von Themen in der politischen Kommunikation«, S. 49

Solche Ereignisse gelten als publikationswürdig, bei denen das Wissen um das Ereignis den Rezipienten nützlich ist. Für die einen mag das ein Steuervorteil sein, für die anderen ein Kommunikationsvorteil: So ist es zum Beispiel für viele Menschen wichtig, am nächsten Tag am Arbeitsplatz oder in der Schule über die neue Staffel einer beliebten Vorabendserie oder den neuesten Skandal um eine bekannte Persönlichkeit diskutieren zu können.

Des weiteren spielt der Ort des Ereignisses eine Rolle. Ob ein Ereignis publikationswürdig ist, hängt auch davon ab, ob die Örtlichkeit im Leben des Rezipienten eine Bedeutung hat, bzw. ein gewisses Ansehen genießt oder Vorurteile aktiviert. Vorteile haben solche Ereignisse, deren Örtlichkeiten in den Augen der Rezipienten wichtig, angesehen oder gefährlich sind. Das Weiße Haus in Washington ist eine solche Status-Örtlichkeit.

Eine Nachricht zunächst ohne ersichtlichen Einfluss auf das Leben der Rezipienten kann auch dann berichtenswert sein, wenn sie in der Lage ist, das Interesse der Menschen emotional anzurühren. Der Tod von Prinzessin Diana war, obwohl für das tägliche Leben der meisten Menschen auf den ersten Blick gänzlich ohne Relevanz, für ein weltweites Publikum von großem Interesse. Die Trauerfeier wurde in Deutschland auf zehn Fernsehkanälen übertragen und von sechzehn Millionen Zuschauern verfolgt, weltweit betrug die Zuschauerzahl etwa zweieinhalb Milliarden.[320] Relevanz und Interesse für das Leben der Celebrities ergibt sich nicht nur daraus, dass Austausch über andere Mitglieder einer Gruppe verbindet und Regeln der Gesellschaft markiert; das Leben der ranghöchsten Repräsentanten einer Gesellschaft war im Laufe der Evolution entscheidend für das Überleben der ganzen Gruppe. Als Träger von Gruppenidentität hatte ihre Verfasstheit, zum Beispiel Gesundheit, Reproduktionschancen, Zugang zu Nahrungsressourcen etc., Einfluss auf die Fitness und die Überlebenschancen jedes Individuums der Gemeinschaft.[321] So erklärt sich die scheinbare Nicht-Relevanz von Klatsch und Tratsch um das Sexualleben, Erfolg und Misserfolg von Prominenten. Klatsch und Tratsch über nicht-prominente Alltagsmenschen, die täglich in Talkshows Skandale aus ihrem Leben beichten, dienen der Diskussion von Regeln, Werten und Normen der Gesellschaft[322]: »gossip helps people learn about how to function effectively within the complex and ambiguous structures of human social (and cultural) life.«[323]

---

320 Jahraus: »Die Prinzessin, der Tod und die Medien«, 1997
321 Vgl. Barkow: »Beneath New Culture is Old Psychology: Gossip and Social Stratification«, S. 628f.; Vgl. Schwender: *Medien und Emotionen*, S. 135, S. 159
322 Vgl. Baumeister/Vohs/Zhang: »Gossip as Cultural Learning«, S. 112
323 Ebd. S. 120

1.4.2 Normverstöße: Skandale, Kontroverse, Misserfolg

Vor allem solche Themen gelangen in die öffentliche Aufmerksamkeit, die neu und überraschend sind, abweichendes Verhalten zeigen, grundlegende Werte bedrohen, Skandale, Krisen und Probleme thematisieren. Ereignisse, die nicht das Erwünschte, nicht das Normale, sondern den Ausnahmefall markieren. »The only cases where one can be fairly certain of genuine publicity are the scandals«[324]. Niemand interessiert sich für Nachrichten, die beispielsweise berichten, dass Bäcker Bork gestern Morgen Brötchen verkauft hat, wenn er dies jeden Morgen tut, oder dass der Unternehmenschef auf dem Weg zur Arbeit keinen Unfall hatte, wenn dies die Regel ist. Ausnahmen bilden dann solche Ereignisse, bei denen aus der Erfahrung von einer Nichterfüllung ausgegangen werden kann. So ist es zum Beispiel eine Nachricht, wenn der britische Chaos-Ski-Springer Eddie the Eagle ohne Bruchlandung die Sprungschanze herunter kommt. Es sind vor allem solche Meldungen, die mit den alltäglichen Erwartungen und den gesellschaftlichen Konventionen brechen, die den Weg ins Licht der Öffentlichkeit finden. Besonders effektiv erscheint der Tabubruch. Tabubrüche nutzen sich jedoch schnell ab, »Tabugrenzen unterliegen einer ständigen Verschiebung«[325]. So hat die erste Big Brother Staffel Empörung hervorgerufen, die Folge-Staffeln jedoch kaum noch Beachtung gefunden. Es folgte ein weitergehender Bruch der Konventionen: Für die RTL-Reality-Sendung ›Ich bin ein Star - Holt mich hier raus‹ ließen sich Semi-Prominente unter Dauerüberwachung in einem australischen Dschungelcamp absetzen und traten gegeneinander um den Titel des Dschungelkönigs respektive der Dschungelkönigin an. Tägliche Mutproben umfassten dabei zum Beispiel auch das Verspeisen von Maden und Kakerlaken. Das Finale der zweiten Staffel hatten 6,33 Millionen Zuschauer verfolgt.[326]

Ebenso erregen menschliche Wutausbrüche, Gewalt und Aggression Beachtung als »archaisches Aufmerksamkeitspotential der Berichterstattung«[327]. So erfreut sich ein prügelnder Prinz August von Hannover medialer Aufmerksamkeit, und auch als sich Ex-Bundestrainer Rudi Völler in einer Sportsendung einen Verbalausrutscher leistet, wird sein Wutausbruch sogar mit Aufmerksamkeit abseits von Sportsendungen in Feuilleton und Nachrichtensendungen honoriert.

---

324 Dyer: *Stars*, S. 61
325 Bleicher:»Medien, Markt und Rezipienten«, S. 141
326 Vgl. dpa:»Desirée Nick wird Dschungelkönigin«, in: Süddeutsche Zeitung Online, 7.11.04
327 Bleicher:»Medien, Markt und Rezipienten«, S. 142

»Bei Katastrophen und Unglücken gilt: Je mehr Schaden, desto wahrscheinlicher die Berichterstattung.«[328] Negative Ereignisse, die anderen zum Beispiel bei einer Hochwasser-Katastrophe widerfahren, spiegeln die Verfasstheit der Gesellschaft und dienen als Lehrmaterial für eigenes Verhalten in Extremfällen in Form von »mentalem Probehandeln«[329]. Katastrophen dienen auch der Diskussion innerhalb einer Gesellschaft, wie sie gegen solche Ereignisse geschützt ist oder werden kann und ist aus Sicht der Evolution bedeutsamer für das Überleben als die Vermittlung guter Nachrichten. »Bad may be stronger than good in general because it is more important and more adaptive to learn about dangers than about opportunities.«[330]

So wurden nach den Anschlägen vom 11. September 2001 viele Sicherheitsmaßnahmen in Deutschland überprüft, diskutiert und verschärft, nach flächendeckenden Stromausfällen in den USA und Europa wurde das Stromnetz in Deutschland und die Möglichkeit ähnlicher Ereignisse geprüft.

1.4.3 Einfluss und Prominenz

Nachrichten, die Mitglieder einer Fachelite oder einer angesehenen Institution betreffen, haben Chancen auf Veröffentlichung. Zum Beispiel haben Prognosen der ›Fünf Weisen‹ einen höheren Nachrichtenwert als die Prognosen eines unbekannten Automobilverkäufers, wenn Kofi Annan Indonesien besucht, hat das einen höheren Nachrichtenwert, als wenn ein kanadischer Tourist anreist.

Bekanntheit orientiert sich an der Präsenz in den Massenmedien. Bekannt ist, wer im Gespräch ist – unabhängig vom spezifischen Hintergrundkapital. Bekanntheit stellt selbst einen wichtigen Nachrichtenfaktor dar, weil Prominenz an sich Aufmerksamkeit auf sich zieht.

»Eine zentrale Grundregel der Ökonomie der Aufmerksamkeit lautet: Wo bereits Aufmerksamkeit vorhanden ist, kommt neue hinzu.«[331]

So kommt es, dass selbst Nachrichten ohne weiteren Nachrichtenwert publiziert werden.[332] Die Aufmerksamkeit, die hier geschenkt wird, richtet sich auf bereits geleistete Aufmerksamkeit und wird damit selbstreferentiell und kann

---

328 Schwender: *Medien und Emotionen*, S. 264
329 Vgl. Ebd. S. 302f.
330 Baumeister/Vohs/Zhang: »Gossip as Cultural Learning«, S. 114
331 Bleicher: »Medien, Markt und Rezipienten«, S. 142
332 Zum Beispiel, wenn ein Autounfall von Daniel Küblböck Inhalt einer Nachrichtensendung wird.

als »Aufmerksamkeitsaufmerksamkeit oder reflexive Aufmerksamkeit«[333] bezeichnet werden. Die Präsenz in den Massenmedien schafft Bekanntheit und steigert den Wert. Allein die mediale Thematisierung einzelner Personen, also ihr Einkommen an Aufmerksamkeit, vermittelt den Rezipienten den Eindruck, dass es sich um eine bedeutende Persönlichkeit handeln muss.[334] So erlangte zum Beispiel ein Unbekannter Aufmerksamkeit, weil er sich auf zahlreichen Staatsempfängen mit wichtigen Staatsrepräsentanten ablichten ließ. Niemand zweifelte seine Anwesenheitsberechtigung an, weil man ihn schon von so vielen Fotos kannte, er hatte ein ›prominentes Gesicht‹ und wurde deshalb für eine wichtige Persönlichkeit gehalten.

Sichtbarkeit erhöht die Selektionswahrscheinlichkeit. Der Erfolg eines Celebrities hängt oftmals von Bereichen ab, die außerhalb seines ursprünglichen Leistungsbereichs liegen. Bekannt ist, wer seine Person selbst zum ›Issue‹, »zum Gegenstand massenmedialer Kommunikation«[335] werden lässt. Fußballprofi David Beckham steigert Bekanntheit und damit seinen Marktwert durch ungewöhnliches Aussehen, Auftreten und Schlagzeilen aus seinem Privatleben. Das Interesse an Prominenten – egal ob real existierend oder fiktiv – lässt sich aus der Evolution erklären. Es liegt daran, dass wir Prominente durch die medial erzeugte Nähe als Teilnehmer unserer Gemeinschaft deuten und sie intuitiv zu Rivalen, Freunden oder Führungspersonen erklären. Die Fitness dieser Personen hat entscheidenden Einfluss auf die eigene Fitness und damit Reproduktionsmöglichkeit.[336]

1.4.4 Personalisierung

Medien nutzen menschliche Schicksale, um abstrakte Sachverhalte darzustellen. Personalisierungen bieten Identifikationspotential. Personen, die durch ihr Handeln eine Gegebenheit abbilden, haben größere Chancen auf Veröffentlichung. Ein Beispiel für negative Aufmerksamkeit dieser Art ist der Sozialhilfe-Empfänger ›Florida-Rolf‹, der dadurch bekannt wurde, dass er im Ausland Sozialhilfe aus Deutschland bezog. Ein anderes Beispiel ist der französische Schafzüchter Jose Bové, der gegen die Auswirkungen der Globalisierung auf die französische Landwirtschaft aufmerksam gemacht hat und auf amerikanischen Importzoll auf französischen Käse mit der Verwüstung einer Mc Donald's-Filiale reagiert hatte und aufgrund seiner Schlagfertigkeit und

---

333 Hahn: »Aufmerksamkeit«, S. 56
334 Vgl. Peters: *Prominenz*, S. 85
335 Ebd. S. 92
336 Vgl. Schwender: *Medien und Emotionen*, S. 139

seines Schnauzbartes mit dem Comic-Helden Asterix verglichen wurde.[337] Wie bei Bové und Asterix ist es hilfreich, wenn das Handeln und Auftreten der Person an archetypische Vorbilder anknüpfen kann, bzw. durch einfache Schlüsselreize schnell einem bestimmten Stereotypen zugeordnet werden kann. Florida-Rolf dient den Medien als Prototyp eines in den Medien entstandenen Schlagwortes: des ›Sozialschmarotzers‹. In den Medien haben sich im Laufe der Zeit bestimmte Geschichten herausgebildet, von denen angenommen werden kann, dass sie beim Rezipienten archetypische Werte ansprechen.

Mögliche Story Archetypen nach Philip Kotler[338], Michael Görden und Hans-Christian Meiser:[339]

– *Erster*: Neil Armstrong, Boris Becker
– *Erfolg/Misserfolg/Erfolg*: John Travolta, Jürgen W. Möllemann
– *Moralischer Fehltritt*: Bill Clinton und Monica Lewinsky
– *Rivalität*: Steffi Graf und Monica Seles
– *Fußstapfen der Eltern*: George W. Bush
– *Bewegt durch die Kraft der Religion*: Ghandi
– *Der Märtyrer*: Jesus Christus
– *Herausragendes Verhalten*: David Beckham, Shawne Borer-Fielding
– *Meisterleistung*: Watson und Crick entdecken die DNA
– *Junger, dramatischer Tod*: Diana, Kurt Cobain, James Dean, Romy Schneider
– *Kleine Person übernimmt große Aufgabe*: Mutter Theresa, Nelson Mandela
– *Reine Archetypen*: Clint Eastwood
– *Vor Gericht*: Michael Jackson, Silvio Berlusconi
– *Vom Tellerwäscher zum Millionär*: Arnold Schwarzenegger, J. K. Rowling
– *Den Namen verleihen*: Nobelpreis, kafkaesk
– *Den Prinzen oder die Prinzessin geheiratet*: Diana, Maxima

Den genannten Nachrichtenfaktoren, die hauptsächlich auf Walter Lippmanns Pionierarbeit in seiner Abhandlung über die öffentliche Meinung zurückgehen, fügt Luhmann Quantitäten, Moral, Meinung, Routine, Programmschemata und Rubriken hinzu.[340] Quantitäten spielen auf zahlenmäßige Veränderungen an und aktualisieren damit ein bereits bekanntes Phänomen. Moral dient zur Reflexion von Werten, dieser Faktor geht mit Normenverstößen einher, die

---

337 Balmer: »Die große Überfahrt: Der Schatzüchter Jose Bové ist als französischer Botschafter des Unbehagens gegen die Globalisierung nach Seattle gekommen«, in: Salzburger Nachrichten, 4. Dezember 1999
338 Vgl. Kotler u.a.: *High Visibility – The Making and Marketing of Professionals into Celebrities*, S. 144-145
339 Görden/Meiser: *Madonna trifft Herkules - Die alltägliche Macht der Mythen*, S. 144
340 Luhmann: *Die Realität der Massenmedien*, S. 59

mit Moral brechen. Meinungen sind aktuelle Äußerungen, die vor allem dann publiziert werden, wenn sie kontrovers sind oder wenn sie von einer prominenten Persönlichkeit stammen. Darüber hinaus bestimmt die Struktur der einzelnen Medien, was Thema werden kann. So hat zum Beispiel der Sport oder die Kultur oder auch Nachrichten einen festen Sendeplatz. Dieser muss regelmäßig gefüllt werden.

»News accounts therefore reconstruct social worlds, histories, and eschatologies, evoking grounds for concern and for hope and assumptions about what should be noticed and what ignored, who are respectable or heroic, and who not respectable. News items displace others and in turn take their meaning from other accounts, always in the context or a perspective about history and ideology. Little wonder, then that interest groups try to shape the content and the form of television and printed news, for to create a world dominated by a particular set of problems is at the same time to create support for specific courses of action.«[341]

1.4.5 Thematisierung

Ein Thema ist eine Auswahl aus einer Fülle möglicher Themen. Themenselektion ist erforderlich, weil Aufmerksamkeit knapp ist und bedingt, dass im gesellschaftlichen Diskurs Aufmerksamkeit auf wenige Diskursgegenstände gebündelt wird.[342] Diese Aufmerksamkeitsbündelung wird genutzt, um neue Inhalte an ein bereits bekanntes Thema anzuhängen. Deshalb stellt sich Medienakteuren oft die Frage, ob die auszuwählende Nachricht mit anderen aktuell diskutierten und relevanten Themen in Zusammenhang steht, ob sie diskutierte Zusammenhänge verdeutlicht oder neue Tatsachen zum Thema beisteuern kann. So eignen sich beispielsweise Quantitäten wie die Veröffentlichungen neuer Konjunkturdaten, der Börsenkurse oder Arbeitslosenzahlen zur Verknüpfung mit Themen, weil sie eine Veränderung implizieren. Bei Thematisierungen ergeben sich selbsttätige Vervielfältigungen:

»Bei der verstärkenden Rückkopplung bewirkt jede Information über die Reaktion des Systems eine Verstärkung dieser Reaktion in der gleichen Richtung, und jede Information über die verstärkte Reaktion kann wieder eine weitere Verstärkung dieses Verhalten zur Folge haben.«[343]

So funktionieren Themen in den Medien, die allein deshalb thematisiert werden, weil die Medien sie aufgegriffen haben.

---

341 Edelman: *Constructing the political spectacle*, S. 29
342 Vgl. Habermas: *Theorie der Gesellschaft oder Sozialtechnologie – Was leistet die Systemforschung*, S. 239
343 Deutsch: *Politische Kybernetik*, S. 267

Die Verweildauer eines Themas in den Medien ist begrenzt. Niklas Luhmann schreibt Thematisierungen eine Karriere zu, die einem Produktlebens-Zyklus ähneln, nur wesentlich kürzer angelegt sind.

»Die Themen selbst gewinnen eine eigene Geschichte und vollziehen eine Karriere von ihrer Entdeckung, ihrer Einführung, ihren Höhepunkten, über eine Gewöhnungsphase bis hin zum Überdruss. Man kann dies an Aids oder am Waldsterben studieren. Manche Themen haben hohe Reaktualisierungschancen (Terror, Drogen) und bestehen aus einer Serie spektakulärer Ereignisse. Andere, vor allem Reformthemen, halten sich nicht von selber auf der Tagesordnung. Man muss von Zeit zu Zeit neue Namen und neue Angriffspunkte erfinden, um sie wieder ins Gespräch zu bringen. Insgesamt ergibt sich daraus ein buntes Bild, das aber auf ein einheitliches Prinzip zurückgeführt werden kann: auf die Notwendigkeit der Diskontinuierung, der Bewegung, der zeitlichen Rhythmisierung. Und es gehört folglich zum politischen Geschick, zu spüren, in welcher Phase einer Themenkarriere man Themen aufgreift, sich von ihnen promovieren lässt, als Trittbrettfahrer von ihnen profitiert oder besser von ihnen lässt.«[344]

1.5 Issue-Attention Cycle

Anthony Downs hat ähnlich der von Luhmann beschriebenen Themenkarrieren einen Aufmerksamkeits-Zyklus herausgearbeitet, nach dem fast jedes Thema, das in einer Gesellschaft Aufmerksamkeit findet, fünf Modell-Phasen durchläuft. Dieser systematische Verlauf einer Thematisierung beeinflusse öffentliche Einstellungen und Handlungen.

»Each of these problems suddenly leaps into prominence, remains there for a short time, and then – though still largely unresolved – gradually fades from the center of public attention.«[345]

Der Kreislauf hat fünf Phasen,[346] die sich in ihrer Dauer abhängig vom thematisierten Phänomen und den damit in Zusammenhang stehenden Ereignissen unterscheiden.[347]

– *Pre-problem stage*: Ein sozialer Missstand hat zwar schon einige Experten oder Interessegruppen auf den Plan gerufen, die öffentliche Aufmerksamkeit hat das Thema jedoch noch nicht erreicht.

344 Luhmann: *Soziologische Aufklärung 5*, S. 177f.
345 Downs: »Up and down with ecology – the ›issue-attention cycle‹«, S. 38
346 Vgl. Ebd. S. 38ff.
347 Vgl. auch Eckert: »Jugendkulturen und ihr Einfluss auf die Formulierung von Politik«, S. 142

– *Alarmed discovery and euphoric enthusiasm:* Als Folge dramatischer Ereignisse erfährt die Öffentlichkeit von den Missständen und der Druck auf die politischen Akteure, das Problem zu lösen, wächst.

– *Realizing the cost of significant progress:* In der dritten Phase wird deutlich, dass die Kosten der Problemlösung sehr hoch sind. Oft geht mit dieser Erkenntnis die Feststellung einher, dass der Missstand einiger weniger auf einem Vorteil für viele fußt.

– *Gradual decline of intense public interest:* Viele Menschen merken, wie schwierig und teuer eine Lösung des Problems ist. Sie fühlen sich entmutigt, bedroht oder einfach gelangweilt. Weil meistens in dieser Phase ein anderes Thema gerade in die zweite Phase eintritt, sinkt die Aufmerksamkeit für den vorhandenen Missstand.

– *Post-problem stage:* Das Problem ist fast aus dem öffentlichen Interesse verschwunden. Nur neu gegründete Institutionen oder Expertengruppen, die aus den Phasen zwei und drei entstanden sind, beschäftigen sich ausgiebig weiter mit dem Missstand.

Auch wenn diese Themen nach Phase fünf wieder aus dem Fokus öffentlicher Aufmerksamkeit verschwinden, wie beispielsweise der Amoklauf in einer Schule in Erfurt, so sind sie in der Gesellschaft durch ihre Thematisierung stärker bewusst als andere nichtthematisierte Phänomene. So wurde zum Beispiel der Einfluss von Gewalt-Computer-Spielen kurz nach den Ereignissen stark debattiert, das Interesse für das Thema Computer-Spiele ebbte ab, doch ist die Gesellschaft für dieses Thema sensibilisiert. Bei zukünftigen Ereignissen kann an die bereits erfolgte Thematisierung angeknüpft werden, weil das Wissen um die Thematisierung vorausgesetzt werden kann. Themen, die sich mit vorangegangenen Themen verknüpfen lassen oder sie in irgendeiner Weise fortschreiben, haben höhere Chancen, kollektiv wahrgenommen zu werden.

Nicht alle möglichen Themen und Probleme durchlaufen diesen Kreislauf, zum Beispiel gibt es Ereignisse, welche die *pre-problem-stage* fast komplett auslassen, weil sie unerwartet passieren, wie die Anschläge vom 11. September 2001 in New York und Washington, andere Ereignisse erreichen keine der fünf Phasen. Downs beschreibt ein wesentliches Charakteristikum, das ein Problem aufweisen muss, um in die öffentliche Aufmerksamkeit zu gelangen: Um Aufmerksamkeit zu bekommen muss ein Problem, wie der Amoklauf in Erfurt, dramatische Qualitäten haben, um als eine Form der Unterhaltung konsumabel zu werden.

»A problem must be dramatic and exciting to maintain public interest because news is ›consumed‹ by much of the American public (and public elsewhere) largely as a form of entertainment. As such, it competes with other types of entertainment for a share of each persons time.«[348]

Das Interessante an Downs Aussage ist die Gleichstellung von Information und Unterhaltung. Für Downs ist eine Thematisierung eine Thematisierung, er unterscheidet nicht zwischen Information und Unterhaltung, weil beide gleichermaßen um die Aufmerksamkeit der Öffentlichkeit kämpfen. Der Rezipient ist für Downs Konsument eines Wahrnehmungsangebotes. Sein gesteigertes, nachlassendes oder gar ausbleibendes Interesse für Ereignisse ist es, das den Nachrichtenfluss bewegt und das Aufmerksamkeits-Management steuert.

1.6 *Agenda Setting* und *Framing*

Themenkarrieren sind abhängig von Medienpräsenz und werden unter dem Stichwort Agenda Setting untersucht. Agenda Setting bedeutet ein Thema auf die Tagesordnung setzen. Weil öffentliche Aufmerksamkeit knapp ist, müssen Themen ausgewählt und nacheinander behandelt werden.[349] Medien wirken maßgeblich daran mit, welche Themen als aktuell und relevant angesehen werden. Vor allem, wenn Rezipienten die Ereignisse nicht aus eigener Erfahrung erleben können, wird die Relevanz des Themas aus seiner Präsenz in den Medien geschlossen.[350]

Alles kann Thema werden, das in der Lage ist, Aufmerksamkeit zu mobilisieren.[351] Weil mit der steigenden Informationsmenge die Menge an nicht beachteten Reizen steigt, werden oftmals Reize intensiviert, um die Aufmerksamkeit der Rezipienten sicherzustellen, zum Beispiel durch Tabubrüche. Medien sind Wirtschaftsunternehmen, die sich in Konkurrenz zu anderen Medien befinden.

»Selbst jene, die sich um eine seriöse Berichterstattung bemühen, werden aufgrund einer wachsenden Informationskonkurrenz immer häufiger vor die Frage gestellt, ob man sich eine selbstauferlegte Zurückhaltung noch leisten kann.«[352]

---

348 Downs: »Up and down with ecology – the ›issue-attention cycle««, S. 42
349 Vgl. Habermas: *Theorie der Gesellschaft oder Sozialtechnologie – Was leistet die Systemforschung*, S. 336
350 Vgl. Brettschneider: »Kohls Niederlage: Kandidatenimages und Medienberichterstattung«, S. 93
351 Vgl. Pfetsch: »Öffentliche Aufmerksamkeit, Medien und Realpolitik. Zum Management von Themen in der politischen Kommunikation«, S. 46; Vgl. Jäckel: »Die Krise der politischen Kommunikation«, S. 45
352 Jäckel: »Die Krise der politischen Kommunikation«, S. 43

Alle Medienformen prägen die Agenda mit, nicht nur Nachrichten-Sendungen, auch Filme und Fernsehserien wirken auf Inhalt und Form des Diskurses und damit auch das kulturelle Gedächtnis.[353] So wie Themen des Mediendiskurses in die Alltagswelt einfließen, gibt es auch die Gegenrichtung. Alltagsthemen werden, zum Beispiel über die Daily Talks, in den Mediendiskurs getragen.

Durch ihre Agenda-Setting-Funktion spielen Massenmedien eine entscheidende Rolle im Konstruktionsprozess, »sie prägen nachhaltig jene Bausteine, die zur Realitätskonstruktion von den Mediennutzern verwendet werden.«[354] Als Schweigespirale hat Elisabeth Noelle-Neumann das Phänomen beschrieben, dass vor allem die in den Medien vorherrschenden Meinungen auch im Alltag geäußert werden. Unpopuläre Meinungen, die nicht mit medial-dominanten Meinungen übereinstimmen, werden zurückgehalten. Dadurch werden die in den Medien dargestellten Meinungen dominanter und unpopuläre Stimmen werden noch seltener geäußert und verstummen schließlich ganz.[355]

Über die Thematisierungsprozesse können Medien gesellschaftliche Veränderungen katalysieren, »indem sie etwas ›Neues‹ – eine neue Wertpräferenz, einen neuen Way of Life – immer wieder in den öffentlichen Wahrnehmungsraum bringen, dadurch ›normalisieren‹ und bei anderen Teilen der Bevölkerung akzeptabel machen.«[356] Thematisierungen spielen eine entscheidende Rolle im Prozess des ›worldmaking‹.[357] Kultur und Medien etablieren einen Bezugs-Rahmen für Wahrnehmungen. Alle Ereignisse werden vom Rezipienten in das kognitiv verankerte kulturelle Interpretationsschema eingeordnet und mit bestehendem Wissen vernetzt und abgeglichen. Simon und March haben darauf hingewiesen, dass Ereignisse, die außerhalb dieses Rahmens liegen, in der Regel unbewusst bleiben.

»Perceptions that are discordant with the frame of reference are filtered out before they reach consciousness, or are reinterpreted or ›rationalized‹ so as to remove the discrepancy. The frame of reference serves just as much to validate perceptions as the perceptions do to validate the frame of reference.«[358]

---

353 Vgl. Dörner: *Politainment. Politik in der medialen Erlebnisgesellschaft*, S. 104
354 Ebd. S. 91
355 Vgl. Noelle-Neumann: *Die Schweigspirale. Öffentliche Meinung – unsere soziale Haut.*
356 Dörner: *Politainment. Politik in der medialen Erlebnisgesellschaft*, S. 92
357 Vgl. Teil I ANERKENNUNG 4.3 Symbolisches Kapital und worldmaking, S. 35
358 Simon/March: *Organizations*, S. 152; Vgl. auch Schwender: *Medien und Emotionen*, S. 82

1.7 Formatkriterium Visualisierung

Zusätzlich zu allgemeinen Nachrichtenfaktoren unterliegt jedes Medium außerdem formatspezifischen Kriterien. Den Hauptteil der Wirklichkeitskonstruktion leiten die Individuen einer Gesellschaft aus den Massenmedien ab, hauptsächlich dem Fernsehen. Ulrich Sarcinelli spricht vom »Zeitalter der Visualisierung«[359]. Die Dominanz des Fernsehens wird auf die Dominanz des Gesichtssinns der menschlichen Wahrnehmung zurückgeführt. Dem Gesichtssinn wird hohe Glaubwürdigkeit zugesprochen, weil drei Viertel der im menschlichen Gehirn gespeicherten Informationen über den Sehnerv aufgenommen werden.

Fernsehbilder sind auf eine schnelle Erfassbarkeit angewiesen, weil sie sich ›versenden‹. Das Fernsehen ist ein dynamisches Medium: Anders als bei der Lektüre einer Tageszeitung, bieten Fernsehbilder dem Rezipienten nicht viel Zeit, lange über den Inhalt nachzudenken, weil sich unmittelbar das nächste Fernsehbild anschließt. Dementsprechend einfach muss die Auswahl und Darstellung von Inhalten sein. Die Wahl zwischen zahlreichen TV-Kanälen und unzähligen anderen Möglichkeiten, Aufmerksamkeit zu verwenden, stellt das Fernsehen in eine Konkurrenzsituation, die es dadurch versucht zu bewältigen, dass es Spannung erzeugt und dauerhaft aufrecht erhält.

»Zu den wichtigsten Fernsehformaten gehören die Schnelligkeit und Einfachheit der Informationsbeschaffung, die Visualisierbarkeit von Informationen, eine gewisse Dramatik und Aktionshaltigkeit des Themas sowie die Anforderung, dass komplexe Themen in verkürzter und vereinfachter Form dargestellt werden können.«[360]

Weil Massenmedien Wirklichkeitskonstruktionen der Öffentlichkeit konstituieren und das Fernsehen das dominanteste Medium ist, ist Sichtbarkeit zum Kapital geworden. Hohe Sichtbarkeit lässt einen höheren wirtschaftlichen Erfolg erwarten.[361] Wer im sichtbaren Bereich arbeitet, ist bekannter, so sind TV- Moderatoren bekannter als Moderatoren aus dem Rundfunk oder als Redakteure. Kunstarten, die wie Schauspielerei und Musik direkt in den Medien stattfinden, sind im Vergleich zu anderen kunstschaffenden Bereichen dominant. Jemand der selbst Gegenstand seiner Kunst ist, ist für das Publikum jederzeit sichtbar und dadurch bekannter.[362] Da aber gerade Künstler, die keine Unikate herstellen, auf viele Abnehmer ihrer Produkte und deshalb auf

359 Sarcinelli: »Politische Inszenierung im Kontext des aktuellen Politikvermittlungsgeschäfts«, S. 151

360 Pfetsch: »Öffentliche Aufmerksamkeit, Medien und Realpolitik«, S. 53

361 Mehr dazu bei Kotler u.a.: *High Visibility*

362 Vgl. Peters: *Prominenz*, S. 94

die Präsenz in den Massenmedien angewiesen sind, wird das Engagement häufig auf sichtbare Bereiche verschoben. Was für Kunst und Kultur gilt, ist auch auf Politik und Wirtschaft übertragbar: Bekanntheit ist Positionierungskapital. Eine Selektion von berichtenswerten Ereignissen, Handlungen, Personen findet demnach auch nach »der Logik der visuellen Medien«[363] statt. Fotound Telegenität, expressive Qualitäten sind heute für Kulturschaffende, Wirtschaftsakteure und Politiker gleichermaßen entscheidend.

»Zu den Prämien eines erfolgreichen Aufstiegs zählt ein passiver Sichtbarkeitsmehrwert, eine Art von imaginärem Konto, auf dem die Blicke der Anerkennung akkumuliert werden können, die zur Statussteigerung beitragen.«[364]

Bilderverarbeitung läuft vorrangig in der rechten Hirnhälfte ab, rechtsseitig verarbeitete Hirnaktivitäten sind weniger bewusst.[365] Bilder können schneller verarbeitet werden, weil sie schematisch abgespeichert sind und automatisch assoziativ vernetzt werden. »Bilder sind schnelle Schüsse ins Gehirn.«[366] Bilder werden wie Emotionen im limbischen System verarbeitet und damit rational nicht unmittelbar hinterfragt wie gedruckte Informationen. Das limbische System ist evolutionär darauf ausgerichtet, Wahrnehmungen ohne vorherige Reflexion einzuschätzen und spontane Reaktionen auf einen Reiz zu ermöglichen. Emotionen unterscheiden häufig nicht zwischen realen und fiktiven Bildern, so kann man bei einem dramatischen Film Trauer empfinden und Tränen vergießen und sich beim Happy End mit den Protagonisten freuen, obwohl man rational weiß, dass es sich um Fiktion handelt.[367] Diese expressive Qualität des Fernsehens vermittelt sich ohne rationale Schwelle für die Aufmerksamkeit. Meyrowitz sieht dieses Kriterium als maßgeblich für den Erfolg des Fernsehens:

»In one sense, all television programs that present the behavior of people are about the same thing: human gesture, feeling, and emotion. The expressive quality of television makes almost any television program accessible to the average viewer.«[368]

Bilder lenken den Blick vom Inhalt auf seinen Kontext, deswegen dominiert beim Fernsehen der Beziehungsaspekt den Inhaltsaspekt.

---

363 Ebd. S. 94
364 Macho: »Das prominente Gesicht«, S. 176
365 Vgl. Kroeber-Riel: *Bildkommunikation*, S. 23f.
366 ebd. S. 53
367 Vgl. Schwender: *Medien und Emotionen*, S. 71, S. 101; Vgl. auch Esch: »Aufbau starker Marken durch integrierte Kommunikation«, S. 547
368 Meyrowitz: *No sense of place*, S. 107

2. Wirtschaft

Gerade weil Ziel im wirtschaftlichen Prozess Kapitalakkumulation ist, ist Aufmerksamkeit auch hier ein entscheidender Faktor. Denn Produkte oder Dienstleistungen, die auf einem Markt angeboten werden sollen, müssen zunächst einmal bekannt sein. Sie müssen die Aufmerksamkeit der Konsumenten erregen, um als Konsum-Option wahrgenommen zu werden. In Form von Werbung, Product Placement, Sponsoring oder Öffentlichkeitsarbeit kaufen Unternehmen die Beachtung, die Ereignissen oder Personen in den Massenmedien zuteil wird, um diese auf ihre Produkte umzuleiten. Weil klassische Werbung häufig aus der Wahrnehmung der Konsumenten ausgeblendet wird, werden die Botschaften intensiver und breiten sich im gesamten öffentlichen Raum aus. Unternehmen produzieren Pseudo-Ereignisse um das Produkt oder die Dienstleistung herum, um damit Öffentlichkeit herzustellen, sie haben systematisch Presse- und Öffentlichkeitsarbeitsstellen eingerichtet, die dafür zuständig sind, Aufmerksamkeit zu gewährleisten und Meinungsbildung im Sinne des Unternehmens zu beeinflussen.

2.1 Werbung

In jedem Wettbewerbmarkt gibt es Werbung. Werbung existiert seit es Evolution und damit Selektion gibt. Das Ziel der Werbung ist die Prominenz: das Herausragen aus der Masse. Herausragen, um vom Geschlechtspartner ausgewählt zu werden, um im Supermarktregal gewählt und gekauft zu werden, um bei der nächsten Wahl Stimmen zu bekommen. Prominent oder »top of mind«[369] ist ganz allgemein das, was in einer bestimmten Öffentlichkeit mehr Aufmerksamkeit bekommt als anderes. Diese Zuwendung geht immer auf Kosten der Aufmerksamkeit für andere Wahrnehmungsgegenstände. Deshalb gibt es einen Wettbewerb um die Präsenz im Bewusstsein der Konsumenten.

Das Primärziel der Werbung ist, Aufmerksamkeit zu erregen und einen hohen Rangplatz im Kopf des Rezipienten zu besetzen, um diesen mit wertvollen Attributen und Bedeutung zu füllen. Das AIDA-Schema von Attention – Interest – Desire – Action beschreibt die optimale Wirkungskette, die Werbung haben kann. Aufmerksamkeit ist Voraussetzung, um eine Botschaft kommunizieren zu können. Hohe Markensichtbarkeit signalisiert hohen Wert und Markenerfolg.[370] Nachdem Aufmerksamkeit sichergestellt ist, muss ein

---

369 Karmasin: *Produkte als Botschaften*, S. 141
370 Vgl. Joachimsthaler/Aaker: »Aufbau von Marken im Zeitalter der Post-Massenmedien«, S. 527

Interesse geweckt werden, aus dem ein Bedürfnis erwächst und schließlich eine Aktion folgt. In der Evolution hat es sich als sinnvoll erwiesen, die eigenen Qualitäten beim Werben um den Geschlechtspartner schnell und präzise zu präsentieren. Männchen, die zumeist in der Tierwelt das Werben um das Weibchen übernehmen, haben deshalb die bunteren Gefieder, den schöneren Gesang oder andere ästhetisch auffällige Merkmale, die sie demonstrativ zur Schau stellen können, um ihre Reproduktionspotenz unter Beweis zu stellen. Zum Teil führen sie ein Imponiergehabe aus. Gesten, wie auf die Brust trommeln, sind ein Versprechen, das einzigartige Verkaufsversprechen sozusagen, dass es sich hier um ein starkes Männchen handelt, das Schutz bietet und nur die besten Eigenschaften auf die Nachkommen überträgt. So wie das Männchen dem Weibchen präsentiert, wie es ihre biologischen Reproduktionsinstinkte erfüllen könnte, muss ein Produkt in irgendeiner Art ein Bedürfnis, einen Wunsch oder einen Nutzen befriedigen – materiell oder immateriell. Produkte müssen als Lösung für ein Problem oder Verlangen des Konsumenten kommuniziert werden:»nur wenn es ihnen gelingt, die Aufmerksamkeit von Konsumenten zu erregen, für sie interessant zu sein, von ihnen als wünschenswert, nützlich und befriedigend betrachtet zu werden, sind sie erfolgreich.«[371]

In den letzten Jahrzehnten ist im Bereich der Konsumgüterwerbung eine Entwicklung zur Inszenierung von Markenwelten zu beobachten. Ziel dieser Strategien ist es, eine emotionale Bedeutungswelt aufzubauen, die dem Produkt eine eindeutige Wert-Positionierung ermöglicht. Die starke Emotionalisierung der Werbung hängt mit der Entwicklung der Warenwelt zusammen. Seit dem Wandel vom Verkäufer- zum Käufermarkt etwa Mitte der 60er Jahre des letzten Jahrhunderts gibt es eine Übersättigung des Marktes.[372] Einem Warenangebot mit vielen gleichartigen Produkten steht eine geringere Käufernachfrage gegenüber. Bei einem Überangebot an Produkten, entsteht der Zwang, das eigene Produkt von ähnlichen Produkten abzuheben. Diese Differenzierung kann über den Preis, über das Produkt und seine Leistungen sowie weitere Marketing-Mix-Instrumente wie Service etc. stattfinden. Allerdings sind diese Strategien sehr leicht zu kopieren. Erweist sich eine Produkt-Innovation als erfolgreich, kommen rasch zahlreiche Imitationen, sogenannte ›Me-too-Produkte‹, auf den Markt, die die Alleinstellung zerstören. Es gibt praktisch kein Produkt, das einen einzigartigen Nutzen bietet, der von keinem anderen Produkt ebenfalls bedient werden könnte. Weil zahlreiche Produkte den gleichen Gebrauchswert haben und der Gebrauchswert leicht imitierbar

371 Karmasin: *Produkte als Botschaften*, S. 12
372 Vgl. Schneider: *Werbung*, S. 90

ist, misst sich der Wert eines Produktes an seinem Tauschwert. Ein hoher Tauschwert wird dann erzielt, wenn der Bedarf nach dem Produkt hoch und die Ware selten ist und wenn ihr Konsum einen höheren Gewinn verspricht. Dabei kann es sich durchaus um symbolischen Gewinn handeln. Unter diesen Marktbedingungen funktioniert Profilierung nur noch über die Bedeutung, die mit dem Produkt assoziiert wird. Bedeutungen sind schwerer zu kopieren, als beispielsweise eine Preisstrategie. Das Alleinstellungsmerkmal eines Produktes oder einer Dienstleistung ergibt sich aus der Gefühlswelt, die mit dem Produkt aufgerufen wird und der Bedeutung, die bei der zumeist demonstrativen Nutzung kommuniziert wird. Aus dem einzigartigen Verkaufsversprechen wird ein einzigartiges Wertversprechen, Unique Value Proposition (UVP)[373]. Die Unterscheidung von Konsumangeboten erfolgt durch einen spirituellen Mehrwert, der dem Produkt durch ästhetische Distinktion, durch Marketing und Design aufgesetzt wird.

>Rationale Informationen über das, was jeweils verkauft werden soll, sind bei gesättigten Märkten, quantitativer Produktgleichheit und selbsterklärenden Produkten sinnlos. Der Gebrauchswert wird vorausgesetzt. Als Werbewerte und Kaufmotive bleiben nur noch Prestige und Erlebnis.«[374]

2.2 Marken: Bedeutungsknotenpunkte im *Mind Space*

Das Wort >Marke< ist aus dem französischen Kaufmannswortschatz entlehnt, und reicht bis zum Anfang des 18. Jahrhunderts zurück. Das Substantiv >marque< wurde als »auf einer Ware angebrachtes Zeichen, Kennzeichen« verwendet, das Verb >marquer< als >kennzeichnen<, >bezeichnen<, >merken<. Die unter >markieren< behandelte romanische Sippe beruht ihrerseits auf Entlehnung aus germ. >Marka<, >Zeichen<.[375] Kotler beschreibt das Wesen der Marke so:

»Ein Name, Begriff, Zeichen, Symbol, eine Gestaltungsform oder eine Kombination aus diesen Bestandteilen zum Zwecke der Kennzeichnung der Produkte oder Dienstleistungen eines Anbieters oder einer Anbietergruppe zu ihrer Differenzierung gegenüber Konkurrenzangeboten.«[376]

Die Entstehung der Grundfunktion von Marken, Waren zu markieren, um somit die Herkunft eines Produktes zu kennzeichnen, reicht weit zurück. Aus

---

373 Vgl. Kunde: *Unique now...or never*, S. 23
374 Bolz: »Spiritueller Mehrwert«, S. 96
375 Drosdowski: *Duden, Etymologie*, S. 441
376 Kotler/Bliemel: *Marketing Management: Analyse, Planung, Umsetzung und Steuerung*, S. 641

Salz und Käse wurden Bad Reichenhaller Jodsalz und Holländischer Gouda.
Das moderne Markenwesen entstand aber erst durch die Industrialisierung, die
es erlaubte, Waren in hohen Stückzahlen mit gleichbleibender Qualität zu
fertigen sowie zu bewerben.[377] Im Industriezeitalter zeichnete sich eine Marke
durch gleichbleibende Quantität, Qualität, Aufmachung und Preis sowie durch
die hohe Verfügbarkeit und ihre Bewerbung aus. Heute aber gelten viele dieser
Kriterien als überholt. Luxusmarken sind nicht überall erhältlich und Aldi-
Marken werden nicht beworben, auch der Preis von Markenartikeln ist nicht
überall konstant und einige Produkte sind nur saisonbedingt erhältlich.

Heute ist das entscheidende Moment der Marke ›Mind Space‹[378], der Platz,
den sie im Kopf der Verbraucher füllt:»Eine Marke ist ein in der Psyche der
Konsumenten verankertes, unverwechselbares Vorstellungsbild von einem
Produkt oder einer Dienstleistung.«[379] Die Marke ist ein emotionaler Überbau,
der Produkten, Dienstleistungen und Unternehmen aufgesetzt ist, um sich bei
den Konsumenten eine einzigartige Position zu erarbeiten und sich von ähnlichen Anbietern abzugrenzen und die Kaufentscheidung zu vereinfachen. Das
Produkt besteht aus einer funktionalen Basis und einem Werte-Überbau, der
Marke. Das Produkt ist physisch, man kann es anfassen und erwerben. Es hat
einen instrumentellen Nutzen, Waschmittel wäscht, ein Auto fährt, Brause
stillt Durst. Die Marke dagegen ist psychisch.[380] Der Wert der Marke ist
immateriell, die Marke entsteht im Bewusstsein der Verbraucher, sie ist das,
was sie den Verbrauchern bedeutet. Eine wertvolle Bedeutung ergibt sich aus
dem kulturellen Bezugsrahmen und unterliegt dem Wandel. Die Marke ist
Bedeutung und diese Bedeutung entsteht im Kontext der Rezeption. Die
starke Bedeutung der Marke hat dazu geführt, dass Unternehmen die
Produktion in Drittweltländer ausgelagert haben und nur noch im Besitz der
Marke sind. Denn der Wert ergibt sich nicht aus den Produkten, sondern aus
der Bedeutung, die mit der Marke verbunden wird. Jean-Noël Kapferer nennt
die Marke deshalb das»Kapital des Unternehmens«[381]. Dass Marken für
Unternehmen Mehrwert schaffen, spiegelt sich auch in den Preisen, die für
den Erwerb selbst von defizitären Unternehmen mit Marken gezahlt werden,

377 Vgl. Domizlaff: *Die Gewinnung des öffentlichen Vertrauens*, S. 37 sowie Mellerowicz: *Markenartikel
– Die ökonomischen Gesetze ihrer Preisbildung und Preisbindung*, S. 39
378 Vgl. Kunde: *Unique now...or never*, S. 66; Vgl. Bolz:»Celebrity Design‹ und ›Muddling Through‹.
Die zwei Gesichter der modernen Politik«, S. 415
379 Meffert: *Marketing: Grundlagen marktorientierter Unternehmensführung: Konzepte – Instrumente –
Praxisbeispiele*, S. 847 Vgl. auch Esch/Wicke:»Herausforderungen und Aufgaben des
Markenmanagements«, S. 47
380 Vgl. Karmasin: *Produkte als Botschaften*, S. 213; Vgl. Kapferer: *Die Marke – Kapital des
Unternehmens*, S. 10
381 Kapferer: *Die Marke – Kapital des Unternehmens*, 1999

die meist weit über den Börsenwerten liegen. Auch die Tatsache, dass gleiche Produkte unter verschiedenen Markennamen angeboten werden, zeigen, dass Marken einen Wert besitzen. So konnten vom Volkswagen Sharan wesentlich mehr Fahrzeuge abgesetzt werden als vom baugleichen Ford-Model Galaxy, obwohl der Sharan teurer war.

Die Marke ist ein Bedeutungsnetzwerk, die Vertrauen erweckt und Zuverlässigkeit erwarten lässt, die Marke ist »Vertrauenskapital«[382]. Dabei kann die Marke gerade in der Vielfältigkeit des Angebotes Überblick und Orientierung verschaffen.

»Marken stellen für den Konsumenten auch emotionale Anker dar, sie vermitteln bestimmte Gefühle und Images und tragen nicht zuletzt auch zur Abgrenzung und zur Vermittlung eigener Wertvorstellungen bei.«[383]

Marken haben eine symbolische Funktion, so steht zum Beispiel hinter der Marke Apple Macintosh der Mythos ›David gegen Goliath‹. Die Marke ist immateriell, sie ist das Image, das die Rezipienten von der Marke besitzen. Als Bedeutung verkörpert eine Marke einen relevanten Wert aus dem Werteinventar der Zielgruppe und befriedigt ein Bedürfnis. Die Bedeutung eines Produktes macht aus Marken brauchbare Zeichen im kommunikativen Prozess. Marken können so zu Zeichen werden, die dem Marken-Konsumenten Werte zuschreiben. Sie dienen zur Identitätskonstruktion, bieten Hilfestellung zur Selbstdarstellung, drücken Lebensstil aus, sie grenzen den Konsumenten von bestimmten Gruppen ab und ordnen ihn anderen Gruppen zu. Identitätsdemonstration über Markenkommunikation hat den Vorteil, dass die Charakterisierung des Marken-Konsumenten auf einen Blick möglich wird. So assoziiert man mit einem Menschen, der eine Rolex trägt, eine völlig andere Lebenswelt, als mit einem Menschen, der eine Swatch trägt. Marken reduzieren Komplexität, indem sie eine Art Abkürzung im Kommunikationsprozess anbieten. Das, was ein Mensch in den Augen anderer darstellt oder darstellen will, seine Position in der Gesellschaft und seine Lebenswelt wird bereits über die Produkte, die er demonstrativ zu Schau trägt oder benutzt, vermittelt. So können Marken für den Konsumenten »Image- beziehungsweise Prestigefunktion«[384] erfüllen. Entscheidend ist es also, Bedeutungen anzubieten, die Identifikations- und Differenzierungsoptionen eröffnen. Erfolgreiche Marken gestatten ein erfolgreiches »Zeichenmanagement«[385].

---

382 Vgl. Ebd. S. 19
383 Esch/Wicke: »Herausforderungen und Aufgaben des Markenmanagements«, S. 11; Vgl. auch Meffert: *Marketing*, S. 847
384 Ebd. S. 848
385 Karmasin: *Produkte als Botschaften*, S. 211

Marken funktionieren wie Elemente der Sprache. Wie alle Objekte der Kultur haben Produkte eine Bedeutung, die sich in Beziehungen zueinander entfaltet.[386] Dabei greifen Marken auf den Binarismus zurück. Menschen identifizieren Wahrnehmungsgegenstände als das, was sie sind und gleichzeitig, was sie nicht sind. Kultur ist in gegensätzlichen Klassifikationen organisiert: Ein solches Gegensatzpaar wäre zum Beispiel ›Natur und Kultur‹ oder wie Claude Lévi-Strauss in seiner Abhandlung zu Mythen schrieb ›roh und gekocht‹, wobei roh für Natur steht und gekocht für Kultur, ein Unterscheidungskriterium, das beispielsweise Mensch und Tier von einander abgrenzt. Dieses Differenzierungs-Schema machen sich erfolgreiche Marken zunutze:

»Produkte inszenieren die Kategorien und Differenzen, die unsere Kultur überhaupt vorsieht: die Unterschiede zwischen Geschlechtern, Lebensaltern, sozialen Oben und Unten; sie inszenieren die einzelnen Positionen von Raum und Zeit: das private Innen, das offizielle Außen, die Vergangenheit, die Zukunft, das Nahe, das Ferne zusammen mit allen Idealen und Werten, die wir mit diesen Feldern verbinden.«[387]

Damit stabilisieren Marken die bestehende Ordnung und geben den Individuen Instrumente an die Hand, eindeutig zu kommunizieren, wer sie sind und was sie wollen und wer sie nicht sind und was sie nicht wollen. Erfolgreiche Marken nutzen die binären Klassifikationen und ermöglichen im Rahmen des demonstrativen Konsums Identitätskonstruktionen. Marken sind Zeichen, die wie die Elemente einer Sprache eine Bedeutung transportieren: Man trifft eine Aussage, wenn man ein Apple Power-Book besitzt.

2.2.1 Semantische Netzwerke

Menschen denken in semantischen Netzwerken, in denen Wissen und Bedeutungen assoziativ und schematisch in Klassifikationen abgespeichert sind. Diese Bedeutungsnetzwerke dienen der Komplexitätsreduktion[388] und arbeiten mit Sinnzuweisungen. Denken funktioniert wie Sprache, wir können keine Einzelelemente denken, ohne sie in Beziehung zu anderen Elementen zu setzen und ihnen bestimmte Bedeutungen zuzuordnen. Bedeutungsnetzwerke bauen auf Systemorganisation[389] und stellen einen kulturellen Bezugsrahmen zur Verfügung, der eine Information in einen Sinnkontext einordnet. Beim

---

386 Vgl. Ebd. S. 190
387 Karmasin: *Produkte als Botschaften*, S. 197
388 Vgl. Esch/Wicke:»Herausforderungen und Aufgaben des Markenmanagements«, S. 47
389 Vgl. Karmasin: *Produkte als Botschaften*, S. 142

Gedanken an Paris, kommt den meisten Menschen unweigerlich der Eiffelturm in den Sinn. Starke Marken machen sich den kulturellen »frame of reference«[390] und die entsprechenden Vernetzungen zunutze. Sie schaffen es, Markennetzwerke aufzubauen. Beim Gedanken an die Marke Coca-Cola werden alle verknüpften Assoziationen mitaufgerufen, beispielsweise schwarzes Getränk, rote Verpackung, Limonade, Koffein, amerikanisch, Erfrischung und so weiter. Informationsverarbeitung verläuft »top down«[391], das bedeutet, dass beim Gedanken an Coca-Cola zunächst die einfache Cola-Dose in den Sinn kommt, weil sie das ursprünglichste Produkt ist. Zusätzlich wird ein Werteset aufgerufen, das bei Coca-Cola sehr wahrscheinlich mit dem Wert ›Erfrischung‹ verknüpft ist. Marken sind einerseits typisiert, sie müssen das Typische ihrer Produktgattung anbieten und andererseits differenziert, sie müssen sich innerhalb ihrer Produktgattung Alleinstellungsmerkmale zulegen, um von Mitbewerbern unterschieden zu werden. Wissen ist hierarchisch in allgemeines Wissen und spezielles Wissen unterteilt.[392] Allgemeines Wissen ist in diesem Fall alles Wissen, das allgemein zum Thema Limonade abgespeichert ist, spezielles Wissen sind die Bedeutungen, die nur mit Coca-Cola verbunden werden. Im allgemeinen Wissen sind die zentralen Werte der Produktgattung abgespeichert. Diese Produkt-Assoziationen werden automatisch auf die Marke übertragen. Marken, die diese prototypischen Merkmale besetzen, sind die ersten Marken, die dem Verbraucher einfallen, wenn er ein bestimmtes Produkt sucht. Im Falle von Limonade ist so ein prototypisches Merkmal Erfrischung. Der Stromanbieter Yello ist über Nacht zu einer starken Marke geworden, indem er mit dem Namen Yello Assoziationen zum englischen Begriff für gelb = yellow weckt und so ein prototypisches Merkmal von Strom zum Thema macht. Viele Menschen assoziieren mit Strom die Farbe gelb. Prototypen vermitteln die Eigenschafen der Produktgattung in Idealform. Eine Marke kann so auch zu einer Gattungsart avancieren und wird dann synonym zum Produkt verwandt, wie Tempo für Taschentücher oder Golfklasse für Fahrzeuge einer bestimmten Karosserie-Plattform oder ›googlen‹ als Verb für Internet-Recherche über eine Suchmaschine oder eben Cola als Synonym für koffeinhaltige dunkle Limonade. Eine Marke muss die prototypischen Merkmale der Produktgattung eindeutig abbilden, um für den Verbraucher im ›relevant set‹ der möglichen Marken gespeichert zu sein und dann im Falle des

---

390 Vgl. Simon/March: *Organizations*, S. 152 Vgl. auch Schwender: *Medien und Emotionen*, S. 82; Vgl. Karmasin: *Produkte als Botschaften*, S. 164

391 Ebd. S. 163

392 Ebd. S. 168

Kaufentscheids ›top of mind‹ zu sein.[393] Eine erfolgreiche Marke braucht außerdem Differenzierungsmerkmale, die sie von der Konkurrenz abheben. Im Falle Coca-Cola ist solch ein Differenzierungsmerkmal die dunkle Farbe und der Koffeingehalt sowie der American Way of Life, im Falle Milka ist es die lila Kuh. Solche Merkmale können aber auch Hörzeichen, Farben, Symbole, Logos, Gesten, Slogans sein. Bei der Telekom ist es die Farbe Magenta oder das kurze Prägnante Hörzeichen.

Informationen, die an starke semantische Netzwerke anknüpfen, werden besser wahrgenommen und gespeichert, weil sie auf weitverzweigte gewachsene Bedeutungskonzepte aufbauen. So knüpfte Madonna in den 80er Jahren als ›Material Girl‹ an das semantische Netzwerk an, das mit Marilyn Monroe verbunden war, indem sie Gesten, Frisur, Kleidung, Accessoires und Make up perfekt nachahmte.

2.2.2 Anforderungen an starke Marken

Um bei den zahlreichen Informationsangeboten wahrgenommen und auch dauerhaft erinnert zu werden, muss eine Marke Wiedererkennungsmerkmale bieten.[394] Sie muss einfach sein, für den Konsumenten Relevanz besitzen, viele Sinne ansprechen, Grundlage zum eigenen Erleben bieten und mit bereits gespeicherten Bedeutungen verknüpft werden.[395]

Je einfacher eine Information angelegt ist, desto leichter kann sie erfasst und gespeichert werden, Karl Lagerfeld ist ein schnell erfassbares Zeichen: Zopf, Sonnenbrille und Fächer. Das Zeichen ›Micky Maus‹ macht sich an einer einzigen geometrischen Form fest: Dem Kreis. Mit drei ineinander verschobenen Kreisen wird sofort die gesamte Disney-Welt in den Köpfen der Rezipienten aufgerufen. Je häufiger eine Information wiederholt wird, desto selbstverständlicher wird sie.[396] So bieten globale Marken Orientierung in fast jedem unbekannten Stadtbild. Selbst wenn man sich in einer fremden asiatischen Metropole bewegt, in der alles anders aussieht und unbekannte Schriftzeichen verwendet werden, früher oder später stößt man auf eine Coca-Cola-Reklame und eine McDonald's-Filiale.

Reaktanz und Gewöhnung wird durch Variationen vorgegriffen.[397] Je wichtiger eine Information für die Lebenswelt der Rezipienten ist, um so eher wird sie wahrgenommen und gespeichert. Dabei stehen aktuelle Bedürfnisse an

393 Ebd. S. 171
394 Vgl Abschnitt 5.2 Top of Mind: Einfache Entscheidungsregeln bevorzugen Bekanntheit.
395 Vgl. Karmasin: *Produkte als Botschaften*, S. 162
396 Vgl. Weidenmann u.a.: *Pädagogische Psychologie*, S. 148
397 Vgl. Singer: »Zur Neurowissenschaft der Aufmerksamkeit«

erster Stelle. »Wenn man hungrig ist, werden Duftreize, die ans Essen erinnern, sich sehr viel besser durchsetzen als solche, die von neutralen Inhalten ausgehen.«[398]

Bedeutungsvolle Elemente werden einfacher erlernt als bedeutungslose. Der Name Apple ist mit dem Logo, einem angebissenen Apfel, sehr eindeutig verknüpfbar. Danke heißt ›merci‹ und für einen blinden Pianisten und Sänger wird der Künstlername ›Stevie Wonder‹ leichter erinnert als der bürgerliche Name Morris Hardaway.[399] Der Name Wonder bietet alles, was mit einem blinden Pianisten assoziiert wird oder werden soll: ein Wunder. McDonald's ›Golden Arch‹ steht nicht nur als Buchstabe ›M‹ für McDonald's, er präsentiert sich als Tor zum American Way of Life, als Tor in den goldenen Westen.

Eine Information, die mit bereits Gespeichertem verknüpft werden kann, wird besser erinnert. Informationen, die man sich durch Interaktion, Erleben und Erfahren selbst erarbeitet oder selbst erfährt, können einfacher behalten werden. Deswegen gibt es Themenparks nicht nur für Unterhaltungsprodukte wie Disneyworld, sondern auch für Markenkommunikation, so zum Beispiel der Schokoladen-Themenpark Cadbury World, die Autostadt in Wolfsburg oder die gläserne Manufaktur in Dresden, bei der der Konsument den Produktionsprozess seines Volkswagens selbst beobachten kann. Je mehr Sinne bei der Aufnahme beteiligt sind, desto besser kann eine Information gespeichert werden.

2.3 *Celebrities*: Werte und Orientierung in der komplexen Welt

Aufmerksamkeit kann in einer Person in Form von Bekanntheit angehäuft werden. Celebrities sind aus ökonomischer Sicht Werbeträger, die Aufmerksamkeit für Produkte und Dienstleistungen generieren sollen. Celebrities sind heute zu Wirtschaftsfaktoren geworden, die gezielt aufgebaut und kontrolliert werden. Der Celebrity ist die personifizierte Marke. Was einen Celebrity auszeichnet, ist die Fähigkeit, durch seine Bekanntheit einen finanziellen Mehrwert zu erwirtschaften. So kann der Star-Frisör Udo Walz dank seiner Bekanntheit einen höheren Lohn für das gleiche Handwerk verlangen, als ein vergleichbarer aber unbekannter Frisör. Celebrities sind Nachfolger von Göttern, Helden, Stars, die nicht mehr unbedingt ›Ruhm‹ für eine Leistung erhalten, sondern im wesentlichen deshalb einen Mehrwert erarbeiten, weil sie bekannter sind, als andere Menschen. Weil nicht mehr unbedingt eine

---

398 Ebd.
399 Vgl. Kotler: *High Visibility*, S. 208

spezifische Leistung als Hintergrundkapital erwartet wird, nennt Boorstin Celebrities auch »das Pseudo-Ereignis in menschlicher Gestalt«[400]. Celebrities konkurrieren mit allen anderen Wahrnehmungsangeboten um die Aufmerksamkeit der Rezipienten. Celebrities zeichnen sich selten durch den direkten Kontakt zum Rezipienten aus, sie werden als Images medial vermittelt. Dabei unterliegen sie den gleichen Kriterien für Nachrichtenselektion wie alle anderen Ereignisse: »In der Demokratie der Pseudo-Ereignisse kann nur derjenige eine Berühmtheit werden, dem es gelingt, ein Thema für news zu sein«[401].

Celebrities und alle Vorläufer wie Götter, Helden, Gladiatoren, Athleten, Schamanen und Priester, Hexen und Heilige sind seit jeher Teil der Menschheitsgeschichte. Man sprach ihnen außeralltägliche Kompetenzen oder außergewöhnliche Führungseigenschaften zu, die in Mythen, Sagen, Legenden und überlieferten Geschichten Niederschlag fanden. Mit der Entstehung der Massenmedien, insbesondere des Buchdrucks und der damit einher gehenden Illustration und der Fotografie im 19. Jahrhundert, konnte das Celebrity-Image fixiert werden. Eine größere Verbreitung und eine Stilisierung wurde möglich. Die Celebrity-Industrie entwickelte sich aus dem Startum, der Celebrity ist in Abgrenzung zum Star nicht mehr mit einem spezifischen Hintergrundkapital wie zum Beispiel Gesangskunst oder sportliche Höchstleistung ausgestattet. Der Celebrity bedient sich aber den Mechanismen des Stars, deswegen soll hier ein Blick auf die Genese der Stars geworfen werden.

Startum entwickelte sich mit der Filmindustrie Anfang des 20. Jahrhunderts. Die Geschichte der industriellen Vermarktung von Filmstars begann mit einem PR-Trick, einem Pseudo-Ereignis. Der vermeintliche Tod der Schauspielerin Florence Lawrence wurde erfunden und wenig später in einem entrüsteten Widerruf als Lüge entlarvt. Diese Zeitungsente machte den Namen der Schauspielerin bekannt und erstmals konnte das Interesse der Rezipienten vom Film auf die Darsteller gelenkt werden.[402] Zwei maßgebliche Entwicklungen führten zur Ausprägung des Filmstarsystems: Die zunehmende Konkurrenz unter den Filmstudios zwang zur Suche nach markanten Alleinstellungsmerkmalen. Schauspieler wurden zu Stars mit kontrollierten Images und künstlichen Biografien aufgebaut. Das Interesse des Publikums an Stars als Identifikationsfiguren und Leitbildern wuchs. Die Entstehung des Langfilms 1909 lenkte die Aufmerksamkeit des Publikums auf die Darsteller. Zeitgleich erschienen die ersten ›picture personalities‹, Fotos von den Darstellern

---

400 Boorstin: *Das Image*, S. 92
401 Ebd. S. 95
402 Vgl. Dyer: *Stars*, S. 9; Vgl. Patalas: *Sozialgeschichte der Stars*, S. 11; Vgl. Boorstin: *Das Image*, S. 209f.

mit Informationen aus dem Privatleben, die aus Schauspielern »symbolische Projektionsflächen«[403] machten. Mit der Entwicklung des Fernsehens und der Schallplatte breitete sich das Starsystem auf andere Teilbereiche aus. Es entwickelten sich neue Gattungen von Stars wie beispielsweise Gesangsstars und Fernsehstars.

»Mit dem Aufkommen neuer Medien seit der Jahrhundertwende können sich Stars von dem Medium, durch das sie zum Star gemacht wurden, auch lösen und in anderen Medien mit ihrer Bekanntheit operieren und ihre Popularität noch kumulieren.«[404]

Heute bringen sämtliche gesellschaftliche Subsysteme Stars hervor. Birgit Peters bezeichnet das Starsystem deshalb als ein System, das quer zu allen anderen gesellschaftlichen Teilbereichen liegt.[405]

Celebrities unterscheiden sich in ihrem Marktwert und in ihrer räumlichen und zeitlichen Ausdehnung.[406] Es gibt nationale Celebrities wie Herbert Grönemeyer, internationale Celebrities wie Madonna. Das Wirken von Big Brother Star Zlatko war zeitlich begrenzt, während Marilyn Monroe für viele Menschen in vielen Kulturen dauerhaft präsent bleibt. Der erste deutsche Gewinner der Star-Search-Show ›Deutschland sucht den Superstar‹ Alexander ist nach der juristischen Definition eine relative Person der Zeitgeschichte, die nur vorübergehend aus der Anonymität tritt, während es sich bei Monroe um eine absolute Person des Zeitgeschehens handelt.[407]

2.3.1 Funktionen von Celebrities

Der Celebrity ist wie die Marke ein Image, das mit verschiedenen Bedeutungen angereichert werden kann und diverse Funktionen erfüllt. Als eine bestimmte Markierung im komplexen Weltgeschehen erfüllt ein Celebrity eine Sinnfunktion, eine Identifikations- und Projektionsfunktion, er bietet mit seinen Geschichten über sich und den Ereignissen, die um ihn herum passieren, Anschlusskommunikation und dient der Aufmerksamkeitsakkumulation, die von Wirtschaft, Politik und Medien umgeleitet werden kann.

Wie Stars bieten Celebrities eine Orientierungs- und Ordnungsfunktion. Boten einst Götter Erklärungen für alles, was Menschen im Leben bewegt – Naturereignisse, menschliche Charaktereigenschaften, seelische Freuden und Verwundungen, Schicksale – findet diese Sinnsuche ihre Entsprechung heute in

---

403 Ludes: »Aufstieg und Niedergang von Stars«, S. 89
404 Hickethier: »Vom Theaterstar zum Filmstar«, S. 31
405 Vgl. Peters: *Prominenz*, S. 34
406 Mehr dazu bei: Vgl. Kotler u.a.: *High Visibility*, S. 94
407 Vgl. Peters: *Prominenz*, S. 33

den Berühmtheiten unserer Zeit. Die Geschichten der Götterwelt enthalten die gesammelten bis heute gültigen komplizierten Beziehungskonstellationen und Handlungsoptionen inklusive zu erwartender Konsequenzen und Erklärungs- und Lösungsmuster. Heute finden sich diese Themen in aktualisierter Form in Klatsch- und Tratschspalten und den Boulevard-Magazinen wieder. Celebrities haben die Funktion der Welterklärung und die Definition der Kultur von Göttern übernommen. Heute ist bekannt, dass es sich bei Blitzen um elektrische Entladungen handelt, dass sich bei Sonnenfinsternis der Mond vor die Sonne schiebt. Die Welt ist heute weitgehend erklärbar und entmythologisiert. Doch die mannigfaltigen Optionen des modernen Leben haben es unsicher werden lassen. Menschen brauchen deshalb Erklärungsmuster, die Ängste und Unsicherheit nehmen, Komplexität absorbieren und Kultur beschreiben.»Stars können gerade angesichts der Unübersichtlichkeit und Aufgesplittertheit systemischer Verhältnisse personale Zugehörigkeit und Vertrautheit erwecken.«[408] Celebrities spiegeln kulturelle Werte und Handlungsmöglichkeiten. Prominente Persönlichkeiten können helfen, Veränderungen und Werte abzubilden und verständlich zu machen. Bill Gates machte vor, wie man sich mit einer Vision vom Durchschnittsamerikaner in Turnschuhen zum reichsten Mann der Welt mausern kann. Madonna beweist, wie Frau Karriere machen kann, José Bové zeigt, dass man sich gegen die Übermachte der Globalisierung zur Wehr setzen kann und der kalifornische Gouverneur Arnold Schwarzenegger ist die Neuauflage des Mythos ›vom Tellerwäsche zum Millionär‹.»In immer umfassenderen, sich schnell verändernden Gesellschaften erfüllen sie eine Orientierungsfunktion für Familien-, Gruppen- oder Konsumprobleme.«[409]

Damit die Sinn- und Orientierungsfunktion ausgeübt werden kann, muss ein Celebrity zwei Kriterien erfüllen: Er muss Identifikations- und Projektionspotential in sich vereinen.

Identifikation (lat. Gleichsetzung) ist ein Prozess, bei dem Ziele, Werte und Motive einer anderen Person für den eigenen Lebensentwurf übernommen werden. Bewusst oder unbewusst erfolgt eigenes Handeln nach dem Vorbild. Man erkennt sich oder bestimmte Charakterzüge in der anderen Person wieder und kann eigenes Verhalten spiegeln und Handlungsoptionen studieren. Identifikation ist dann eher gegeben, wenn in wesentlichen Eigenschaften Übereinstimmung herrscht.

Menschen brauchen zur Bestätigung ihres Selbstwertes die Anerkennung anderer. Mit Hilfe des Vergleichs können sie lernen, eigene Fähigkeiten

---

408 Ludes:»Aufstieg und Niedergang von Stars als Teilprozess der Menschheitsentwicklung«, S. 94
409 Ludes:»Stars in soziologischer Perspektive«, S. 22

einzuschätzen, Werte und Gefühle zu überprüfen und zu verwerfen oder zu bestätigen. Dieses Bedürfnis kann durch Menschen aus der unmittelbaren Umgebung befriedigt werden, so wie beispielsweise ein Kind seine Eltern imitiert, es kann aber auch durch Celebrities bedient werden. Identifikationsangebote werden durch die Medien mannigfaltig serviert. So beispielsweise auch im Falle der verstorbenen Prinzessin Diana:

»Unbestreitbar ist, dass mit der medialen Figur Diana alle möglichen Arten von Geschichten erzählt wurden, die zur Identifikation und Projektion einluden. Die einen waren klassischer, die anderen weniger, sie waren mehr oder weniger interessant, aber für jeden war etwas dabei – von der Märchenhochzeit, über das Ersticken an der Kälte der Konventionen, zu den Ehedramen, der Mildtätigkeit, der Bulimie, dem dornigen Weg zur Emanzipation, zur Selbstverwirklichung und zuletzt der tödlichen Hassliebe zwischen Prinzessin und Öffentlichkeit.«[410]

Die Identifizierung des Rezipienten mit dem Helden wird erreicht, indem der Celebrity mit Zielen, Antrieben, Zuneigungen, Wünschen und Bedürfnissen ausgestattet wird, die jeder kennt.

»Zum Star wird, so kann man weiterhin allgemein feststellen, eine Person erst dann, wenn das Publikum in ihm auf idealisierte, überhöhte Weise Eigenschaften wiedererkennt, die es sich selbst zuschreibt.«[411]

Menschen mögen Menschen, die ihnen auf eine bestimmte Art und Weise ähnlich sind. Menschen suchen das Vertraute, sie lieben es, wenn der andere sie zu mögen scheint. In irgendeiner Hinsicht ähnliche Personen (zum Beispiel in Geschlecht, Generation, Religion, Ideologie) kommen am ehesten als Orientierungsfiguren in Betracht. Eine gängige Technik des Eindrucksmanagement fasst Barry S. Schlenker unter dem Begriff der ›Attitude similarity‹ zusammen: Jemand, der vorgibt, die gleichen Einstellungen zu haben, wirkt liebenswürdig. Nach diesem Muster funktioniert im übrigen das bei Politikern beliebte Orientieren an Meinungsumfragen.[412] Zum Verständnis der Ähnlichkeit von Celebrities und Marken kann wieder auf die Starforschung zurückgegriffen werden. Stars und Idole im Medienzeitalter sind Prototypen einer Gruppe, sie verkörpern auf ideale oder plakative Weise bestimmte Werte der sozialen Gemeinschaft.

Die Identifikation kann als Ausgangspunkt für die Projektionsfunktion verstanden werden. Projektion (lat. Hervorwerfen) beschreibt einen Prozess, bei dem eigene innere Empfindungen in die Außenwelt verlagert werden. Dabei wird das Ausleben von unmoralischen oder unerreichbaren Wünschen

410 Peters/Jentz: *Diana oder die perfekte Tragödie*, S. 30
411 Hickethier: »Vom Theaterstar zum Filmstar«, S. 31
412 Vgl. Schlenker: *Impression Management*, S. 223

und Bedürfnissen auf Celebrities übertragen. Sie überschreiten stellvertretend für den Rezipienten Grenzen und brechen Tabus. Sie dürfen das sagen und tun, was er sich nicht erlaubt, sie sind schön, schlau und erfolgreich, wie er es gerne wäre. Mit Hilfe des Celebrities entfliehen Menschen ihrem Alltag in eine Welt, in der es keine Zwänge gibt, in eine Welt, in der alles erlaubt, in der alles möglich scheint. Madonna bricht sexuelle Tabus, James Bond rettet die Welt und wird mit einem Liebesabenteuer belohnt und Harry Potter kämpft mit Zauberkräften gegen das Böse. Ob die Eigenschaften und Motive, die vom Rezipienten der entsprechenden prominenten Persönlichkeit zugeordnet werden, tatsächlich auch zutreffen, ist dabei nebensächlich. Wichtig ist, dass ein Celebrity als Projektionsfläche dienen kann. Die Projektionsfläche ist dann umso größer, je weniger sie tatsächlich preisgibt, je mehr also vom Rezipienten selbst hinein interpretiert werden kann. Eine abstrakte Zeichnung eignet sich besser zur Projektion als ein Hochglanzfoto. Beispiel für eine gelungene Projektionsfläche ist Michael Jackson:

»Ist er Kind oder Erwachsener, männlich oder weiblich, schwarz oder weiß, introvertiert oder extrovertiert, heterosexuell, usw.? (...) Damit bietet er die denkbar breiteste Projektionsfläche für Träume und Wünsche«[413].

Auch das stilisierte Heroenbild von Ché Guevara mit dem kompromisslosen, nach oben gerichteten Heldenblick machte ihn zum Prototypen unterschiedlicher Gruppen. Vor allem der schematische Abdruck dieses Bildes bietet eine Projektionsfläche, in die zahlreiche unterschiedliche Bedeutungen hineininterpretierbar sind und hineininterpretiert wurden und werden.

Aber ein Celebrity ist vor allem dann wirkungsvoll, wenn er beides bietet: Identifikation und Projektion. Bleicher beschreibt die Synthese am Beispiel des Stars:

»Einerseits ist der Star Bewohner eines ›Götterhimmels‹, ihm werden also besondere Fähigkeiten zugeschrieben, andrerseits trägt er menschliche Züge, ist also dem Zuschauer und seinem Alltag vergleichbar.«[414]

Gelungen ist das Zusammenspiel von Identifikation und Projektion bei Superman. Als schüchterner, biederer Angestellter Clark Kent ist sein Leben von Misserfolgen und Erniedrigungen gezeichnet. Es gelingt ihm nicht, die Angebetete Lois für sich zu gewinnen und auch sonst befindet er sich oft in Situationen, die wir aus dem eigenen Leben kennen. Doch dann wird er zu Superman, ist bewundernswert, charmant, mutig, stark, kann fliegen, die Welt

---

413 Faulstich: »Von Elvis Presley bis Michael Jackson – Kleine Startypologie der Rockgeschichte«, S. 172
414 Bleicher: »Medien, Markt und Rezipienten«, S. 142

retten und Lois um den Finger wickeln. Als Superman lässt er das Potential frei, von dem wir glauben, dass es auch in uns schlummert. [415]

Celebrities haben eine weitere sehr wichtige Funktion: Sie bieten Gesprächsstoff. Weil Celebrities Verkörperungen von bestimmten Werten und Aussagen sind, können sie als Zeichen im kommunikativen Prozess benutzt werden, die durch die Bekanntheit von den meisten Rezipienten auch verstanden werden. Durch die Verehrung des Celebrities, genauso wie durch das Bekennen zu einer Marke, scheinen sich die verkörperten Werte auf die eigene Person zu übertragen. Das Werteset, das der Celebrity verkörpert, erlaubt es, mit der Zuordnung zu ihm eine Aussage zu machen. Nämlich: Diese Werte sind auch meine Werte. Celebrities können zum zentralen Kern einer Gruppe werden, zum Beispiel in Fanclubs. Sie können auch als Prototypen für eine Bewegung fungieren und prototypische Werte der Gruppe verkörpern. [416] So wie Milka prototypisch für Schokolade und Tempo prototypisch für Taschentücher steht, ist zum Beispiel Kurt Cobain prototypischer Vertreter der Grungemusik, der nebenbei durch seinen frühen Selbstmord, also der Unmöglichkeit, sein Image jemals noch zu zerstören, eine hervorragende Projektionsfläche geschaffen hat. Die Verbreitung von Wissen über die Person des Celebrity bietet zusätzliche Profilierungsmöglichkeiten in der Gruppe. Wer Hintergrundinformationen und persönliche Details kennt oder besondere Devotionalien besitzt, kann mit einem Imagegewinn in der Gruppe rechnen. Diese Profilierungsmöglichkeiten beschreibt, wie ausgeführt, auch Joshua Meyrowitz, der konstatiert, dass in einer Gruppe derjenige Prestige besitzt, der mehr Informationen über die Situation besitzt als die anderen. Wie die Marke ist auch der Celebrity letztlich ein Mittel, einen finanziellen Mehrwert zu schaffen:

»Alle Momente von Popularität, Bekanntheit, Prominenz und Starruhm haben deshalb immer auch ein finanzielles Äquivalent, das sich nicht zuletzt in den Gagen, Honoraren, Gewinnen, in Besitz niederschlägt.«[417]

Ein Celebrity zeichnet sich durch hohe Bekanntheit aus und zieht mehr Aufmerksamkeit auf sich als die Durchschnittsbevölkerung. Diese Aufmerksamkeit kann auf beliebige Inhalte umgelenkt werden. So wurden über Götter Weltanschauungen transportiert, über stilisierte Heiligenbilder Religionen belebt. Diana machte auf Landminen aufmerksam, Thomas Gottschalk prägt das Image der Weingummis von Haribo, Claudia Schiffer beglaubigt die Wirk-

415 Vgl. Kolerus: »Superman zwischen Mist und Mythos. Die Karriere eines amerikanischen Helden«, S. 3

416 Vgl. Sommer: »Identitätskonstruktion durch Stars«, S. 117

417 Hickethier: »Das Kino und die Grenzen der Aufmerksamkeitsökonomie«, S. 161

samkeit von Produkten der Marke L'Oreal, Harald Schmidt wirbt für Pharmaprodukte und Dustin Hoffman verbürgt sich für Fahrzeuge der Marke Audi.

Die Aufmerksamkeit, die der Celebrity erhält, soll auf andere Inhalte umgelenkt werden, um beim Konsumenten eine Verhaltensbeeinflussung herbeizuführen. Dabei wird gewissermaßen die Identifikations- und Projektionskraft ausgeliehen und ein Imagetransfer erwartet.

Mit dem Konsum von Marken und Celebrities werden Menschen zu Konsumenten eines bestimmten Wertesets und Lebensstils, die mit Hilfe von Wirtschaft, Medien, Politik und Kultur bereitgestellter Images übertragen werden. Bei einem Image ist es nebensächlich, ob es sich um eine Person oder einen Konsumartikel handelt, was zählt ist der Symbolwert und die Möglichkeit, durch demonstrativen Konsum eine schnell erfassbare Aussage zu treffen. Die Person hinter dem Celebrity genauso wie das Produkt hinter der Marke ist zweitrangig. Was zählt ist die Aussage, die mittels ihres Images getroffen werden kann. »Der Star ist die Rolle, der der Schauspieler, Moderator oder Sänger nur die körperliche Gestalt verleiht.«[418] Der Celebrity ist austauschbar und wird auch in immer kürzeren Abständen ausgetauscht.

2.3.2 Halbwertzeiten

»Öffentliche Aufmerksamkeit verarbeitet die Überfülle der Informationen durch sequentielle Anordnung. Ein Thema, ein Problem hat seine Konjunktur und wird schließlich von einem anderen abgelöst. Neue Subsinnwelten und Spezialkulturen in Sport und Musik, Politik und Religion verallgemeinern sich also in der Form einer massenmedial getragenen Mode, bis die Themen ausgereizt sind und sich das Interesse der Journalisten und die Aufmerksamkeit der Öffentlichkeit neuen Reizquellen zuwendet.«[419]

Genau wie Themen, Produkte, Marken und Modetrends einem Lebenszyklus unterliegen, so verbrauchen sich auch Celebrities im sogenannten »Visibility Life Cycle«[420]. Das Gebot nach Wiedererkennbarkeit verlangt vom Celebrity im Kern gleich zu bleiben, sich aber dennoch den unterschiedlichen Zeitgeistströmungen anzupassen und aktuelle Ausprägung eines immer gleich bleibenden Themas zu sein. Gelungenes Beispiel für diese Synthese aus Kontinuität und Varietät ist Madonna, die seit Jahrzehnten neue Images für sich erfindet und gerade dadurch ihre Kontinuität ausdrückt.

Die Stars, die sich ein Publikum unabhängig von Positionen selbst wählt, haben eine stabilere Halbwertzeit. Das ist vor allem im Bereich Kunst der Fall, weil hier eine schwache Struktur ohne Ranglisten und Ämter besteht. Wird die

418 Bleicher: »Medien, Markt und Rezipienten«, S. 142
419 Eckert: »Jugendkulturen und ihr Einfluss auf die Formulierung von Politik«, S. 142
420 Kotler u.a.: *High Visibility*, S. 302ff.

Prominenz über Ämter oder Ranglisten erreicht, dann ist die Stabilität nur im Zeitraum des Innehabens der Position gewährleistet. Es sei denn, man wird zum Symbol eines historischen Zeitabschnitts. »Unerlässlicher Teil einer ›echten‹ Heiligen-Legende ist ein früher Opfertod, der sich im 20. Jahrhundert meist als Unfall ereignet.«[421] Die Ursache für den Prominentenstatus bestimmt nicht die Dauer, sondern, ob die Möglichkeit und Fähigkeit besteht, zum Symbolcharakter zu mutieren und über die eigentliche Funktion hinaus eine Bedeutung zu tragen. Die ursächlichen Kriterien des Subsystems, dem der Celebrity entstammt, werden damit zweitrangig.

Dabei gibt es nach Kotler bestimmte Muster des Aufstiegs, mit denen auch der schnell oder langsam fortschreitende Fall und die Lebensdauer eines Celebrity-Images impliziert ist.[422] So folgt zum Beispiel die Prominenz von Prinzessin Diana einem Übernacht-Muster: Eine unbekannte Kindergärtnerin wurde über Nacht zur Prinzessin. Das Zwei-Schritt-Muster gilt beispielsweise für Gerhard Schröder, der erst Ministerpräsident und später Bundeskanzler wurde. Als Meteorit-Muster gilt danach ein rascher Aufstieg mit raschem Fall, wie es bei Monica Lewinsky zu beobachten war und auch bei den meisten unfreiwillig in die Öffentlichkeit geratenen Menschen der Fall war. Das Phoenix-Muster von Bekanntheit-Fall-Bekanntheit gilt zum Beispiel für Hollywood-Star John Travolta genauso wie für den Politiker Jürgen W. Möllemann.

Es gibt einige Kriterien, die den Erfolgsverlust eines Celebrities bewirken, verursachen oder begünstigen. So kann zum Beispiel eine Veränderung im Werteinventar der Zielgruppe und seine mangelnde Anpassung ein Grund für den Fall eines Celebrity sein. Oftmals stehen auch organisatorische Ursachen wie der Verlust prestigeträchtiger Ämter, an die der Celebrity-Status geknüpft war, hinter einem Absinken der Popularität. Das kann der Verlust eines politischen Amtes nach einem Rücktritt sein aber auch die Auflösung erfolgreicher Verbindungen wie Musikgruppen. Es gibt auch natürliche Gründe für die nachlassende Prominenz: den biologischen Alterungsprozess und die damit einhergehenden nachlassenden Fähigkeiten und den Leistungsabfall. Letztlich kann ein Celebrity auch über einen Skandal zu Fall kommen. Negative Nachrichtenfaktoren evozieren kurzfristig viel Aufmerksamkeit, verhelfen den in sie verwickelten Personen aber nur zu relativer Prominenz, also einem Bekanntheitsstatus, der nur temporär besteht. Beispiele sind die Entführung von Renate Wallert auf Jolo oder die Geschichte vom Streit über den Maschendrahtzaun mit Regina Zindler, aber auch politische Sensationen. Für die Massenmedien eignen sich Skandale zur Gewinnung von Rezipienten. »Sie sind Mittel

---

421 Joan Kristin Bleicher: *Fernsehen als Mythos - Poetik eines narrativen Erkenntnissystems*, S. 304
422 Vgl. Kotler u.a.: *High Visibility*, S. 300f.

der Aufmerksamkeitserzeugung geworden und steigern das Interesse an Politik im Sinne einer spannenden Angelegenheit.«[423]

Lässt die Bekanntheit im Aktionsbereich des Celebrities nach, besteht die Möglichkeit, die Halbwertzeit zu verlängern, indem die Tätigkeit auf andere Bereiche ausgeweitet, beziehungsweise auf andere Bereiche verlagert wird. ›Shifting Sectors‹ nennt Kotler den Bereichswechsel, der zunächst Einbußen an Bekanntheit, Einkommen und Macht nach sich zieht, dem an Popularität verlierenden Celebrity langfristig aber Aufmerksamkeit sichert. Am einfachsten ist ein Wechsel in einen verwandten Bereich: Ein Musiker wird Produzent, ein Fußballspieler wird Trainer, ein Schauspieler wird Regisseur, Politiker werden zu Beratern. Der Vorteil dabei ist, dass dem Celebrity die Machtstrukturen und die Akteure des Bereichs bereits vertraut sind. Weitere Möglichkeiten, ein Absinken der Bekanntheit zu verhindern oder zu verzögern sind zum Beispiel ein Buch zu schreiben, wie es Oskar Lafontaine mit ›Das Herz schlägt links‹ oder auch Jürgen W. Möllemann mit ›Klartext. Für Deutschland‹ gemacht haben. Auch das Engagement für wohltätige Zwecke bringt in Vergessenheit geratene Celebrities wieder in die Talkshows. Eine andere Möglichkeit ist das Erobern neuer Märkte, so wie Otto Rehagel, der nach seinem Erfolg als Fußballer auch als Fußball-Trainer der griechischen Nationalmannschaft erfolgreich war. Auch das Abwandern in eine niedrigere Marktkategorie, zum Beispiel vom Bundes- zum Landespolitiker, kann den Niedergang noch ein wenig hinauszögern.

Ist der Celebrity in Vergessenheit geraten, besteht die Möglichkeit eines Comebacks. Fast jede Katastrophe hat ihre positive Seite, der Celebrity kann neu definiert die Aufmerksamkeits-Bühne betreten. Der Celebrity kann eine Entwicklung präsentieren, ein ›Revival‹ feiern wie die Rolling Stones oder ein Nostalgie-Bedürfnis erfüllen, wie der Schlager, Oststars und Celebrities, die sich mit den 80er Jahren verknüpfen lassen. Das Comeback kann aber auch in einem gänzlich anderen Medium erfolgen, so ist zum Beispiel die ehemalige Gesundheitsministerin Andrea Fischer heute Fernsehmoderatorin. Das Comeback kann dadurch erfolgen, dass eigene Probleme vermarktet werden, so wie es Boris Becker mit seinen Eheproblemen getan hat oder Pop-Literat Benjamin von Stuckrad Barre, der seinen Drogenentzug dokumentieren ließ. Sicheres Mittel, um in den Fokus der Aufmerksamkeit zurück zu kommen, ist der Tod: Je unvorhersehbarer und rätselhafter, je tragischer und je früher, um so erfolgreicher wird das Celebrity-Image wiederbelebt und konserviert, wie die Beispiele von Diana, Jim Morrison, John Lennon, Elvis Presley oder Ché Guevara zeigen.

---

423 Jäckel:»Die Krise der politischen Kommunikation«, S. 51

2.4 Demonstrativer Konsum

Thorstein Veblen, Sohn norwegischer Einwanderer in den USA und Ökonomie-Professor, beschrieb 1899 das Streben nach Anerkennung als ein Grundhandlungsmuster der Menschen. Das Verlangen nach ›Prestige‹ tritt dann auf, wenn Grundbedürfnisse erfüllt sind. Grundaussage ist, dass der Konsum, nicht der Bedürfnisbefriedigung dient, sondern seine Funktion erst in der Zurschaustellung der Reichtümer und dem damit einhergehenden Prestige entfaltet.[424]

»Das Motiv, das recht eigentlich an der Wurzel des Eigentums liegt, ist die Konkurrenz oder die Rivalität (...) Reichtum bringt Ehre, und die Unterscheidung zwischen Reichen und Armen ist neiderfüllt.«[425]

Konsum ist Mittel im Kampf um Aufmerksamkeit. Menschen konsumieren Produkte, Dienstleistungen und Prominenz als Marken mit symbolischen Mehrwert, die eine rasche Aussage über die eigene Person und ihre Zuordnung zu einer sozioökonomischen Gruppe mit einem bestimmten Lebensstil möglich macht. Statt Wirtschaftsgüter konsumieren Menschen Zeichen, mittels denen sie eine Identität konstruieren, Kommunikation betreiben und eine Position in der Gesellschaft signalisieren. Der Wert von Konsumgütern entsteht aus einer kollektiven Übereinkunft, der Gütern von der Gesellschaft zugewiesen wird. Dieser Argumentation folgt auch Fukuyama:

»Die Befriedigung, die der Mensch aus dem Besitz von Eigentum zieht, entspringt nicht nur der Bedürfnisbefriedigung, sondern auch der Anerkennung des Eigentums durch andere Menschen.«[426]

Marken und Celebrities dienen als symbolisches Kapital der Stabilisierung von gesellschaftlichen Hierarchien. Sie haben den Vorteil, dass sie als distinktive Zeichen[427] im kommunikativen Prozess benutzt werden können. Ihr symbolischer Wert macht sie für Konsumenten attraktiv, weil so die Kommunikationsfunktion des Konsums möglich wird. Vor allem Statussymbole sind hilfreiche Markierungen von Positionen im Rahmen des demonstrativen Konsum.[428] Positionsgüter sind allen bekannte Statussymbole, sie sind deshalb attraktiv, weil sie knapp sind und damit Einzigartigkeit und Macht demonstrieren. Die Bewertung einer Person nach ihrem demonstrativen Konsum ist

---

424 Vgl. Veblen: *Die Theorie der feinen Leute,* S. 52
425 Ebd. S. 43
426 Fukuyama: *Das Ende der Geschichte,* S. 270
427 Pierre Bourdieu: *Die feinen Unterschiede,* S. 754
428 Vgl. Goffman: *Interaktion: Spaß am Spiel/Rollendistanz,* S. 97

umso stärker verbreitet, je größer der Medienkonsum ist. Der Symbolwert wird von den Wirtschaftsakteuren für Vermarktungsstrategien genutzt, die systematisch spirituellen Mehrwert anbieten und emotional inszenieren.

Im demonstrativen Konsum zeigt sich die Übereinstimmung zwischen Geld und Aufmerksamkeit, denn beide sind letztlich Mittel zur Demonstration des Selbstwertes: Während Geld in der industriellen Gesellschaft Hauptfaktor des Prestigestrebens war, ist in der massenmedial geprägten Gesellschaft Aufmerksamkeit mindestens ebenso zweckdienlich.

»Das Streben nach materiellem Reichtum gilt zwar nach wie vor als Hauptmotiv des wirtschaftlichen Handelns. Selbst diejenigen aber, die sich einbilden, hinter nichts anderem als dem Geld her zu sein, haben in Wirklichkeit anderes Einkommen im Sinn. Sie haben nämlich keineswegs vor, das Geld nur für leibliches Wohlleben und physischen Komfort auszugeben. Sie brauchen das Geld, um Eindruck auf ihre Mitmenschen zu machen. Das Geld schließt ihnen die Möglichkeit ostentativen Konsums auf. Der ostentative Konsum dient dem Aufbau und der Pflege der Rolle, die die eigene Person in anderem Bewusstsein spielt. Die Größe der Rolle, die die eigene Person in anderem Bewusstsein spielt, ist ein anderer Ausdruck für die Höhe des Einkommens an mitmenschlicher Beachtung. Die Prominenz ist die Klasse der Großverdiener dieses Einkommens.«[429]

3. Politik

In Demokratien ist Macht legitimationspflichtig. Regieren kann nur, wer die Mehrheit der Bürger von seiner Politik überzeugen kann. Politische Akteure müssen bei Bürgern um Zustimmung für ihr Handlungsprogramm werben, Politik muss begründet und präsentiert werden. Voraussetzung dafür ist Aufmerksamkeit. Politische Kommunikation betreiben bedeutet unter den Bedingungen der Massenmedien:

»Wettbewerb um Aufmerksamkeit – eine Voraussetzung, um überhaupt nach innen und außen wahrgenommen zu werden und um Zustimmung werben zu können. So gesehen kommt heute demokratische Politik ohne mediales Aufmerksamkeitsmanagement gar nicht mehr aus.«[430]

Die Kommerzialisierung der Massenmedien, steigendes Angebot und die steigende Kommunikationsgeschwindigkeit haben einen Wandel der politischen Kommunikation bewirkt. Marketing und Kommunikationsmanagement sind für politische Akteure zwingend geworden. Das Werben um Zustimmung für

---

429 Franck: »Jenseits von Geld und Information«, S. 86
430 Sarcinelli: »Politische Inszenierung im Kontext des aktuellen Politikvermittlungsgeschäfts«, S. 148f.

politische Programme findet heute als professionalisiertes Kampagnen-Management statt. Ereignisse werden im Hinblick auf Medien inszeniert und Aussagen im Hinblick auf ihre mediale Verwertbarkeit getroffen. Moderne politische Öffentlichkeitsarbeit berücksichtigt Formatkriterien, vor allem von Fernsehen und Internet, deren Bedeutung für die politische Kommunikation gestiegen ist. Verantwortlich für die modernen Wahlkämpfe sind zumeist externe Wahlkampf-Manager, die nicht selten Werbefachleute sind. Der Wahlkampf wird von parteiexternen Kommunikationsagenturen in ausgelagerten Wahlkampfzentralen auf hohem professionellen Niveau inszeniert, koordiniert und orientiert sich an den Ergebnissen der Markt- und Meinungsforschung. Damit geht die politische Kommunikation den Anforderungen einer strukturell veränderten Öffentlichkeit ein. Politik passt sich den Funktionsprinzipien der Medien an: Statt eines langen prozessbasierten und entscheidungsorientierten Diskurses findet in der politischen Kommunikation eine Anpassung an das tagesaktuelle Zeitschema der Medien statt.[431] Um zu erkennen, wie es zu dem Wandel kam, muss man die Struktur von Öffentlichkeit und öffentlicher Meinung betrachten.

3.1 Öffentlichkeit und öffentliche Meinung

»Die öffentliche Meinung – ehemals der Ausdruck des Volksempfindens – wird mehr und mehr zu einem Image, dem sich das Volk anpasst. Die öffentliche Meinung ist erfüllt von dem, was schon da ist. Sie ist das Volk das in den Spiegel blickt.«[432]

Öffentlichkeit gilt als die Sphäre, in der Kommunikation stattfindet, Informationen ausgetauscht werden und Interaktionen stattfinden. Politisch betrachtet ist Öffentlichkeit idealerweise der Raum, in dem die Mitglieder einer Gesellschaft Themen diskutieren, um Meinungen ringen, Argumente austauschen und Politik kritisieren und kommentieren. Etwas, das öffentlich ist, ist allen zugänglich, im Gegensatz zu Privatem, das eine exklusive Intimsphäre beschreibt. Öffentlichkeit bezeichnet demnach auch eine Bekanntheit bzw. die Möglichkeit, das, was öffentlich ist, zu kennen.

Begriff und Form der Öffentlichkeit haben sich gewandelt. Zu Zeiten der Feudalherrschaft war Öffentlichkeit repräsentativ strukturiert, Herrscher demonstrierten ihre Macht dem Volk, das als Publikum das Schauspiel betrachten, aber nicht beeinflussen konnte. Eine diskursive bürgerliche Öffentlichkeit konnte sich nach Habermas erst entwickeln, als das öffentliche Interesse am

---

431 Vgl. Jäckel: »Die Krise der politischen Kommunikation«, S. 39
432 Boorstin: *Das Image*, S. 312

Privaten nicht länger dem Staate oder der ›Obrigkeit‹ überlassen, sondern Sache der Bürger wurde. Diese Herausbildung des öffentlichen Interesses ging mit der Ausbildung eines Waren- und Handelssystems einher. Die Entwicklung der bürgerlichen Gesellschaft ist also an die Trennung des Warenverkehrs und der gesellschaftlichen Arbeit vom Staat geknüpft. Eine tragende Rolle in der Entwicklung der bürgerlichen Öffentlichkeit spielten die Städte mit einer aufkommenden Kultur der Kaffeehäuser und Salons, in denen über Kultur räsoniert wurde. Öffentlichkeit umfasste hier zwar noch nicht alle Gesellschaftsmitglieder, war also noch keine Öffentlichkeit in dem Sinne, dass sie allen zugänglich war, wurde aber als »Idee institutionalisiert«[433]. Vor allem das Zeitungswesen trug maßgeblich zum Herausbilden einer kritischen Öffentlichkeit bei. In England entwickelte sich das Zeitungswesen im 18. Jahrhundert zum maßgeblichen Organ, das Krone und Parlament kommentierte und kritisierte.

Meinung bezeichnet einerseits eine Position zu einem Thema, die nicht unbedingt auf Wissen gründet, sondern auch einem Gefühl oder einem Vorurteil folgen kann, andererseits lenkt Habermas den Blick auch auf eine zweite Bedeutung des Wortes Meinung, nämlich »der Ruf, das Ansehen, das, was man in der Meinung der anderen darstellt.«[434] In dieser repräsentierenden Bedeutung wird öffentliche Meinung in dem von Habermas beschriebenen Strukturwandel der Öffentlichkeit wichtig. Die Veränderung zur bürgerlichen Gesellschaft rührt daher, dass sich in den Foren der Öffentlichkeit eine Konsumwelt etablierte. Mit der Entwicklung der Medien nahm die Entwicklung von Werbung für Konsumgüter und Öffentlichkeitsarbeit für ökonomische und politische Interessen Einzug in das gesellschaftliche Leben und vor allem in den Diskurs. Konsumgüter präsentierten sich im Modus der Diskursgegenstände. Öffentlichkeit wurde zu einem Markt, auf dem nicht Bürger Meinungen austauschen und bilden, sondern konkurrierende Interessen als Präsentationen von Meinungen konsumieren. Der Strukturwandel machte aus einer kulturräsonierenden eine kulturkonsumierende Öffentlichkeit.

Dabei geht der ursprüngliche Sinn, die Kontrolle und der Einfluss auf den Staat, verloren. Politik wird ebenfalls als produzierte Publizität konsumiert. Öffentlichkeit ist ein Markt nicht nur für kulturelle und ökonomische Güter, sondern auch für politische Meinungsangebote, für die um Wohlwollen und Zustimmung geworben wird.

433 Habermas: *Strukturwandel der Öffentlichkeit*, S. 97
434 Ebd. S. 161f.

»Die Öffentlichkeit übernimmt Funktionen der Werbung. Je mehr sie als Medium politischer und ökonomischer Beeinflussung eingesetzt werden kann, um so unpolitischer wird sie im ganzen und dem Schein nach privatisiert.«[435]

Die Mittel der Öffentlichkeitsarbeit gleichen denen, die auch in der feudalen Gesellschaft der Obrigkeit dienten, um sich vor ihrem Publikum darzustellen. Diese Entwicklung zurück zum Diskursmodell der repräsentativen Öffentlichkeit, in der aus diskutierendem wieder konsumierendes Publikum wird, bezieht sich auch auf das Verhältnis von Staat und Bürgern:

»Weil die privaten Unternehmen ihren Kunden bei Verbraucherentscheidungen das Bewusstsein von Staatsbürgern suggerieren, muss der Staat seine Bürger wie Verbraucher ›ansprechen‹. So wirbt auch die öffentliche Gewalt um publicity.«[436]

Das Werben um Publicity folgt den Regeln der Aufmerksamkeitslogik. Aus Sicht Luhmanns ist die öffentliche Meinung ein Konstrukt, das sich durch eben diese Aufmerksamkeitsregeln konstituiert. Öffentliche Meinung ist nicht das Ergebnis eines gemeinsamen Diskurses, sondern Folge medialer Selektionen. Die Aufmerksamkeitsregeln orientieren sich an der Knappheit. Gegenstand öffentlicher Meinung kann nur werden, was ›Thema‹ ist, sprich, was auf Basis von Nachrichtenfaktoren von den Medien aufgegriffen und den Rezipienten zugänglich gemacht wird. Die derart institutionalisierte Themenfolge hält die öffentliche Meinung als gesellschaftlichen Kommunikationsprozess in Gang. Die Thematisierungen reduzieren mögliche Meinungen auf ein überschaubares Angebot, brechen komplexe Sachverhalte und Prozesse auf wenige entscheidungsrelevante Vorgänge herunter. Durch Massenmedien transportierte Themen reduzieren Komplexität in einer Art und Weise, in der Politik für die öffentliche Meinung handhabbar wird. »Was öffentliche Meinung genannt wird, scheint im Bereich solcher *Themen der Kommunikation* zu liegen, deren Vorausgesetztheit die Beliebigkeit des politisch Möglichen einschränkt.«[437]

Mit Öffentlichkeitsarbeit und Thematisierungsstrategien versuchen Parteien die öffentliche Meinung zu beeinflussen. Meinungsbildung und also auch politische Meinungsbildung ist abhängig von Entscheidungen. Politische Kommunikation ist aber, wie Luhmann gezeigt hat, keineswegs über Entscheidungsregeln gesteuert, sondern über Aufmerksamkeitsregeln. Weil Aufmerksamkeit knapp ist und nicht für jedes Thema zur Verfügung steht, steht vor der Entscheidung Aufmerksamkeit als Voraussetzung. Aufmerksamkeit zieht nicht zwingend eine Meinung zu einem Thema nach sich, aber ohne Aufmerksamkeit kann kein Meinungsbildungsprozess gestartet werden. Themen syn-

---

435 Ebd. S. 267
436 Ebd. S. 292
437 Luhmann: *Öffentliche Meinung*, S. 13 Hervorhebungen im Original.

chronisieren Aufmerksamkeit, sie haben nicht unbedingt die Festlegung von Meinungen zur Folge, sie zeigen lediglich Möglichkeiten der Anschlusskommunikation auf. Allerdings sei hier erneut an die Auswirkungen der ›Schweigespirale‹ erinnert. Die Äußerung unpopulärer Meinungen gilt als sozial unerwünscht, es entsteht ein Konformitätsdruck, der dazu führt, dass unpopuläre Meinungen seltener geäußert werden.[438]

Die Öffentlichkeitsarbeit beschäftigt sich mit der Erzeugung von Publizität nach Aufmerksamkeitswerten und versucht die öffentliche Meinung in ihrem Sinne zu beeinflussen. Damit imitiert Öffentlichkeitsarbeit die Darstellungstechniken der repräsentativen Öffentlichkeit, öffentliche Meinung wird hier nicht mehr als das Ergebnis eines Diskurses verstanden, sondern im Sinne von Reputation. Reputations-Management hat nicht Kritik oder Diskurs zum Ziel, sondern verlangt Prestige für das umworbene Produkt oder die umworbene Person. Prestigestreben wird nicht nur von ökonomischen Akteuren betrieben, sondern auch von Vertretern der Politik. Öffentlichkeitsarbeit erzeugt Publizität mit dem Ziel der wohlwollenden Aufmerksamkeit, »sie erwirbt einer Person oder Sache öffentliches Prestige und macht sie dadurch in einem Klima nichtöffentlicher Meinung akklamationsfähig.«[439]

Der Wandel der Öffentlichkeit und ihre Dominierung durch Werbung und Öffentlichkeitsarbeit, die auf die Massenmedien zielen, bringt Politik in Konkurrenz zu Unterhaltung und Konsumangeboten. Das erste Ziel politischer Kommunikation ist es, Aufmerksamkeit zu erregen, um diese dann mit einer Aussage verknüpfen zu können. Weil Politik für die meisten Menschen nicht zum primären Interessenfeld zählt, muss die Aufmerksamkeitserzeugung mit Unterhaltungsangeboten und anderen Informationsangeboten um ›Mind Space‹ konkurrieren.[440] Politische Akteure haben deshalb begonnen, Politik als unterhaltsamen Konsumartikel zu vermarkten und Parteistrategen durch Marketingexperten ersetzt bzw. ergänzt. Werbefachleute organisieren das an Markt- und Meinungsforschung orientierte Marketing von parteipolitischen Programmen und vor allem von Politikern, auf die sich die zentrale Werbebotschaft zumeist zuspitzt.

Um neben Unterhaltung und Konsum bestehen zu können, wird Politik mit Spannung und Dramatik und symbolträchtigen Bildern angereichert. Politiker werden als Persönlichkeiten stilisiert, an sich eher unbedeutende Vorgänge werden als unterhaltsame Ereignisse, als ›Events‹, inszeniert. Die Kon-

438 Vgl. Abschnitt 1.6 Agenda Setting und Framing
439 Habermas: *Strukturwandel der Öffentlichkeit*, S. 299f.
440 Vgl. Bolz:»Celebrity Design« und ›Muddling Through‹. Zwei Gesichter der postmodernen Politik«, S. 402; Vgl. Brettschneider:»Die Medienwahl 2002: Themenmanagement und Berichterstattung«, S. 37

kurrenz um knappe Aufmerksamkeit auf einem kapitalisierten Medienmarkt verschärft den Selektionsdruck und damit den Zugang zur Öffentlichkeit für politische Themen. Politik wird unpolitischer, weil sie mit Unterhaltung und Konsum um mediale Selektion mit dem Ziel der kollektiven Aufmerksamkeit konkurrieren muss. Diese Entwicklung ist in den letzten Jahren als ›Amerikanisierung‹ des Wahlkampfes und der politischen Kommunikation im allgemeinen thematisiert worden. Dabei bezeichnet das Schlagwort eine Professionalisierung der Wahlkampfkommunikation, die sich an Aufmerksamkeitsregeln orientiert.[441] Im Vordergrund stehen Symbole und Emotionen, die ein Wohlwollen beim Rezipienten erzeugen sollen und in einer gewissen Aktionshaftigkeit oder Dramatik inszeniert werden. Als politisches Leitmedium gilt aufgrund seiner Reichweite, Glaubwürdigkeit und Visualisierbarkeit das Fernsehen.[442] Deshalb folgt Politik der Logik der visuellen Medien und präsentiert sich als symbolische Politik:

»Die Kommunikation der politischen Elite hat sich gewandelt. Die Währung in der Mediengesellschaft ist nicht mehr Macht, sondern Aufmerksamkeit. Die Schauseite der Politik gewinnt mehr und mehr an Bedeutung, weil nur die Show Aufmerksamkeit garantiert. Aufmerksamkeit wird immer weniger diskursiv und immer stärker ikonisch erzeugt, so dass von einer ikonischen Öffentlichkeit gesprochen werden kann. Die Rolle der Images und Bilder ist es, Aufmerksamkeit zu erregen, um so den öffentlichen Themendiskurs zu steuern, sei es, um die eigene Agenda zu propagieren oder von den Themen der politischen Kommunikation abzulenken.«[443]

3.2 Inszenierung symbolischer Politik

Eine Politik, die mit Unterhaltungs- und Konsumangeboten um Aufmerksamkeit konkurriert, muss vor allem schnell und einprägsam kommunizieren. Will sie in Zeiten knapper Aufmerksamkeit wahrgenommen werden, muss sie die Bedingungen des Aufmerksamkeitsmanagements erfüllen und Vorgänge dramatischer, aktionshaltiger und einfacher kommunizieren, als sie sind. Dazu dienen Darstellungstechniken aus dem Bereich des Theaters[444], die von Goff-

---

441 Vgl. Pfetsch: »Amerikanisierung‹ der politischen Kommunikation. Politik und Medien in Deutschland und den USA«, S. 27

442 Vgl. Sarcinelli/Schatz: »Von der Parteien- zur Mediendemokratie. Eine These auf dem Prüfstand«, S. 16

443 Müller: »Seht mich, liebt mich, wählt mich!‹ Wahlkampf in der ikonischen Öffentlichkeit am Beispiel des Bundestagswahlkampfes 1998«, S. 136

444 Vgl. Meyer/Ontrup/Schicha: *Die Inszenierung des Politischen. Zur Theatralität von Mediendiskursen*, S. 57

man bereits im Alltagshandeln identifiziert wurden.[445] Das Ziel der individuellen Darstellung ist die Behauptung einer Position und die Demonstration von Status. Eine politische Inszenierung hat zum Ziel, Macht sichtbar und erfahrbar zu machen.[446] »The logic that explains official, public, and media attention to political problems does not turn on their severity but rather upon their dramatic appeals.«[447] Der Begriff Inszenierung stammt aus den 20er und 30er Jahren des 19. Jahrhunderts, als Übersetzung des französischen Begriffs mis-en-scène und war erst einmal auf die Ausrichtung von Mensch und Ding auf eine Theater-Darstellung benutzt worden. Heute wird er in Hinblick auf die Ausrichtung der Menschen und Dinge auf eine gewünschte Wahrnehmung benutzt. Mit der Inszenierung soll etwas offenbar und wirklich werden.[448] Die Idee, Handlungen zu choreographieren, um damit eine bestimmte Aussage zu erzeugen, ist nicht neu. Erika Fischer-Lichte beschreibt die Begegnung von Papst Innozenz II und König Lothar im 12. Jahrhundert bereits als eine Inszenierung, in der die öffentlichen Demutsgesten des Königs die Unterstützung für den Papst ausdrücken sollten.[449] Gesten und Handlungen hatten festgelegten Charakter, der die Beziehungen und Hierarchien der Handelnden ausdrückten. Auch initiierte Skandale sind nicht neu. 359 v. Chr. zündete Herostat einen Tempel in Ephesos an, mit dem Ziel, berühmt zu werden.[450]

Medieninszenierungen greifen auf die Instrumente der Theatralik und der Rhetorik zurück, wobei Theatralik die affektive Verarbeitung anspricht, während Rhetorik mittels einer argumentativen Darstellung zu überzeugen versucht. Beide werden in Inszenierungsstrategien übernommen. Inszenierungen können ihren Sinn mittels symbolischer Schlüsselbilder binnen Sekunden visualisieren. Ein Händeschütteln zwischen George Bush und Gerhard Schröder nach ihrem Zerwürfnis bezüglich der Irakpolitik demonstriert die Versöhnung glaubwürdiger als es ein Text könnte, der ihre Versöhnung beschreibt. Das Händeschütteln zwischen Politikern ist immer eine Inszenierung, es findet für die Kameras statt. Es symbolisiert einen komplexen Prozess in einem Bild. Für die Öffentlichkeit ist sichtbar: Man ist sich einig, man hat Vertrauen, es gibt eine Grundharmonie. Symbolische Bilder, wie der Sturz der Hussein Statue in Bagdad, der Einsturz des World Trade Centers, die Folter-Bilder von Abu Ghraib oder auch Brandts Kniefall vor dem Mahnmal des

---

445 Vgl. Goffman: *Wir alle spielen Theater. Die Selbstdarstellung im Alltag.*
446 Vgl. Arnold/Fuhrmeister/Schiller: »Hüllen und Masken der Politik«, S. 10ff.
447 Edelman: *Constructing the political spectacle*, S. 28
448 Vgl. Fischer-Lichte: *Inszenierung von Authentizität*, S. 20
449 Vgl. Fischer-Lichte: »Politik als Inszenierung«, S. 9f.
450 Vgl. Peters: *Prominenz*, S. 31

Warschauer Ghettos übertragen nonverbal komplexe Ereignisse in einer eindeutigen Botschaft. Diese gewachsene Bedeutung von Bildern machen sich politische Kommunikationsexperten zunutze. So gilt zum Beispiel auch die Rede des US-Präsidenten Bush nach der militärischen Einnahme von Bagdad im Irakkrieg als perfekte Inszenierung. Der Auftritt wurde von einem Team aus dem Weißen Haus tagelang geplant und genau zeitlich festgelegt. Bush landete im Fliegeranzug auf dem Flugzeugträger ›Abraham Lincoln‹, als die natürlichen Lichtverhältnisse optimal waren, eine heroische Stimmung zu verbreiten. Dazu sagt Greg Jenkins, ehemaliger Produzent und verantwortlicher Reisedirektor im Weißen Haus:

»Wir achten nicht nur sehr darauf, was der Präsident sagt, sondern auch, was das amerikanische Volk sieht, (...) Amerikaner sind meistens so viel beschäftigt, dass sie oft nicht die Zeit haben, eine ganze Übertragung zu sehen. Und so wollen wir mit einem Bild klarmachen, worum es geht.«[451]

Inszenierungen haben vor allem durch das Leitmedium Fernsehen zugenommen, denn das Fernsehen visualisiert Körpersprache und spricht deshalb eher den Beziehungsaspekt einer Nachricht an, Printmedien betonen dagegen eher den Informationsaspekt einer Nachricht.[452] Im Zusammenhang der knappen Aufmerksamkeit und der Dominanz des Visuellen haben expressive Fähigkeiten der politischen Akteure an Bedeutung gewonnen. Im Hinblick auf die Berichterstattung in den Massenmedien sind Techniken und Mechanismen der Darstellung und Inszenierung entstanden, die sich darauf richten, mit den Mitteln der Emotionalisierung, Vereinfachung und Visualisierung und Symbolisierung den Anforderungen des Mediums besonders gerecht zu werden. Parallel mit den Techniken ist das Wissen um diese Techniken gewachsen. Heute werden nicht nur Ereignisse und das Handeln von Politikern inszeniert, das Publikum weiß um dessen Inszeniertheit.

Weil Inszenierungen stattfinden, damit Medien darüber berichten, hat Daniel Boorstin sie als Pseudo-Events beschrieben. Pseudo-Events verweisen zumeist auf eine tatsächliche Begebenheit, die in der Inszenierung ausgedrückt werden soll. Inszenierte Ereignisse sind deshalb so wirkungsvoll, weil ihre Wirkung systematisch geplant wird. Inszenierungen, wie Pressekonferenzen, Parteitage, Quiz- und Talksendungen sind dramatischer, leichter zu verbreiten und besitzen einen höheren News-Faktor[453], sie sind wiederholbar und unter-

---

451 Vgl. Hujer: »Choreographie made in Hollywood«, 2003
452 Vgl. Meyer/Ontrup/Schicha: *Die Inszenierung des Politischen. Zur Theatralität von Mediendiskursen,* S. 132
453 Boorstin: *Das Image,* S. 69

haltsamer.[454] Sie bieten den Protagonisten Steuerungsmöglichkeiten. Inszenierungen haben einerseits den Sinn, komplexe Sachverhalte leichter zu vermitteln. Andererseits inszenieren Politiker ihre Auftritte, um in den Medien Beachtung zu finden. Neben dem möglichen Mitempfinden und Interesse besuchen sie Hochwasser-Opfer, Krankenhäuser, Kindergärten, Fabriken oder ausländische Politiker auch, um ihre Sorge, Mitgefühl oder Kompetenz der Öffentlichkeit zu präsentieren. Dabei soll es zu einem Imagegewinn kommen, eigene Kompetenzbereiche sollen thematisiert werden, während man gleichzeitig von anderen abzulenken versucht. Politische Inszenierungen sind nicht per se problematisch. Die vermittelnde Ebene von Politik darf nicht verwechselt werden mit der agierenden. Inhaltliche politische Arbeit entzieht sich, zum Beispiel in nichtöffentlichen Ausschusssitzungen und Arbeitskreisen, den Augen der Öffentlichkeit. Sie ist in ihrer Komplexität Individuen mit knappem Aufmerksamkeitsbudget nicht vermittelbar bzw. sie ist für diesen in den seltensten Fällen ausreichend interessant. Problematisch werden Inszenierungsstrategien erst, wenn sie an die Stelle von inhaltlichen Auseinandersetzungen treten. Wenn die Inszenierung nicht mehr als eine Vermittlung eines Sachzusammenhangs in vereinfachter Form angesehen wird, sondern zum Selbstzweck wird.

Für Boorstin können nicht nur inszenierte Ereignisse die Pseudo-Gestalt annehmen, auch Celebrities sind für ihn Pseudo-Ereignisse. Neil Postman steht der Struktur des Pseudo-Ereignisses kritisch gegenüber.»Sie zielt auf das einzige, was man mit Information ohne wirkliche Beziehung zu unserem Dasein tun kann – sich amüsieren.«[455]

3.3 Politik und Unterhaltung: *Politainment*

Der Wahlkampf, den die SPD 1998 zur Bundestagswahl führte, markierte für viele Berichterstatter, Journalisten und politische Beobachter in Deutschland eine Zäsur. Er wurde mit modernen Mitteln geführt und den Bedingungen der Massenmedien angepasst. Nicht nur die Arbeit der Wahlkampfzentrale KAMPA, sondern das Wirken von Gerhard Schröder unterschieden sich von vorangegangenen Wahlkämpfen durch einen professionellen vorausschauenden Umgang mit den Medien. Schröder brachte die für den Machtzugang erforderlichen expressiven Medienkompetenzen mit. Schröder war zum Beispiel in einer Jubiläumsfolge der Daily Soap ›Gute Zeiten, schlechte Zeiten‹

---

454 Vgl. Ebd. S. 69
455 Postman: *Wir amüsieren uns zu Tode*, S. 98

und in der Unterhaltungssendung ›Wetten dass...?!‹ aufgetreten. Genau wie das amerikanische Erfolgskonzept von Bill Clinton, der zum Beispiel beim Late-night-Talker Larry King zu Gast war und bei MTV Saxophon gespielt hatte, setzte Schröder mit seiner Medienpräsenz vor allem auf Unterhaltungs-sendungen. Medienauftritte in Unterhaltungsshows bieten vor allem für Akteure, die auf der politischen Agenda noch nicht etabliert sind und nicht automatisch von Nachrichten und Politiksendungen berücksichtigt werden wie arrivierte Politiker, Kontaktchancen mit dem Wähler. Die Strategie, die in Bill Clintons Wahlkampf ›Electronic Townhall‹[456] genannt wurde, hieß bei Gerhard Schröder ›Glotze‹ und ›Bildzeitung‹.[457] Beide Politiker waren erfolgreich, weil sie aus dem normalen Politikvermittlungsschema ausbrachen und statt nur in Informations- und Nachrichtensendungen vor allem auch in Unterhaltungs-sendungen Wahlkampf betrieben. Unterhaltungsformate bieten Politikern nicht nur die Möglichkeit, persönliche Eigenschaften zu zeigen und sich menschlich zu präsentieren, sie bieten Netto-Redezeit: So errechnete das Center for Media and Public Affairs in Washington für die USA, dass im Oktober 2000 ein einziger Auftritt in der ›Late-Show with David Letterman‹ George Bush mit 13 Minuten mehr Redezeit bot, als alle drei Fernseh-nachrichtenkanäle im ganzen Monat (nur neun Minuten).[458]

Politainment, die Vermischung von Politik und Unterhaltung, ist die Folge des Strukturwandels der Öffentlichkeit, in der Politik mit Unterhaltungs- und Konsumgütern um Aufmerksamkeit konkurrieren muss, was auch schon Anthony Downs in Zusammenhang mit dem issue-attention-cycle deutlich machte und Andreas Dörner so beschreibt:

»Politainment bezeichnet eine bestimmte Form der öffentlichen, massenmedial vermittelten Kommunikation, in der politische Themen, Akteure, Prozesse, Deutungsmuster, Identitäten und Sinnentwürfe im Modus der Unterhaltung zu einer neuen Realität des Politischen montiert werden. Diese neue Realität konstituiert den Erfahrungsraum, in dem den Bürgern heutzutage typischerweise Politik zugänglich wird.«[459]

Politainment vermindert Komplexität auch dadurch, dass Wahlentscheidungen auf Personalentscheidungen reduziert werden. Orientierung entsteht durch Vereinfachung auf klar geordnete Schemata. Die Öffnung der Politik für Unterhaltungsformate sichert Aufmerksamkeit einer konsumorientierten Öffent-lichkeit und stellt politische Themen für Anschlusskommunikation bereit. Der

---

456 Dörner: *Politainment. Politik in der medialen Erlebnisgesellschaft*, S. 53
457 Vgl. Naumann: »Scharfschreiber. Die Leit- und Massenmedien und die Macht des Blöden«, 2004.
458 Center for Media and Public Affairs in Washington, press release: »Journalists Monopolize TV Election News«, 30. Oktober 2000.
459 Dörner: *Politainment. Politik in der medialen Erlebnisgesellschaft*, S. 31

Zwang von Politik und Medien, Rezipienten Unterhaltung anzubieten, hat einen Vermittlungsmodus von Politik hervorgebracht, der politisches Handeln als mehr oder weniger sportlichen Strategie-Wettkampf inszeniert.

Inhalt von Interpretations-Rahmen der Berichterstattung sind die Strategien von Parteien und politischen Akteuren, deren Erfolg oder Misserfolg an zahlreichen Meinungsumfragen gemessen wird. Wahlkampf wird als Strategie der Öffentlichkeitsarbeit thematisiert, der nicht mehr im Geheimen geführt, sondern transparent gehalten wird. So konnte man zum Beispiel während des nordrhein-westfälischen Landtagswahlkampfes das Geschehen in der Wahlkampfzentrale der CDU per Webcam verfolgen. Im Mittelpunkt medialer Berichterstattung stehen statt programmatischer Unterschiede der Parteien und Kandidaten zunehmend die unterschiedlichen Werbestrategien und die Frage, welche Partei, welcher Politiker sich geschickter anstellt, die Aufmerksamkeit von Medien und Rezipienten zu sichern. Das sogenannte ›Game-Schema‹[460] bietet den Medien eine Dramaturgie, die es erlaubt, politische Ereignisse unterhaltsam zu interpretieren. Das Game-Schema ist eine Rahmung, in der Ereignisse und Handlungen politischer Akteure gelesen werden.

Die Rahmung ›Horse-Race‹[461] bezieht sich auf das Interesse von Medien und Politik, einen schon entschiedenen oder unspannenden Wahlkampf spannend zu machen. So hat zum Beispiel bei der nordrhein-westfälischen Landtagswahl 2000 die weit vor der CDU liegende SPD als Ziel die absolute Mehrheit ausgesprochen und die FDP, der Umfragen das Überschreiten der Fünf-Prozent-Hürde voraussagten, sich das Ziel von acht Prozent gesetzt, die Grünen warnten vor Möllemann.[462]

3.4 Personalisierung

Personalisierung ist ein Nachrichtenwert, folglich machen Personalisierungsstrategien in der politischen Kommunikation Medienberichterstattung wahrscheinlicher. Weil durch den Strukturwandel der Öffentlichkeit Politik populär sein muss, stehen identifikationsfähige Politiker im Vordergrund der politischen Kommunikation. »Eine zentrale Rolle spielt daher die Präsentation des Führers oder der Führungsgarnitur; auch sie bedürfen der marktgerechten Aufmachung und Verpackung.«[463]

---

460 Nieland: »Farbenlehre in NRW«, S. 395
461 Hoffmann: »Kinder – Inder – Clementinen«, S. 137
462 Vgl. Ebd. S. 137f.
463 Habermas: *Strukturwandel der Öffentlichkeit*, S. 321

Die Kandidatenorientierung der Medien nimmt zu, so entfielen im Bundestagswahlkampf 2002 57 Prozent aller Aussagen über die SPD auf Gerhard Schröder, damit wurde über Schröder mehr berichtet, als über alle anderen SPD-Politiker zusammen.[464] Während Parteien abstrakte Gebilde sind, ist die Identifikation mit einzelnen Politikern einfacher, ihr Handeln und Wirken lässt sich als Aktionsfolge mit positivem oder negativem Ausgang schildern. Programme lassen sich durch Aussagen und Handlungen visualisieren. Menschen sind mit Antrieben, Wünschen, Fehlern und Eigenschaften ausgestattet, die eine Erzählung in den Medien unterhaltsamer gestaltet, weil das Handeln eines Menschen Begebenheiten besser veranschaulicht und Identifikationspotential bietet. Menschen produzieren Nachrichten. Sie bieten Rollenverhalten an, mit dem man sich identifizieren kann, das man unterstützen oder ablehnen kann. »In this sense leadership is dramaturgy«.[465]

Die Kunst, sich im geeigneten Moment in Szene zu setzen, den Nachrichtenwerten gerecht und somit via massenmedialer Übertragung sichtbar zu werden, gehört heute zu den Zugangsvoraussetzungen für erfolgreiche Politiker. Der Umgang mit den aktuellen Medien ist für einen Politiker immer wesentlich gewesen, weil Medien den Machtzugang steuern. Ändern sich die Medien, ändern sich mit ihnen die Bedingungen für den Zugang zu Macht:

»Of course not everyone who has access to the communication skills of an era will automatically be accorded high status, but those who wish to attain high status beyond a small interpersonal sphere will generally have to master such skills. All changes in media of communication, therefore, are inherently revolutionary. New conceptions of communication competence and new prerequisites for control over information tend to alter the relative political and social power of different people and various sectors of the population.«[466]

Das Abhängigkeitsverhältnis zwischen Medien und Politik ist wechselseitig: Politiker wollen in der Medienberichterstattung Erwähnung finden und Journalisten wollen Zugang zu exklusiven Informationen erhalten. Gleichzeitig birgt das Interesse der Medien am Politiker für diesen eine Gefahr. Haben die Medien aus einem Politiker einen Celebrity gemacht, kann nicht mehr vollständig kontrolliert werden, welche Bilder für die Öffentlichkeit zugänglich werden. Weil vor allem prominente Menschen unter Dauer-Beobachtung stehen, werden ungewünschte Nebeneffekte sichtbar. Denn plötzlich ist alles am Celebrity interessant, seine Bekanntheit allein reicht für eine Berichterstattung. Weil Negativität ein Nachrichtenfaktor ist, können vor allem solche

---

464 Vgl. Brettschneider: »Die Medienwahl 2002: Themenmanagement und Berichterstattung«, S. 44

465 Edelman: *Constructing the political spectacle,* S. 40

466 Meyrowitz: *No sense of place,* S. 160

Details bekannt werden, die für den Politiker von Nachteil sein können. Wenn sich zum Beispiel der ehemalige Berliner CDU-Kandidat Frank Steffel hinter Edmund Stoiber wegduckt, wenn Eier auf die Bühne fliegen, dann entsteht für die Medien ein schönes Bild, an dem Steffel wenig gelegen sein kann. Das Image ist schwer kontrollierbar, weil der Informationsstand der Öffentlichkeit über den Politiker wächst. Der veränderte Zugang zu Informationen über die Person hat Einfluss auf die Darstellungen.[467] Goffman hat das alltägliche Impression-Management untersucht und betont, dass bei Unstimmigkeiten der Darstellung Zweifel an der Glaubwürdigkeit der Person aufkommen.

»Am wichtigsten ist vielleicht die Tatsache, dass ein falscher Eindruck, den ein Einzelner in irgendeiner seiner Rollen erweckt, seinen gesamten Status, dessen Teil die Rolle ist, bedrohen kann, denn eine diskreditierende Entdeckung in einem Handlungsbereich lässt die zahlreichen anderen, in denen er womöglich nichts zu verbergen hat, zweifelhaft erscheinen.«[468]

Weil die Rezipienten um die Techniken der Inszenierung wissen, unterliegen politische Selbstdarstellungen dem Manipulationsverdacht. Sie sind zunächst ein legitimes Mittel der Komplexitätsreduktion, das dann seine Glaubwürdigkeit verliert, wenn es Widersprüche produziert. Als zum Beispiel der russische Präsident Vladimir Putin am Bett von Opfern des Giftgas-Einsatzes beim Geiseldrama in einem Moskauer Theater Mitgefühl und Fürsorge demonstrierte, gleichzeitig aber verschwieg, welches Gas die Geheimdienste zur Stürmung des Theater benutzt hatten und somit die Behandlung erschwerte, wurde das Mitgefühl als unglaubwürdig empfunden.

Das mediale Interesse kann einen Politiker auch seiner symbolischen Kraft berauben. Die Nähe des Fernsehens kann aus charismatischen Führern Alltagspersonen machen. Die massive Medienpräsenz, die Gerhard Schröder 1998 das Image vom Medienkanzler eingebracht hat, wurde nach der Wahl zunehmend negativ beurteilt. Zahlreiche mediale Verballhornungen zu seinen Lasten tauchten auf, Schröder untersagte zum Beispiel die TV-Serie ›Wie war ich Doris?‹, in der die Regierungsarbeit karikiert wurde und sagte Fernsehauftritte, zum Beispiel in der ›Harald-Schmidt-Show‹ ab. Zuviel und zu offensichtliche Orientierung an den Kriterien der Medien kann einen Politiker sogar zu Fall bringen, wie das Beispiel des ehemaligen Verteidigungsministers Rudolf Scharping gezeigt hat, der sich exklusiv in einer Illustrierten mit seiner Verlobten Gräfin Pilati beim Baden und Turteln in einem Swimmingpool fotografieren ließ und mit ihr in der Talk-Sendung ›Boulevard Bio‹ unter dem Titel ›Nur die Liebe zählt‹ auftrat.

---

467 Vgl. Goffman: *Wir alle spielen Theater. Die Selbstdarstellung im Alltag*, S. 201
468 Ebd. S. 60

3.5 Image-Building

Wie bei Marken geht es bei Personalisierungsstrategien von Politikern darum, ein Image zu verkaufen. Das Wort ›Image‹ stammt vom lateinischen Imago und bedeutet ›geistiges Bild, Vorstellung‹[469]. Das Image soll einen positiven Eindruck der Person vermitteln, Identifikationspotential bereitstellen und Orientierung bieten. Dem Zwang zur Komplexitätsreduktion folgend, sollten Images schnell erfassbar und einfach sein. Da die wenigsten Menschen direkten persönlichen Kontakt zu Politikern haben, ist das Image, sein öffentliches Bild, die Form, in der ein Politiker wahrgenommen wird. Nicht der Mensch, sondern sein Image ist ausschlaggebend. Das Image eines Politikers bestimmt über seine Positionierung in den Köpfen der Wähler. »Wichtiger als das, was wir von dem Präsidentschaftskandidaten denken, ist das, was wir von seinem ›öffentlichen Image‹ denken.«[470]

Weil das Image die Wahlentscheidung maßgeblich beeinflusst, haben sich ganze Industriezweige entwickelt, die mit der Produktion von Images und der Gestaltung der Performance beschäftigt sind: Wahlkampf-Manager, Werbeagenturen, Berater, Stylisten, Pressesprecher, etc. Sie bedienen sich der oben beschriebenen Mechanismen des Celebrity-Marketings und orientieren sich an Meinungsumfragen und quantitativen und qualitativen Analysen.

Beim Image-Building geht es darum, für einen Politiker ein Persönlichkeitsprofil zu etablieren, das Identifikationspotential und Orientierungsmöglichkeiten bereithält. Images reduzieren komplexe politische Zusammenhänge auf einen politischen Akteur, dessen Wichtigkeit sich schon durch seine mediale Präsenz manifestiert. Thomas Macho hat deutlich gemacht, dass Bekanntheit Voraussetzung ist, der Sachkompetenz folgen kann:

»Der Kampf um Positionen der Macht als Prominenz kulminiert in einer Inflation der Gesichter. Tatsächlich bewähren sich im politischen Konkurrenzkampf fast keine Programme mehr, sondern nur noch Gesichter. Wichtiger als selbst die denkbar höchste Kompetenz ist der Bekanntheitsgrad; und schlimmer als jede Kritik wäre der Umfragevermerk: zu wenig bekannt. Politischer Erfolg wird neuerdings an eine Akkumulation facialer Wahrnehmungen gebunden, an die gelingende Kapitalisierung kollektiver Aufmerksamkeit. Im Chaos der verschiedenen Botschaften, Nachrichten und verbalen Gefechte setzt sich durch, wessen Gesicht am erfolgreichsten die Fiktion einer Begegnung ›von Angesicht zu Angesicht‹ verkörpern kann, wessen Augen die meisten Kontakte simulieren. Wahlkämpfe werden als Wetten auf die Prominenz – buchstäblich das eigene ›Ansehen‹ bestritten; wer scheitert verliert nicht selten sein Gesicht.«[471]

---

469 Duden, Etymologie: Herkunftswörterbuch der deutschen Sprache, S. 300
470 Boorstin: Das Image, S. 271
471 Macho: »Das prominente Gesicht«, S. 176f.

Während das Fernsehen eher Charaktereigenschaften vermittelt, fokussieren Printmedien eher Sachkompetenz. Die Orientierung der politischen Kommunikation an der Fernseh-Vermittlung verstärkt die Tendenz der Visualisierung und Personalisierung von Politik. »Politische Sachaussagen werden an bestimmte Personen gekoppelt und sind damit besser bildhaft zu vermitteln.«[472] Der Kandidat wird zur Botschaft und ersetzt das Programm. Er wird als Produkt und Produktbotschaft inszeniert, so wie die Wahlwerbespots zur Bundestagswahl 2002 von SPD und CDU, die den Fokus auf den jeweiligen Kanzlerkandidaten gelegt hatten.

Das anvisierte Image, das Berater und Agenturen für einen Politiker entwerfen, kann nur dann funktionieren, wenn es mit wesentlichen Bestandteilen seiner Persönlichkeit übereinstimmt und von den Rezipienten als stimmig und glaubwürdig empfunden wird. Dem Image-Building liegt eine durch Meinungsumfragen und Analysen abgestützte Strategie zu Grunde, doch letztlich wird das Image erst in der Rezeption erzeugt. Maßgeblich für die Deutungshoheit über ein Image ist der Interpretations-Rahmen, in den das Image von Medien und Rezipienten eingeordnet wird. Politiker-Images sind abhängig von der Kompetenz, die den entsprechenden Politikern in der jeweils aktuellen Themenagenda zugewiesen wird. Zusammen mit der Themenagenda vermitteln Massenmedien Rezipienten einen Kriterienkatalog, nach dem Politiker bewertet werden. Die Meinungsbildung bezüglich Kompetenz und Sympathie von politischen Akteuren erfolgt entlang der Merkmale, die am meisten von den Medien thematisiert werden. Werden besonders Durchsetzungskraft und Standhaftigkeit in den Medien als Eigenschaften thematisiert, werden Politiker auch stärker nach genau diesen Eigenschaften bewertet.[473]

3.6 *Agenda Building / Frame Building*

»Neben dem Ziel, ein vorteilhaftes Image ihrer Kandidaten und ihrer Organisation zu erzeugen und in der Wahrnehmung der Wähler zu verankern, müssen die Parteien insbesondere versuchen, die Themenagenda des Wahlkampfes unter ihre Kontrolle zu bringen bzw. ›ihre‹ Issues zu positionieren. Außerdem müssen die Parteien versuchen die jeweiligen Deutungsrahmen für diese Themen in möglichst positiver Weise mitzubestimmen (framing).«[474]

472 Schütz: »Selbstdarstellung in der Politik. Techniken und ihre Wirkung«, S. 105
473 Vgl. Brettschneider: »Kohls Niederlage: Kandidatenimages und Medienberichterstattung«, S. 93
474 Hüning/Otto: »Agenda-Setting im nordrhein-westfälischen Landtagswahlkampf 2000?«, S. 157f.

Die Agenda-Setting-Funktion der Medien macht sie zu einem wichtigen Faktor politischer Kommunikation. Die Themen, die über die Medien in den gesellschaftlichen Diskurs eingebracht werden, werden zum Maßstab, an dem der Bürger Politiker bewertet und politisches Handeln bemisst. Politische Bindungen sind lockerer geworden, der Anteil der Stammwähler hat abgenommen. Der Wechselwähler entscheidet erst kurz vor der Wahl, welcher Partei oder welchem Kandidaten er seine Stimme gibt. Als Bewertungsgrundlage ziehen die meisten Wechselwähler aktuell verfügbare Informationen heran. Ist zum Beispiel die Verteidigungspolitik des Landes aktuell diskutiertes Thema, werden Politiker stark nach verteidigungspolitischen Gesichtspunkten bewertet. Ihre Kompetenz in anderen Bereichen, beispielsweise in der Familienpolitik, findet, wenn das Thema aktuell medial keine Aufmerksamkeit bekommt, auch keinen Niederschlag in der Bewertung der Leistung eines Politikers. So war nach dem 11. September 2001 in Deutschland Innenminister Otto Schily besonders häufig in der Medienberichterstattung präsent. Die innere Sicherheit rückte in der Medienagenda nach oben. Ob ein Politiker in der Lage ist, die aktuelle Themenagenda zu beherrschen, ist maßgeblich für die ihm zugeschriebene Macht.[475] Der strukturierende Einfluss der Massenmedien liegt in der Prägung von Präferenzen durch Häufigkeit und Intensität der medialen Beachtung bestimmter Themen, die dazu führt, dass bestimmte Ereignisse als wichtiger empfunden werden als andere.[476] Darüber hinaus bieten Massenmedien den Rezipienten Interpretations-Rahmen an, sie schlagen vor, in welcher Lesart ein Thema betrachtet wird, welche anderen Themen damit verknüpft sind.

Beim Themenmanagement hält die politische Kommunikation drei verschiedene Herangehensweisen bereit.[477] Das Agenda-Setting versucht aktiv aktuelle Themen zu setzen, in denen die eigene Partei oder der Spitzenkandidat besonders kompetent sind, bzw. solche Themen in den Diskurs zu bringen, in denen die gegnerische Partei besonders schlecht bewertet wird. Die Technik des Agenda-Cutting versucht eigene Kompetenzschwächen oder Bereiche, in der die gegnerische Partei als kompetent eingestuft wird, thematisch auszuklammern und von der Berichterstattung fernzuhalten. Das Agenda-Surfing nutzt aktuelle Themen für die eigene Demonstration von Kompetenzen. So hat beispielsweise die SPD das Hochwasser kurz vor der Bundestagswahl genutzt, um Tatkraft zu demonstrieren und ihr Kompetenzthema Solidarität

---

475 Vgl. Pfetsch: »Öffentliche Aufmerksamkeit, Medien und Realpolitik«, S. 49
476 Vgl. Abschnitt 5.2 Top of Mind: Einfache Entscheidungsregeln bevorzugen Bekanntheit, S. 80
477 Vgl. Brettschneider: »Die Medienwahl 2002: Themenmanagement und Berichterstattung«, S. 38

zu thematisieren. Auch den Grünen nutzte das Hochwasser, weil damit die Themenagenda in ihrer Kernkompetenz Umweltpolitik spielte. Die Themen Hochwasser und Irakkrieg konnten erfolgreich das Thema Arbeitslosigkeit aus der Agenda verdrängen.[478] Vor allem im Wahlkampf ist die Beherrschung der Themenagenda wesentlich für die Kompetenzdemonstration einer Partei oder eines politischen Akteurs. Thematisierungen werden häufig mit Schlagworten wie ›Ich-AG‹, ›Agenda 2010‹, ›Standort Deutschland‹, ›Das Boot ist voll‹ etc. visualisiert und vereinfacht.[479] Gleichzeitig wird mit der Implementierung von Begrifflichkeiten in den Diskurs Definitionsmacht im Sinne des in Abschnitt I Kapitel 4.3 beschriebenen ›worldmaking‹ beansprucht. Die Beherrschung der umlaufenden Themen und die Durchsetzung der eigenen Interpretation spiegeln den strukturierenden Einfluss der Massenmedien auf die öffentliche Meinung. Schlagworte sind komplexitätsreduzierte Deutungsangebote, die von Medien und Rezipienten erst angenommen werden müssen, um Wirksamkeit zu entfalten. Die Deutungsangebote dürfen deshalb nicht willkürlich sein. Der Eindruck einer Technisierung von Krieg mit wenigen Opfern, der unter dem Stichwort ›laser-guided-bomb‹ zur Wirklichkeitsdeutung angeboten wird, ist nur so lange aufrechtzuerhalten, bis andere Bilder, zum Beispiel von zivilen Opfern, andere Interpretationen zulassen. Deutungsangebote sind nicht vollständig steuerbar, sie können unbeabsichtigte Interpretationen hervorrufen. Knut Hickethier zeigt am Beispiel des Vietnam-Krieg, dass Überlegenheit auch negativ gewertet werden kann:

»Der Vietnamkrieg etablierte das Bild der überdimensionierten amerikanischen Militärmaschinerie, gegen die sich ein kleines Volk, schlecht ausgerüstet, aber mit hohem Kampfgeist, erfolgreich zur Wehr setzte: Sandalenträger also gegen Militärstiefel, David gegen Goliath, Luke Skywalker gegen Darth Vader usf.«[480]

Auch das Bild von Schröders ›Politik der ruhigen Hand‹, die Standhaftigkeit demonstrieren sollte, wurde von Medien und Rezipienten im Laufe der Zeit zu Tatenlosigkeit umgedeutet.

Akteure, die sich in der Medien-Agenda kompetent bewegen können, können auch besser den weiteren Verlauf der Thematisierungen lenken, in dem sie selbst eine Rahmung, also eine Deutung und Verknüpfung mit anderen Themenbereichen und Lösungen ins Gespräch bringen. Politische Themen können den Parteien auch von anderen Akteuren aufgezwungen

---

478 Vgl. Brettschneider:»Die Medienwahl 2002: Themenmanagement und Berichterstattung«, S. 38

479 Vgl. Pfetsch:»Öffentliche Aufmerksamkeit, Medien und Realpolitik«, S. 51

480 Hickethier:»Der Krieg um das Kosovo – und die Aufmerksamkeitsökonomie«, S. 115

werden, zum Beispiel von sozialen Bewegungen, die dann ein Thema in Umlauf bringen und die politischen Akteure zu einer Reaktion zwingen. So konnte etwa Greenpeace durch vielfältige spektakuläre Aktionen, die strategisch so angelegt waren, dass sie möglichst viel Aufmerksamkeit anziehen, den Umweltschutz auf die Agenda bringen und »Mobilisierungspotential«[481] aktivieren, so dass schließlich die Parteigründung der Grünen erfolgreich war. Auch Globalisierungskritiker von attac oder Hilfsorganisationen wie Cap Anamur gelingt es immer wieder, durch dramatische Aktionen Aufmerksamkeit auf einen Themenkomplex zu lenken, der möglicherweise von politischen Akteuren und den Massenmedien sonst unbeleuchtet bliebe. Von diesen Funktionsmechanismen der Aufmerksamkeitslogik machen auch Terroristen Gebrauch.

Weil Wähler unterschiedlichen Parteien unterschiedliche fachliche Kompetenz zuordnen, wird im Wahlkampf nicht um Positionen zu einem bestimmten Thema gestritten, sondern es geht darum, dass solche Themen diskutiert werden, in denen der eigenen Partei von den Wählern mehr Kompetenzen zugerechnet werden, als anderen Parteien. Um möglichst den eigenen Kompetenzbereich in den Medien thematisiert zu wissen, betreiben Wahlkampfstrategen auf Basis von Marktforschung News-[482] und Themenmanagement. Ziel ist es, Themen in den Diskurs einzubringen, in denen ein Politiker kompetent ist oder auch Themen in einen Interpretationsrahmen zu stellen, der für die Partei vorteilhaft ist. Um ein Thema in den Medien zu platzieren, werden medial relevante Ereignisse inszeniert.

Das systematische Themen- und Ereignismanagement ist in den letzten Jahren professionalisiert worden. Seit dem erfolgreichen Wahlkampf der SPD-KAMPA bei der Bundestagswahl 1998 arbeiten alle Parteien mit externen Wahlkampf-Teams, die sich vorrangig aus Werbefachleuten, Marketing- und Kommunikationsspezialisten zusammensetzen. Hier ist zudem zu beobachten, dass die Wahlkampfzentrale und ihre Strategien selbst Thema der Medienberichterstattung werden.

Eine weitere Neuerung in der Wahlkampf-Kommunikation ist die aufmerksamkeitsstarke Art und Weise der Verbreitung von Plakatbotschaften. Einige Plakate, sogenannte »Satellitenplakate«[483] bleiben Unikate. Sie werden einmalig im Rahmen von Pressekonferenzen vorgestellt oder großflächig an die Wahlkampfzentralen gehängt. Ihr provokativer Inhalt führt zur medialen Verbreitung des Motivs, das ohne weiter plakatiert zu werden, auf einen Schlag über die Massenmedien einer breiten Wählerschicht bekannt wird. So zum

---

481 Pfetsch: »Öffentliche Aufmerksamkeit, Medien und Realpolitik«, S. 52
482 Ebd. S. 54
483 Vgl. Geisler/Tenscher: »›Amerikanisierung‹ der Wahlkampagne(n)?«, S. 103

Beispiel das Plakat, das die FDP am 12. Januar 2000 auf einer Pressekonferenz vorstellte: Neben Sektenführer Baghwan und Horrorfilm-Figur Freddy Krüger war Adolf Hitler abgebildet.[484] Solche Satellitenplakate gelten als »Lockmittel für die Medien«[485], die eine »einkalkulierte Transmitterrolle«[486] spielen.

Abb. 1: Geplantes Wahlkampf-Plakat der FDP im nordrhein-westfälischen Landtagswahlkampf 2000

(Quelle: dpa)

Wahlkampfstrategien nutzen auch das Negative Campaigning[487], um den politischen Gegner zu diskreditieren. So hatte beispielsweise die ›Politik ohne Bart-Kampagne‹, die die CDU 1994 gegen Scharping führte, zur Folge, dass Bartträger Rudolf Scharping häufig auf das von der CDU gesetzte Thema reagieren musste, und so weniger Zeit und Möglichkeit hatte, eigene Themen zu setzen.

---

484 Vgl. Ebd. S. 100
485 Müller: »Seht mich, liebt mich, wählt mich!« Wahlkampf in der ikonischen Öffentlichkeit am
   Beispiel des Bundestagswahlkampfes 1998«, S. 125
486 Ebd. S. 126
487 Vgl. Geisler/Tenscher: »Amerikanisierung‹ der Wahlkampagne(n)?«, S. 59

4. Aufmerksamkeits-Management unter den Bedingungen der Massenmedien

Unter den Bedingungen konkurrierender Massenmedien präsentiert sich Öffentlichkeit als ein Marktplatz, auf dem um die knappe Ressource Aufmerksamkeit gekämpft wird und Menschen unter zunehmendem Konkurrenzdruck permanent Selektionen über ähnliche Angebote treffen müssen. Das Ziel der Aufmerksamkeit ist die Prominenz, das Herausragen aus der Masse von ununterscheidbaren Konkurrenzangeboten. Weil sich unter der Bedingung konkurrierender Massenmedien Öffentlichkeit hauptsächlich medial etabliert und eine Konsumstruktur aufweist, haben Wirtschaft und Politik begonnen, mit den Mitteln der Medien zu arbeiten. Sie orientieren sich wie die Massenmedien an Aufmerksamkeitswerten, an Thematisierungen und bringen ihre Angebote in Form von Konsumangeboten im Modus der Unterhaltung in die öffentliche Sphäre ein.

Der Mensch ist in dieser Lesart in erster Linie Konsument. Die gesellschaftlichen Teilbereiche Medien, Wirtschaft und Politik haben eine ähnliche Funktionslogik entwickelt: Alle haben als Zielgruppe einen Konsumenten mit knappem Aufmerksamkeitsbudget vor Augen, dem sie ein Angebot unterbreiten. Von der Wirtschaft wird dem Verbraucher eine Ware oder Dienstleistung, von den Massenmedien dem Rezipienten ein Medieninhalt und von der Politik dem Wähler eine politische Wahl angeboten. Eine große Rolle spielt dabei der Wiedererkennungs-Effekt, den sich vor allem die Werbebranche zunutze macht. Andere Teilbereiche kopieren dieses Verhalten: »They all operate on the principle that if we recognize them, we will favor them.«[488]

Weil Wirtschaft, Medien und Politik Konkurrenzmärkte sind und es auf einem Konkurrenzmarkt mehrere inhaltlich vergleichbare Ausführungen gibt, entscheiden jene Angebote die Wahl für sich, denen es gelingt, sich als geeignete Demonstrationsmittel der Konsumenten-Identität und seiner gesellschaftlichen Positionierung anzubieten. Erfolgreich sind dabei solche Angebote, die eine relevante Bedeutung transportieren, die ein entscheidendes Differenzierungsmerkmal der Kultur kommuniziert.

Der Mensch der strukturveränderten Öffentlichkeit ist Konsument, sein Konsum ist demonstrativ, weil demonstrativer Konsum Aufmerksamkeit objektivierbar macht. Denn auch die Gesellschaft selbst ist ein Marktplatz, auf dem Menschen um Positionen konkurrieren. Der Mensch muss sich die Aufmerksamkeit seiner Mitmenschen erarbeiten, um seine gesellschaftliche Stellung mit möglichst eindeutigen Zeichen auf einen Blick signalisieren zu

---

488 Gigerenzer/Goldstein: »The Recognition Heuristic. How Ignorance Makes Us Smart«, S. 56

können. Die Produkte, die er konsumiert, dienen, wie Veblen ausgeführt hat, in Überflussgesellschaften nicht der Bedürfnisbefriedigung, sondern der Zurschaustellung eben dieser gesellschaftlichen Position.

Weil Gefühls-Design und Ästhetik den Unterschied von eigentlich ununterscheidbaren Produkten ermöglichen, produzieren sie brauchbare Zeichen im kommunikativen Prozess – unabhängig ob die Angebote aus dem Bereich Wirtschaft, Medien oder Politik stammen. Zeichen transportieren Bedeutungen und sichern sich so einen Platz im kollektiven Mind Space. Die Probleme von USP-freien Produkten im Bereich der Wirtschaft lassen sich auf den Politik-Markt übertragen. Weil Parteien ihr Handeln an Meinungsumfragen orientieren, verwischen die einst offenkundigen Unterschiede zwischen den politischen Optionen. Beim Kampf um die große Anzahl der Wähler der politischen Mitte, verschwimmen die klaren Profile. Die politische Landschaft gleicht auf den ersten Blick einem Me-Too-Markt. Als Ersatz-Differenzierung für die fehlende programmatische Unterscheidung werden für Parteien emotionale Leitbilder mit dem entsprechenden Design kommuniziert. Die Differenzierung entsteht durch Kommunikation. Politik hat deshalb die Kommunikationspolitik professionalisiert und in die Hände von Wahlkampf-Managern und Werbeagenturen gelegt, die in Wahlkampfzentralen, einzigartige Wertversprechen entwerfen. Im Zuge dieser Entwicklung hat sich ein Politikertypus herauskristallisiert, der unter den Bedingungen konkurrierender Massenmedien Aufmerksamkeit kumulieren kann: Der Marken-Politiker.

4.1 Der Politiker als Marke

Da für die meisten Menschen Politik nicht vorrangiges Interessenfeld ist und die detaillierte Auseinandersetzung mit den politischen Sachfragen zuviel Aufmerksamkeit und Zeit beanspruchen würde, bleibt es bei der flüchtigen Beschäftigung. Wenn keine Parteibindung existiert und keine eindeutigen programmatischen Unterschiede oder keine verschiedenen Problemlöse-Strategien der Parteien Differenzen erkennen lassen, werden die Spitzenkandidaten wichtiger, die durch ihr mediales Auftreten die Partei verkörpern.[489] Der Politiker ist dann die Komplexitätsreduktion, die dem Wähler schnelle Orientierung bietet. Er ist das Aushängeschild seiner Partei und ihrer Politik, der die Entscheidung über zahlreiche programmatische Sachfragen auf eine Personalfrage herunterbricht. Der Erfolg eines Politikers ist nicht unabhängig von seiner Partei und den mit ihr verknüpften Themen zu bewerten. Maßgeblich

---

489 Vgl. Brettschneider: »Spitzenkandidaten und Wahlerfolg«, S. 207

für den Erfolg eines Politikers sind Meinungsumfragen und die Anzahl der Wählerstimmen, die er einbringen kann. Eine Schlüsselrolle in diesem Prozess spielen Medien, die sich in ihrer Berichterstattung an Kandidaten orientieren. Das AIDA-Schema Attention – Interest – Desire – Action ist auch für den Politiker maßgeblich. Wie eine Marke muss er zunächst um Aufmerksamkeit werben. Medienpräsenz ist die Grundvoraussetzung, um politische Botschaften auszusenden.

»The most conspicuous characteristic of leaders, by contrast, is their visibility; they exist to be noticed and to symbolize the actions of governmental bodies, their antecedents and their results.«[490]

Politiker unterliegen deshalb einem »Inszenierungsdruck«[491]. Sie müssen über expressive Fähigkeiten und mediengerechtes Auftreten verfügen, symbolische Bilder erzeugen, medial verwertbare Aussagen treffen und kameragerecht agieren, um von der Berichterstattung erfasst zu werden. Der Umgang mit den Medien ist nicht passiv, sondern aktiv. Damit wandelt sich der Politiker vom »Gegenstand der Berichterstattung«[492], zum »Geschäftspartner«[493], der an »möglichst viel und günstig gelegene Verkaufsfläche«[494] gelangen will. Politiker, die nicht in der Lage sind, Aufmerksamkeit zu mobilisieren, verfehlen die entscheidenden Voraussetzungen für das politische System. Unter den Bedingungen konkurrierender Massenmedien Politiker zu sein, bedeutet, dass man mit dramatischen Ereignissen, Skandalen, emotionalisierenden Konsumangeboten und spannender Unterhaltung konkurrieren muss. Will er einen Teil der knappen Aufmerksamkeit erregen, muss der Politiker Nachrichtenwert produzieren, Themen setzen und selbst Thema, selbst ›Issue‹ werden.

Nicht alle Politiker sind Celebrities, es gibt Abgeordnete, die als sogenannte ›Hinterbänkler‹ für die Öffentlichkeit nahezu unsichtbar sind. Doch die Politiker, die Führungsfunktionen in Parteien übernehmen oder dies anstreben, werden zu Aushängeschildern für die Partei. Sie sind Celebrities und als solche übernehmen sie das Pensum von Marken: Sie markieren eine Unterscheidung und dienen als Zeichen. So wie eine Marke, die im physischen Produkt ein psychisches Vorstellungsbild ist, muss der Celebrity-Politiker einen spirituellen Mehrwert besitzen. Er muss eine Bedeutung transportieren, einen Lebensstil, eine Geisteshaltung verkörpern. Die Funktion von Marken und Celebrities ist es, Orientierung in einer komplexen Welt zu geben. Sie besitzen

---

490 Edelman: *Constructing the political spectacle*, S. 45
491 Meyer: *Mediokratie – Die Kolonisierung der Politik durch das Mediensystem*, S. 85
492 Franck: »Mentaler Kapitalismus«, S. 7
493 Ebd. S. 7
494 Ebd. S. 7

eine Sinn-, eine Identitäts-, Projektions-, Kommunikations- und eine ökonomische Funktion. Die Sinnfunktion eines Politikers liegt darin, die komplexen Probleme der Welt auf eine einfache Welterklärung herunterzubrechen, eine Sichtweise auf die Welt nebst Lösungsvorschlägen, wie die Probleme der Welt zu beseitigen seien, anzubieten. Für die gelungene Identifikation ist es wesentlich, dass sich der Celebrity-Politiker mit Themen beschäftigt, die für die Wähler relevant sind. Diese Themen werden in Meinungsumfragen ermittelt. Um Sympathien zu erwerben, muss der Politiker sich menschlich zeigen. Gleichzeitig muss er zur Projektion taugen, und das Übermenschliche fertig bringen. Das Identifikationspotential bietet dem Wähler die Möglichkeit, eigene Schwächen wiederzuerkennen, das Projektionspotential zeigt Möglichkeiten auf, wie Schwächen überwunden werden können. So gilt zum Beispiel Joschka Fischer auch deshalb als beliebtester deutscher Politiker, weil er den Kampf mit Schwächen erfolgreich verkörpert. Der Politiker muss als Zeichen im kommunikativen Prozess fungieren, man muss eine Position und einen Lebensstil mit ihm verknüpfen, außerdem sollte er Anschlusskommunikation ermöglichen, als Grundlage für Gespräche dienen.

Wie Produkte und Themen unterliegen Politiker den Gesetzen der Gewöhnung. Sie müssen sich permanent wieder ins Gespräch bringen und neu inszenieren, um nicht von der sprichwörtlichen Bildfläche zu verschwinden. Genau wie Marken und Themen unterliegen Politiker einem Lebenszyklus, sie müssen stetig aufs Neue Aufmerksamkeit auslösen. Wie die Erkenntnisse aus den Forschungen zur begrenzten Rationalität zeigen, entscheiden sich Menschen, die nur begrenzten Einblick in Alternativen und Konsequenzen einer Entscheidung haben, für die, die ihnen am bekanntesten ist. Politiker müssen Aufmerksamkeit auf sich ziehen, um sich unter der Wählerschaft breite Bekanntheit zu sichern. Mit dem Politiker gelingt auch die Übertragung von Emotionen auf den politischen Prozess. Emotionen haben die Funktion von Stopp-Regeln[495], die die Informationssuche nach der geeigneten Wahloption beenden kann. Deswegen ist Emotionsmanagement[496] wesentlich für die gelungene Inszenierung eines Politikers.

In einem entscheidenden Merkmal unterscheiden sich Politiker von Marken: Sie sind menschlich und deshalb nicht so kontrollierbar. Anders als bei Marken besteht bei Politikern die Gefahr, dass sie ein angestrebtes oder erreichtes Images durch eigenes Handeln und Kommunizieren zerstören können.

495 Vgl. Max Planck Institut für Bildungsforschung. »Zentrale Konzepte: Eingeschränkte Rationalität«.
496 Dörner/Vogt: *Wahlkampf als Ritual*, S. 16

IV. Aufstieg und Fall des Jürgen W. Möllemann

Im Folgenden soll nun das Fallbeispiel des ehemaligen FDP-Politikers Jürgen W. Möllemann untersucht werden. Zunächst wird der Verlauf seiner Karriere skizziert, um anschließend aufzuzeigen, welche Mechanismen Möllemanns Aufmerksamkeits-Management steuerten.

1. Chronologie der Karriere

Jürgen Wilhelm Möllemann kam am 15. Juli 1945 in Augsburg als Sohn eines Polstermeisters zur Welt. Nach seinem Abitur am Gymnasium Rheinberg/Rheinland 1965 leistete er seinen Wehrdienst als Fallschirmjäger ab. Von 1966 bis 1969 studierte er an der Pädagogischen Hochschule Münster Deutsch, Geschichte und Sport auf Lehramt. Jürgen W. Möllemann war von 1962 bis 1969 zunächst Mitglied der CDU. 1970 wechselte er zur FDP, wo seine Karriere schnell Form annahm: 1972 zog Jürgen W. Möllemann 27jährig als Abgeordneter der FDP-Fraktion in den Bundestag ein. Bereits 1982 wurde er Staatsminister im Auswärtigen Amt unter Hans-Dietrich Genscher, von 1987 bis 1991 war Möllemann Bundesminister für Bildung und Wissenschaft, von 1991 bis 1993 Bundeswirtschaftsminister und Vizekanzler unter Helmut Kohl. 1983 wurde er Landesvorsitzender in Nordrhein-Westfalen, er führte dieses Amt insgesamt von 1983 bis 1994 und von 1996 bis 2002. Von 2000 bis 2002 hielt er außerdem den Fraktionsvorsitz der Landtagsfraktion inne. Möllemann war mit der Studienrätin Carola Appelhoff verheiratet und hatte eine Tochter aus erster und zwei Töchter aus zweiter Ehe. Er war Mitglied im Aufsichtsrat beim Fußballverein Schalke 04 und Präsident der Deutsch-Arabischen Gesellschaft.

1.1 Politischer Aufstieg durch klassische Machtressourcen

Entscheidend für den politischen Aufstieg Möllemanns war zunächst eine klassische Machtressource: Hans-Dietrich Genscher erkannte das politische Talent in Möllemann und protegierte ihn. Möllemann galt als ›Bauchredner‹ und ›Minenhund‹[497] Genschers, der mit unpopulären Forderungen und diplomatisch inakzeptablen Äußerungen vorpreschte, um Themen zu lancieren, Stimmungen auszuloten und Genscher den Weg in die seriöse Debatte zu ermöglichen. Möllemanns Thematisierungsstrategien brachten ein Thema oder eine Meinung in das Wahrnehmungsfeld ein, um sie nach und nach bei den Rezipienten akzeptabel zu machen. Als klassische Aufstiegs-Ressource in Möllemanns politischer Karriere gilt neben der schützenden Hand Genschers der Regierungswechsel zur CDU 1982, den Möllemann unterstützte. So gelang in kurzer Zeit der Aufstieg in Regierungsverantwortung.

1.2 Zwischen-Abstieg: Briefbogen-Affäre

Sein erster Abstieg begann im Wirtschaftsministerium, als Möllemann wegen der sogenannten Briefbogen-Affäre am 3. Januar 1993 zurücktrat. Auf ministeriellem Briefbogen hatte Möllemann einen Einkaufswagen-Chip angepriesen, den ein angeheirateter Verwandter vermarktete. Als der Missbrauch seines Amtes öffentlich wurde, zog sich Möllemann mit seiner Familie in die Karibik zurück und blieb für die Medien unerreichbar. Das kommunikative Vakuum, das durch Möllemanns Schweigen und plötzliches Verschwinden ausgelöst wurde, machte die Affäre für die Medien erst richtig interessant. Otto Graf Lambsdorff schwächte Möllemanns Position, in dem er sich nicht offen hinter ihn stellte, sondern seine Integrität in Frage stellte. Offenbar unter Druck geraten und ausgebrannt, wie er sich später beschrieb[498], entschied sich Möllemann nach seiner Rückkehr nach Deutschland für einen Rücktritt. Als 1994 der gesamte FDP-Landesvorstand in Nordrhein-Westfalen zurücktrat, um Möllemann auch zum Rücktritt des Vorsitzes in NRW zu zwingen, verlor Möllemann vorerst seinen gesamten politischen Einfluss.

---

497 Vgl. Möllemann: *Klartext*, S. 36
498 Vgl. Möllemann: »Ich wäre verrückt geworden««, *Tagesspiegel*, 22. April 2003.

1.3 Come Back als ›enfant terrible‹

Möllemanns ›Comeback‹ gelang zwei Jahre nach seinem Rücktritt. Bei dem Parteitag in Mainz 1995 kandidierte er nach eigenen Angaben zum Unmut der Parteiführung als Nachfolger von Klaus Kinkel für den Parteivorsitz. Die Stimmung unter den Delegierten, die anfangs sehr ablehnend gegenüber Möllemann eingestellt waren, kippte im Laufe seiner Rede und Abneigung wandelte sich in Begeisterung um. Bei der Abstimmung unterlag Möllemann zwar gegen Wolfgang Gerhardt, erhielt dennoch überraschenderweise ein Drittel der Stimmen und war wieder auf der politischen Bühne anwesend. In seiner Rede präsentierte sich Möllemann als ›Rebell‹, der sich gegen die Führungsriege der Partei stellt und ihr öffentlich Versagen vorwirft.[499] Bereits ein Jahr später holte Möllemann sich auch den Landesvorsitz in Nordrhein-Westfalen zurück. Bei seinem Comeback konnte sich Möllemann nicht mehr auf ein Netzwerk von Unterstützern in der Partei verlassen. Es ist anzunehmen, dass sich sein Machtanspruch fortan auf die erhofften Erfolge bei der Wählerschaft durch seinen Status als Celebrity mit Sichtbarkeitsmehrwert gründete: auf seine Fähigkeit mediale Aufmerksamkeit anzuziehen und in Stimmenzuwachs für die FDP umzuwandeln. Wenn sich Status und vor allem der Zugang zu Status durch die Veränderung der Informationssysteme verändert, wie Meyrowitz betont hat, ließe sich Möllemanns Comeback auch durch seine Fähigkeit erklären, Aufmerksamkeit anzuziehen.[500] Möllemann konnte offenbar deshalb 1995 ein Comeback feiern, weil er den Zugang zu der veränderten Informationslage hatte und damit auch der sich am Rande der Bedeutungslosigkeit bewegenden FDP wieder zu mehr Status zu verhelfen versprach.

Als besonders markante Punkte in Möllemanns weiterer politischer Biographie werden im Folgenden die Landtagswahl in Nordrhein-Westfalen 2000 und die Bundestagswahl 2002 näher betrachtet.

1.4 Landtagswahlkampf NRW 2000

Zwischen 1993 und 1995 verlor die FDP bei allen Landtagswahlen Stimmen, in zwölf von dreizehn Wahlen verpasste sie den Einzug ins Parlament.[501] Als Möllemann den FDP-Landesvorsitz in Nordrhein-Westfalen 1996 wieder einnahm, war die Ausgangslage der FDP eher ungünstig. Bei der letzten Land-

---

499 Vgl. Lütjen/Walter: »Medienkarrieren in der Spaßgesellschaft?«, S. 410f.
500 Siehe oben; S. 40
501 Vgl.»Bilanz der Bundestagswahl. Voraussetzungen, Ergebnisse, Folgen«, Bayrische Landeszentrale für politische Bildungsarbeit. München 2003. S. 58

tagswahl an der Fünf-Prozenthürde gescheitert, musste die nordrhein-westfälische FDP aus der außerparlamentarischen Opposition heraus Wahlkampf für die Landtagswahl 2000 betreiben. Dennoch formulierte Möllemann für die FDP das Ziel, den Stimmenanteil in Nordrhein-Westfalen von vier auf acht Prozent zu verdoppeln. Er setzte ein professionelles Wahlkampfteam ein, das aus der Wahlkampfzentrale ›Werkstatt 8‹ unter Leitung von Fritz Goergen eine Kampagne entwarf, die auf unkonventionelle und aufmerksamkeits-maximierende Aktionen setzte und den Wahlkampf extrem auf die Person des Spitzenkandidaten Möllemann zuschnitt. Dabei wurden Themenfelder besetzt, die durch Umfragen[502] als relevant ermittelt wurden und in denen Möllemann als kompetent galt: Verkehr und Bildung. Als zentrale Botschaften wurden ›NRW braucht Tempo – Möllemann‹ und ›Rot-grün staut, Mölli baut‹ kommuniziert, die mit medienwirksamen Aktionen für Agenda-Building-Effekte sorgen sollten. Nicht nur Plakate mit Hitler[503] und verfilmte Blondinenwitze[504] sollten Aufmerksamkeit für die nordrhein-westfälische FDP sicherstellen. Möllemann wurde selbst aktiv: er sprang zum Beispiel im blau-gelben Fall-schirm vom Himmel, er setzte sich ans Steuer eines Baggers, um für einen Autobahntunnel zu werben, an einer Tankstelle verkaufte er steuerfreies Benzin, im Stau versorgte er die Wartenden mit Brötchen und der Botschaft ›Dieser Stau wird ihnen präsentiert von Rot-Grün‹ via Flugzeugbanner und Werbfläche auf einem LKW.[505] In der Fußgänger-Zone verteilte Möllemann Schnapsflaschen mit Skalen, die bei voller Flasche das Urteil ›furchtbar‹ und bei leerer Flasche das Urteil ›ich bin ganz verliebt‹ zeigten. Die Bürger sollten sich die rot-grüne Landesregierung ›schöntrinken‹.[506] Im Mittelpunkt des Wahlkampfes stand Möllemann selbst sowie eine plakative zumeist provo-kative Ausgestaltung der Grundthemen Bildung und Verkehr.[507]

Obwohl außerparlamentarische Opposition, verfügte die FDP über das dritt-größte Budget und war neben SPD und CDU die einzige andere Partei, die eigene Meinungsumfragen durchführte. Die FDP erzielte mit ihrer Kampagne die höchsten Stimmenzuwächse, übertraf mit 9,8 Prozent Stimmanteil ihr proklamiertes Ziel von acht Prozent, erreichte damit das beste Wahlergebnis

502 Vgl. Emnid: »NRW Politogramm – Aktuelle politische Einstellungen in NRW«
503 Vgl. Abbildung 1, S. 151
504 Ein Kinospot der FDP zeigte eine blonde Frau, die in der Badewanne liegt und sich dabei föhnt. Die am Ende des Spots eingeblendete Textzeile lautete: ›Wir brauchen dringend mehr Geld für Bildung‹
505 Vgl. Buchsteiner: »Der Auto-Pilot«; Vgl. Hüning/Tenscher: »Medienwirkungen von Parteistrategien«, S. 314
506 Vgl. Ramelsberger: »Was hat er, das sie nicht haben«
507 Vgl. Geisler/Tenscher: »›Amerikanisierung‹ der Wahlkampagne(n)?«, S. 71

der FDP seit zehn Jahren[508] und prägte das Bild des nordrhein-westfälischen Wahlkampfes am stärksten.[509] Die FPD zog in den Landtag ein, allerdings nicht in die Regierungskoalition mit der SPD, die ihre Zusammenarbeit mit Bündnis 90/Die Grünen fortsetzte.

1.5 Bundestagswahlkampf 2002

Der Erfolg der Wahlkampfstrategie in Nordrhein-Westfalen gab Möllemann entscheidenden Rückenwind, für die Bundestagswahl eine ähnliche Herangehensweise vorzuschlagen: die Strategie 18, die er auf dem Bundesparteitag in Nürnberg erstmalig vorstellte und die auf dem Bundesparteitag in Düsseldorf schließlich beschlossen wurde.[510] Ziel der Strategie 18 war es, der FDP bei der Bundestagswahl 2002 zu einem zweistelligen Ergebnis zu verhelfen und die FDP in den Status einer Volkspartei zu heben, die mit SPD und CDU gleichauf ist. Um die Ernsthaftigkeit des Anliegens zu unterstreichen und um entsprechende Aufmerksamkeit der Medien zu erhalten, sollte die FDP einen eigenen Kanzlerkandidaten aufstellen. Weg vom Image des Koalitionspartners sollte die FDP ihr eigenes Profil stärken und deswegen auch ohne Koalitionsaussage in den Wahlkampf ziehen. Zunächst zog die Idee neben Fürsprechern auch Kritiker auf den Plan. Auch deshalb, weil sich Möllemann die Rolle des Kanzlerkandidaten selbst zudachte. Als dann durch Mitwirkung Möllemanns Guido Westerwelle 2001 Gerhardt als Parteichef ablöste, fand die Strategie 18 breite Unterstützung. Die Idee vom eigenen Kanzlerkandidaten, die zunächst auch von Westerwelle abgelehnt wurde, wurde unter regem Medieninteresse auf dem Parteitag 2002 in Mannheim schließlich doch beschlossen. Kanzlerkandidat wurde Parteichef Westerwelle. Möllemann wurde einer der stellvertretenden Parteivorsitzenden.

Wirklichkeit ist verhandelbar, weil es mehrere Sichtweisen auf die Welt gibt. Die Pluralität der Weltsichten eröffnet einen Kampf um die Deutungshoheit der Wirklichkeit und um die Bewertung von Positionen. Möllemanns Anliegen war es, für die FDP und damit vor allem für sich selbst, eine Neubewertung der Position vorzunehmen. Die FDP sollte weg vom Image des ›Zünglein an der Waage‹, vom Bild des ›Mehrheitsbeschaffers‹, eine Koalitionsaussage zugunsten von SPD oder CDU hätte dieses Image der FDP zementiert. Deswegen war die Verweigerung der Koalitionsaussage

508 Vgl. »Bilanz der Bundestagswahl 2002. Voraussetzungen, Ergebnisse, Folgen«, Bayerische Landeszentrale für politische Bildungsarbeit, S. 59
509 Vgl. Geisler/Tenscher:»Amerikanisierung‹ der Wahlkampagne(n)?«, S. 110
510 Vgl. Beschluss des 52. Ord. Bundesparteitag in Düsseldorf, 4.-6.Mai 2001

wesentlicher Bestandteil der Strategie 18.»Im Wettbewerb der Kleinen werden die Kleinen immer noch kleiner. Nur im Wettbewerb gegen die großen Parteien werden wir selbst eine große Partei.«[511] Möllemann betrachtete den Kampf um Wählerstimmen als einen Markt, als dritte Kraft konnte die FDP in seinen Augen nur einen »Mini-Markt« bedienen, einen »Nischen-Märktchen der Dritten«, als Volkspartei sollte sie in den »Super-Markt der vorläufig noch deutlich größeren Parteien« eintreten.[512] Der eigene Kanzlerkandidat sollte den Wandel zur Volkspartei verkörpern und mit seiner Kandidatur den Machtanspruch der FDP medial sichtbar machen.»Eine Person, die mit einem Thema die neue FDP medienwirksam ins Bild setzt.«[513]

Die FDP erhielt in der ersten Phase der Strategie 18 zunächst viel und eher positive mediale Aufmerksamkeit, die sich allerdings größtenteils nicht um politische Sachfragen drehte, sondern vor allem von der Frage nach dem Machtkampf in der FDP, der Frage nach dem Kanzlerkandidaten und aufmerksamkeitsstarken Aktionen wie Westerwelles Besuch im Big-Brother-Container, das Guido-Mobil, Fallschirmabsprünge und Inszenierungen wie der Auftritt Westerwelles in der Talkshow ›Sabine Christiansen‹, bei der er die Zahl 18 unter seinen Schuhsohlen zur Schau trug.[514]

Im April versuchte Möllemann den Interpretationsrahmen auf ein Themenfeld auszuweiten, in dem ihm Kompetenzen zugeschrieben wurden: Nahost. In einem Interview mit der tageszeitung wiederholte am 4. April 2002 eine Aussage, die er zwei Jahre vorher ähnlich bereits in der Illustrierten Stern kundtat: er rechtfertigte Selbstmordattentate der Palästinenser:

»Was würde man denn selber tun, wenn Deutschland besetzt würde? Ich würde mich auch wehren, und zwar mit Gewalt. Ich bin Fallschirmjägeroffizier der Reserve. Es wäre dann meine Aufgabe, mich zu wehren. Und ich würde das nicht nur im eigenen Land tun, sondern auch im Land des Aggressors.«[515]

Die mediale Öffentlichkeit und allen voran der Zentralrat der Juden in Deutschland zeigten sich empört über die Aussagen. Es entbrannte eine Debatte, ob und wie man Israel kritisieren dürfe und welche Rolle anti-semitische Stereotypen im Wahlkampf spielen. Weiter angeheizt wurde die Diskussion gut zwei Wochen später, als die nordrhein-westfälische Landtags-fraktion der FDP den ehemaligen Grünen-Abgeordneten Jamal Karsli in ihre

511 Aus der Rede beim Dreikönigstreffen der Südwest-Liberalen in Stuttgart am 5. Januar 2001.
512 Ebd.
513 Ebd.
514 Vgl. Brettschneider: »Medienwahlkampf 2002. Themenmanagement und Berichterstattung«, 2002.
515 Interview in die tageszeitung: »Ich würde mich auch wehren!««, 2002.

Reihen aufnahm, der mit Äußerungen über ›Nazi-Methoden‹ der israelischen Armee und den Einfluss der ›zionistischen Lobby‹ in der Öffentlichkeit für Entrüstung sorgte. Als der Vize-Präsident des Zentralrats der Juden in Deutschland, Michel Friedman, von einem ›katastrophalen‹ Signal sprach, warf Möllemann Friedman eine Mitschuld am Antisemitismus in Deutschland vor. Im ZDF sagte er:

»Ich fürchte, dass kaum jemand den Antisemiten, die es in Deutschland gibt, leider, die wir bekämpfen müssen, mehr Zulauf verschafft hat als Herr Scharon und in Deutschland ein Herr Friedman mit seiner intoleranten und gehässigen Art«[516].

Die Parteispitze um Westerwelle, die sich erst zögerlich von Möllemanns Äußerungen und von Karsli distanzierte und sich schließlich um Vermittlungversuche zwischen Möllemann und Friedman bemühte, forderte öffentlich den Parteiausschluss Karslis. Dieser zog seinen Antrag auf Aufnahme in die FDP zurück und blieb vorerst parteiloses Mitglied in der Landtagsfraktion. Erst auf weiteren Druck der Parteispitze, der Öffentlichkeit und Parteimitgliedern wie Hildegard Hamm-Brücher, die mit ihrem Austritt drohte und später tatsächlich aus der FDP austrat, wurde Karsli schließlich aus der Landtagsfraktion ausgeschlossen und Möllemann entschuldigte sich.

Im Mai war die FDP die Partei, die in den Medien am häufigsten erwähnt wurde und die Themenagenda bestimmte.[517] Fielen die Berichte zunächst positiv aus, als es um die Ernennung Westerwelles zum Kanzlerkandidaten und den internen Machtkampf ging, wurde die Berichterstattung zunehmend negativer mit Möllemanns Thematisierung der Nahost-Problematik und des Antisemitismus-Streits. Auch in der Gunst der Wähler fiel die FDP von ihrem Imagehoch. Im Mai 2002 hatte die FDP bei der Sonntagsfrage von Infratest dimap nach den Wahlabsichten mit 11% den höchsten Wert seit 1997 aufzuweisen.[518] Parallel mit der ab Mai überwiegend negativen Bewertung in den Medien sanken auch die Umfragewerte im Politbarometer der Forschungsgruppe Wahlen.[519] Im August war das Hochwasser an Elbe und Mulde das dominanteste Thema, die FDP konnte hier keine Kompetenzen ausspielen, im September dominierte die Frage nach der deutschen Beteiligung an einem möglichen Irakkrieg in den Medien.

516 Möllemann im ZDF ›heute journal‹ am 16. Mai 2002.
517 Vgl. Brettschneider: »Die Medienwahl 2002: Themenmanagement und Berichterstattung«, 2002.
518 Vgl. Infratest dimap: »Die Sonntagsfrage im Zeitverlauf«.
519 Medien Tenor »Forschungsbericht Nr.122«, 15.07.2002.

1.6 Das Flugblatt

Mitte September konnte die FDP wieder Medienpräsenz aufweisen – allerdings mit negativer Bewertung. In der Woche vor der Bundestagswahl entflammte die Antisemitismus-Debatte erneut. Möllemann ließ, offenbar ohne Wissen der Parteiführung, in Eigenregie 8,4 Millionen Faltblätter drucken und an Haushalte in Nordrhein-Westfalen verteilen, auf denen er Ariel Sharon und das israelische Vorgehen gegen die Palästinenser sowie Michel Friedmans Kritik an seinen Äußerungen verurteilte. Darin waren die Fotos von Möllemann, Sharon und Friedman abgebildet und mit folgendem Text untertitelt:

»Jürgen W. Möllemann setzt sich seit langem beharrlich für eine friedliche Lösung des Nahost-Konfliktes ein: Mit sicheren Grenzen für Israel und einem eigenen Staat für die Palästinenser.

Israels Ministerpräsident Ariel Sharon lehnt einen eigenen Palästinenser-Staat ab. Seine Regierung schickt Panzer in Flüchtlingslager und missachtet Entscheidungen des UNO-Sicherheitsrates.

Michel Friedman verteidigt das Vorgehen der Sharon-Regierung. Er versucht, Sharon-Kritiker Jürgen W. Möllemann als ›anti-israelisch‹ und ›antisemitisch‹ abzustempeln.

Von diesen Attacken unbeeindruckt, wird sich Jürgen W. Möllemann auch weiterhin engagiert für eine Friedenslösung einsetzen, die beiden Seiten gerecht wird. Denn nur so kann die Gefahr eines Krieges im Nahen Osten gebannt werden, in den auch unser Land schnell hineingezogen werden könnte. Unterstützen Sie Jürgen W. Möllemann mit Ihrer Stimme für die FDP!«[520]

Es folgte eine Welle medialer Empörung. Die FDP verfehlte bei der Bundestagswahl ihr 18-Prozent-Ziel und blieb mit 7,4 Prozent nur bei einem einstelligen Ergebnis. Noch am Tag der Bundestagswahl forderte das FDP-Präsidium den Rücktritt Möllemanns vom stellvertretenden Bundesvorsitz. Möllemann räumte Fehler ein und legte einen Tag später das Amt nieder.

Ein FDP-Sonderparteitag zur Klärung der Flugblatt-Affäre musste verschoben werden, weil Möllemann an einem Herzleiden erkrankte und sich nach seinem Krankenhausaufenthalt in sein Ferienhaus auf Gran Canaria zurückzog. Am 20. Oktober, nach Bekannt werden von Ungereimtheiten im Zusammenhang mit der Finanzierung des Flugblattes, trat Möllemann auch vom FDP-Landes- und Fraktionsvorsitz zurück. Die Finanzierung des Flugblattes war unklar geblieben, es stand die Vermutung, es sei durch illegale Spenden finanziert worden. Die Forderungen nach Möllemanns Parteiausschluss häuften sich genauso wie die Gerüchte um die Gründung einer neuen liberalen Partei. Als sich Möllemann nach der Krankheit wieder der Öffent-

---

520 Text der Innenseite des Flyers, den Jürgen W. Möllemann im Bundestagswahlkampf verteilen ließ.

lichkeit zeigte, geriet sein Auftritt zum eigentlichen Ereignis. Nicht was er sagte, war die Sensation, sondern, dass Möllemann etwas sagte. Sowohl in den Tageszeitungen als auch in den TV-Nachrichten war Möllemann im vierten Quartal 2002 der zweitmeistgenannte Politiker nach Gerhard Schröder. Und über die FDP wurde häufiger berichtet als über die Union, allerdings beschäftigte sich der überwiegende Teil der Medienberichterstattung mit dem Zustand der FDP und die Wertungen fielen überwiegend negativ aus.[521]

Abb. 2: Der Flyer

(Quelle: dpa)

---

521 Vgl. Medien Tenor »Forschungsbericht Nr. 128«, 15. Januar 2003.

1.7 Die Spendenaffäre

Im November 2002 leitete die Staatsanwaltschaft Düsseldorf gegen Möllemann ein Ermittlungsverfahren wegen des Verdachts auf Verstoß gegen das
Parteiengesetz ein. Am 20. November räumte Möllemann ein, dass die anonyme Parteispende von knapp einer Million Euro aus seinem Privatvermögen
stammte. Vom Parteipräsidium zum Parteiaustritt gedrängt, lehnte Möllemann
zunächst ab und drohte mit der Neugründung einer Partei. Im Dezember
wurde auf Landes- und Bundesebene ein Parteiausschlussverfahren gegen
Möllemann eingeleitet. Im Februar 2003 wurde Möllemann aus der Bundes-
tagsfraktion ausgeschlossen, er saß fortan auf einem Einzelsitz fraktionslos im
Parlament. Am 17. März gab Möllemann sein Parteibuch zurück. Am 5. Juni
tagte um 11.00 Uhr eine Sondersitzung des Immunitätsausschusses des
Bundestages über die Frage, ob im Falle des Abgeordneten Möllemann der
Schutz vor Strafverfolgung, den Parlamentarier genießen, aufgehoben werden
soll. Drei Verdachtsmomente führten zur Aufhebungs-Empfehlung des Aus-
schusses: An die FDP waren zwischen 1996 und 2001 mindestens eine Million
Mark illegale Spenden geflossen, der Flyer war mit einer Million Euro
finanziert worden und außerdem verfügte Möllemann über Konten in Luxem-
burg mit Millionenbeträgen, die in Deutschland nicht angegeben worden
waren. Gegen 12.00 Uhr folgte der Bundestag der Empfehlung des Ausschuss-
es und votierte einstimmig für die Aufhebung Möllemanns Immunität. Damit
war die Durchsuchung von Möllemanns Wohn- und Arbeitsräumen durch die
Staatsanwaltschaft und Steuerfahndung freigegeben. Die Fahnder, die sich
bereits an mehreren Standorten eingefunden hatten, begannen mit der Arbeit.
Etwa eine Stunde später kam Jürgen W. Möllemann bei einem Fallschirm-
Absprung in Marl-Loemühle ums Leben. Die Ermittlungen wurden vorerst
eingestellt, Bundestagspräsident Wolfgang Thierse ordnete nach bekannt
werden der Todesnachricht Trauerbeflaggung an.

2. Aufmerksamkeits-Management

Eine qualitativ-psychologische Bestandsaufnahme, die 1999 das Image und
Wählerpotential der FDP in Nordrhein-Westfalen ermitteln sollte, zeigte, dass
die Liberalen ohne Möllemann kaum oder als blass wahrgenommen wurde.
Mit Möllemann schickte die FDP in Nordrhein-Westfalen einen Politiker ins
Rennen, der als ›bürgernahes Stehaufmännchen‹, als ›Tausendsassa‹, ›Showman‹
und ›schillernd‹ erlebt wurde. Sach-Kompetenzen als erfahrener Politiker

wurden Möllemann vor allem von FDP-Wählern zugeschrieben, seine Fähigkeit sich Präsenz in den Medien zu verschaffen, wurde vor allem von den Wechselwählern als Imagekomponente beschrieben.[522] Im Ergebnis zeigt sich, dass Möllemann geeignet schien, die FDP auf der Medienagenda wieder sichtbar zu machen:

>»Erscheint die F.D.P. gewissermaßen als ›graue Maus‹, so verhält es sich mit dem Vorstellungsbild ihres Spitzenkandidaten ganz anders. Er ist bekannt wie ein ›bunter Hund‹.[523]

Möllemanns Aufmerksamkeits-Strategie lässt sich folgendermaßen zusammenfassen: Provozieren und Personalisieren, Simplifizieren, Visualisieren und Unterhalten. Nach eigenen Angaben wusste Möllemann um die Aufmerksamkeits-Knappheit unter den Bedingungen konkurrierender Massenmedien. Er wusste, dass Politik als Angebot auf Wähler trifft, die übersättigt mit Reizen sind. Er wusste, dass Information und Werbung mit Unterhaltung um Mind Space konkurrieren. Bei einer Rede auf dem Dreikönigstreffen in Stuttgart, versuchte er dieses Wissen seinen Parteikollegen weiterzugeben und so um Zustimmung für sein Projekt 18 zu werben:

>»Eines eint sie alle. Sie werden rund um die Uhr von immer mehr Angeboten überschwemmt, sich selbst zu beschäftigen oder unterhalten zu lassen. Dieses Angebot ist unser Konkurrent um die Aufmerksamkeit der Menschen. Ihre Aufmerksamkeit müssen wir in einer genügend großen Zahl erst wecken, damit wir in einem zweiten Schritt unsere politische Botschaft überhaupt präsentieren können: Den einen, überzeugend einfachen und einfach überzeugenden Grund, FDP zu wählen.«[524]

Möllemann forderte in Stuttgart im Grunde genommen einen Unique Selling Proposition für die FDP. In der Welt der Marken kann das einzigartige Verkaufsversprechen nicht mehr über den Gebrauchswert etabliert werden, weil das Überangebot an Produkten zu viele vergleichbare Produkte geschaffen hat. Differenzierung wird über den Tauschwert geschaffen und der ergibt sich aus der Bedeutung des Produktes. In der Politik ist eine ähnliche Entwicklung zu beobachten. Politik orientiert sich an Meinungsumfragen, deswegen nähern sich die meisten Parteien der politischen Mitte an. Die Differenzierung entsteht durch Kommunikation. Politik hat deshalb die Kommunikationspolitik professionalisiert und in die Hände von Wahlkampf-Managern und Werbeagenturen gelegt, die in Wahlkampfzentralen einzigartige Wertversprechen entwerfen. Der spirituelle Mehrwert fungiert sozusagen als Abkürzung im Kommunikationsangebot.

---

522 Vgl.»Qualitativ-psychologische Bestandsaufnahme. Die F.D.P. in Nordrhein-Westfalen«
523 Ebd. S. 55
524 Aus der Rede beim Dreikönigstreffen der Südwest-Liberalen in Stuttgart am 5. Januar 2001.

»Ein Wahlprogramm kann aus noch so vielen, einzelnen Forderungen bestehen, die für diese und jene Gruppe wichtig sind. Solche Sachsummen sind weder überzeugend noch einfach und schon gar nicht, was eine wirkungsvolle politische Botschaft sein muss: einfach überzeugend.«[525]

Diese Strategie spiegelt sich auch in der Berichterstattung wieder, die FDP konnte ihre Medienpräsenz mit 27 Prozent nur mit einem vergleichsweise geringen Anteil an Sachaussagen verbinden.[526]

2.1 Agenda Building

Um von den Massenmedien wahrgenommen und abgebildet zu werden, muss man mit den Themen, die auf der aktuellen Agenda stehen, in Verbindung gebracht werden: entweder, in dem man Maßgebliches zum aktuell diskutierten Thema beisteuern kann, indem man selbst Themen lanciert oder selbst zum Thema wird.

2.1.1 Themenlieferant

Möllemann hat die Tatsache genutzt, dass Medien Themen brauchen und zum Beispiel »zu Tagesbeginn eine unheimliche Faktennot haben«[527]. Vor allem in Zeiten, in denen sich noch keine anderen Themen aufgedrängt hatten, hat Möllemann eine »Marktlücke«[528] gesehen. Er hat Themen gesetzt, als die Wahrnehmungsschwelle[529] herabgesetzt war, zum Beispiel im Sommerloch oder früh morgens. So zitiert Reimar Oltmanns in seinem Buch ›Möllemänner oder die opportunistischen Liberalen‹ einen typischen Anruf Möllemanns bei der Nachrichtenagentur ddp: »Hier Möllemann, (...) guten Morgen. Ich habe wieder was auf der Pfanne, was ihr gleich rausjagen könnt. Sieht ja sonst ziemlich mau aus.«[530] Danach versorgte er Sender und Agenturen mit kontroversen Aussagen, die dann spätestens in den Nachrichten um sieben Uhr bundesweit Verbreitung fanden. Seine Fähigkeit, für Meldungen zu

525 Aus der Rede beim Dreikönigstreffen der Südwest-Liberalen in Stuttgart am 5. Januar 2001.
526 Vgl. Brettschneider: »Die Medienwahl 2002: Themenmanagement und Berichterstattung«, 2002.
527 Möllemann zitiert aus: Oltmanns: *Möllemänner oder die opportunistischen Liberalen*, S. 6
528 Möllemann zitiert aus: Oltmanns: *Möllemänner oder die opportunistischen Liberalen*, S. 6
529 Die Wahrnehmungsschwelle kennzeichnet den Punkt, an dem die Berichterstattung in den Medien Wissen über das Thema in Meinungsumfragen nachweisen kann. Sie ist dann umso höher, wenn einschneidende Ereignisse wie die Anschläge vom 11. September 2001 stattfinden und sie ist dann besonders gering, wenn wenig bedeutsame Ereignisse passieren.
530 Möllemann zitiert aus: Oltmanns: *Möllemänner oder die opportunistischen Liberalen*, S. 7

sorgen, brachte ihm nicht nur die scherzhafte Forderung von Kollegen nach einer ›Schlagzeilensteuer‹ ein. Journalisten waren dankbar, wenn Möllemann kontrovers zu aktuellen Themen Stellung nahm. So erinnert sich auch Udo Röbel, ehemaliger Bild-Chefredakteur, in einem Nachruf:

»Schon in den 70er-Jahren war er berühmt-berüchtigt dafür, dass er sich fast täglich ungefragt zu jedem Thema zu Wort meldete. Vorzugsweise schon morgens um 6 Uhr und bei den Rundfunkstationen. Weil er wusste, dass die um diese Zeit noch kein frisches Futter hatten. Und weil er schon damals wusste: Wer zuerst schreit, ist auch in den Nachrichten und bestimmt den Tag.«[531]

Positionierungen orientieren sich unter den Bedingungen der knappen Ressource Aufmerksamkeit daran, wie viel Aufmerksamkeit jemand erhält und ob er in der Lage ist, durch einfache, sinnvolle Zeichen im Kommunikationsprozess zu agieren. Unter den Bedingungen konkurrierender Massenmedien bedeutet Positionierung Rollenverhalten so auszulegen, dass maximale Aufmerksamkeit erzielt werden kann. Die Thematisierungsstrategien Möllemanns orientieren sich an Nachrichtenfaktoren.

2.1.2 Regelbruch

Auffällig ist die Bedienung des Nachrichtenwert-Ensembles Normenverstoß. Angefangen bei der ersten Rede im Bundestag 1972, in der er US-Präsident Nixon und den Vietnam-Krieg in einer Art kritisierte, die alle diplomatischen Gepflogenheiten außer acht ließ, reichten seine parlamentarischen Beiträge von den Forderungen nach der Neutronenwaffe, bis zum Vorschlag, Bundeswehrsoldaten im Rahmen von UNO-Einsätzen in Nahost bereit zu stellen.

Aufsehen erregten auch Möllemanns Auslandskontakte: 1979 zum Beispiel traf er sich mit PLO-Chef Jassir Arafat, forderte einen Palästinenserstaat und warf Israel ›staatlichen Terrorismus‹ vor. 1981 reiste er nach Nordkorea und traf sich in Libyen mit Mummar el Gaddafi. 1982 bereiste er Saudi-Arabien und setzte sich für die Lieferung von deutschen Panzern ein. Zu Tumulten kam es bei ›Auftritten‹ in Deutschland. Möllemann ging mit Vorliebe dorthin, wo Konfliktpotential wartete und Medienpräsenz gewiss war. An Universitäten kündigte er unter Protest wütender Studenten Studiengebühren an, in Bergbau-Gruben hielt er Reden für den Subventionsabbau.[532]

Die Beziehungen zu anderen Politikern waren oftmals Anstoß für Berichterstattungen. Er hinterging Parteikollegen, wie Irmgard Schwätzer, die er in der

531 Röbel: »Im Würgegriff der Droge Macht«, 2003. Vgl. auch Leyendecker u.a.: »Der Tod eines Abenteurers«, 2003
532 Vgl. Geyer: »Nie mehr zweite Liga«, 2002

Genschernachfolge im Auswärtigen Amt verhinderte und sich so von ihr die Beschimpfung ›intrigantes Schwein‹ einhandelte.[533] Er provozierte öffentlich die Parteispitze, namentlich Klaus Kinkel und Wolfgang Gerhardt und beschimpfte sie als ›Kinkelstein am Hals der FPD‹ oder ›schnarchenden Löwen‹ und war zuletzt in einen Machtkampf mit Parteichef Guido Westerwelle verstrickt.[534]

Der Konventionsbruch sorgte auch in Wahlkampfzeiten für Publicity. Möllemann besuchte am 7. Mai 2000 die zu dem Zeitpunkt als umstritten geltende RTL-2-Sendung ›Big Brother – der Talk‹ und machte dort den Vorschlag, statt Wahlkampf zur Bundestagswahl die Spitzenkandidaten der Parteien in den Container zu schicken. Weitere Konventionsbrüche im Landtagswahlkampf waren die erwähnten Werbespots, die mit dem Klischee von der ›dummen Blondine‹ spielten und das ›Hitler-Plakat‹, welches wegen seiner Fragwürdigkeit schlagartig weitreichende Bekanntheit erzielte. Nicht zuletzt das israelkritische Flugblatt, das Möllemann vor der Bundestagswahl verbreitete, kann in der Lesart ›Aufmerksamkeit durch Regelbruch‹ interpretiert werden. Im Bundestagswahlkampf 2002 spielte die Medienagenda durch die Themen Hochwasserkatastrophe und möglicher Irakkrieg nicht in den Kernthemen der FDP. Die Themen Verkehr und Bildung sowie das klassische FDP-Thema Wirtschaft und Arbeitsplätze waren in den Hintergrund gerückt.[535] Auch, um die FDP wieder in die Agenda zu holen, ließ Möllemann das israelkritische Flugblatt drucken. »Ich stellte fest, dass die FDP in den letzten Wochen – gerade beim Thema Irak – gar nicht mehr vorkam und in den Umfragen abstürzte. Da wollte ich gegenhalten.«[536] Er hatte Westerwelle gebeten, das Thema auf die Tagesordnung des FDP-Präsidiums zu setzen, »eine Nahost-Initiative förmlich beschließen, damit wir wieder ein Thema haben.«[537] Als keine Mehrheit zustande kam, wurde er mit dem Flyer als Einzelkämpfer aktiv.

Dass der Regelbruch einkalkuliert war, kann man nicht nur an seinem strategischen Einsatz erkennen. Möllemann selbst berichtete in einer Rede vom Wahlkampf der FDP in Nordrhein-Westfalen, der genau diese Strategie verfolgte. Die Wähler wurden angesprochen mit »einer unkonventionellen Kampagne nach dem Motto: Regeln brechen. Wir haben uns jeden Tag gefragt, machen wir es so sehr anders, sind unsere Bilder so sprechend, dass uns

533 Vgl. Neubacher: »Tiger im Käfig«, 2002
534 Geis: »Eine Überdosis Politik: Der Fall Möllemann«, 2003
535 Vgl. Medien Tenor, 2002: »Vorwahl-Bericht 16.09 – 21.09.2002«
536 Interview in Focus: »Das Positive dominiert klar«, 2002
537 Interview in Stern: »Das wäre das Ende der FDP«, 2002

die Massenmedien gar nicht ignorieren können?«[538] Der Regelbruch wurde als Aufmerksamkeitsinstrument kultiviert und so wundert es nicht, dass Möllemann sich auch für eine Werbung mit Angela Merkel mit wilder Haarfrisur begeistern konnte:»Sie ist genial, weil sie dem Gesetz folgt, dass man Regeln brechen muss, um Aufmerksamkeit zu erlangen.«[539]

2.1.3 Relevanz: Nähe, Reichweite, Nutzen

Möllemann bediente außerdem den Nachrichtenwertbereich Relevanz. Er hat gezielt Themen angesprochen, die für die Wähler im Alltag wichtig sind, Themen, die tagtäglich Einfluss auf die Menschen haben,»die den Menschen auf den Nägeln brennen«[540]. Als Hauptthemen setzte Möllemann im nordrhein-westfälischen Wahlkampf deshalb auf die Themen Bildung und Verkehr. Eine Emnid-Studie ergab, dass die Bildungspolitik von 15 Prozent aller Befragten als wichtigstes politisches Problem eingestuft wurde, unter FDP-Wählern waren es sogar 19 Prozent. Verkehrsprobleme wurden von 13 Prozent der gesamt Befragten und von 30 Prozent der FDP-Wähler als wichtigstes politisches Problem gesehen.[541] Die Kommunikation traf dort auf die Menschen, wo sie sich im Alltag aufhalten und bewegen: an den ›Target Group Moving Patterns‹ und den ›Target Group Meeting Points‹.[542] Im nordrhein-westfälischen Wahlkampf wollte Möllemanns Themenmanagement die Menschen da abholen, wo sie jeden Morgen standen: im Stau auf dem Weg zur Arbeit.»Der Stau, das Abzocken bei den Steuern, die Bahn, die unpünktlich ist und zu teuer – das erleben die Menschen jeden Tag. Das ist ein Mobilisierungsthema erster Güte.«[543] Auch an Urlaubsorten sprach Möllemann die Wähler dort an, wo sie sich aufhielten: Möllemann landete mit dem Fallschirm am Strand und verteilte Sonnenmilch mit dem ›Steuerschutzfaktor‹ und Brillenputztücher für den ›Durchblick‹. Die Themen hohe Steuern und hohe Benzinpreise sind alltägliche Relevanzbereiche für die Wähler, zudem verspricht Aufmerksamkeit in diesem Fall einen Nutzen: weniger Steuern und billigeres Benzin.

---

538 Möllemann in einer Rede auf dem FDP-Bundesparteitag Nürnberg, 16. Juni 2000
539 Interview in Die Welt:»Schalke 04 kann nur gewinnen«, 2001
540 Möllemann in einer Rede auf dem Bundesparteitag 2001 in Düsseldorf.
541 Vgl. Emnid-Studie:»NRW Politogramm – Aktuelle politische Einstellungen in NRW«, 1999
542 Vgl. dpa:»Möllemann zieht mit Hitler-Plakat in die Landtagswahl«, 2000
543 Interview in Focus:»Dann trete ich voll an«, 2000

2.1.4 Einfluss, Prominenz, Personalisierung

Möllemann machte sich mit Schlagzeilen und Fallschirmabsprüngen selbst zum Thema. War er es, der zunächst bei schlechter Nachrichtenlage die Agenturen und Sender anrief und medial verwertbare Aussagen produzierte, war es später auch umgekehrt. Journalisten riefen bei Möllemann an, um sich ein kontroverses Statement abzuholen. Das bestätigt beispielsweise Kurt Kister, Leitartikler der Süddeutschen Zeitung: »Wann immer man, zum Beispiel als Journalist, garstige Worte über Kinkel oder Gerhardt hören wollte, war Möllemann zur Stelle.«[544] Diese Medienpräsenz verlieh Möllemann parteiintern Macht. Möllemann brachte sich für Ämter ins Gespräch, zum Beispiel als Nachfolger für Martin Bangemann, Genscher, Gerhardt und als möglicher Kanzlerkandidat. Die Strategie, einen eigenen Kanzlerkandidaten für die FDP zu nominieren entspricht den Ergebnissen der Forschung zur Bounded Rationality, dass von Medienpräsenz auf Relevanz geschlossen wird: »die Masse konsumiert Überschriften, registriert Präsenz und Machtausübung.«[545] Die FDP brauche deshalb einen Kanzlerkandidaten, weil die Medien Gesichter bräuchten. »Anders transportieren die Medien Botschaften nicht.«[546] Eine Studie, die von der NRW-FDP vor der Landtagswahl in Auftrag gegeben wurde, bescheinigte Möllemann eine höhere Bekanntheit in Nordrhein-Westfalen als Wolfgang Clement.[547] So stand Möllemann bei der Landtagswahl im Zentrum der Kampagne. Die FDP trat bewusst hinter ihrem Spitzenkandidaten zurück.[548] Bei einer wöchentlich ausgestrahlten Sonder-Wahlsendung des WDR zu wechselnden Themen schickte die FDP, obwohl alle anderen Parteien mit unterschiedlichen Fach-Politikern vertreten waren, themenunabhängig jedes Mal Möllemann.[549] Möllemann zeigte neben der Medienpräsenz im NRW-Wahlkampf auch enorme physische Präsenz: ca. 260 Mal betrieb er öffentlich Wahlkampf, allein mehr als doppelt soviel wie Wolfgang Clement und Franz Müntefering zusammen.[550]

---

544 Kister: »Wenn der Fallschirm klemmt«, 2002.
545 Aus der Rede beim Dreikönigstreffen der Südwest-Liberalen in Stuttgart am 5. Januar 2001.
546 Ebd.
547 Emnid-Studie: »NRW Politogramm – Aktuelle politische Einstellungen in NRW«, 1999
548 Vgl. Geisler/Tenscher: »Amerikanisierung‹ der Wahlkampagne(n)?«, S. 76
549 Vgl. Nieland/Tenscher: »Talkshowisierung des Wahlkampfes?«, S. 341f.
550 Geisler/Tenscher: »Amerikanisierung‹ der Wahlkampagne(n)?«, S. 87

2.2 Politainment

Wer prominent und einflussreich sein will, muss medial präsent sein. Eine Partei, die nicht in Regierungsverantwortung ist, erfährt auch weniger mediale Thematisierung als die amtierende Exekutive. Möllemann hat dieses Aufmerksamkeitsmanko durch den Besuch von Unterhaltungssendungen ausgeglichen, so erreichte er kostenlos viele Rezipienten und hatte die Möglichkeit, sich menschlich, charmant, witzig und schlagfertig zu zeigen. Gerade die Auftritte bei ›Big Brother – Der Talk‹ und in der ›Harald-Schmidt-Show‹ im Vorfeld der nordrhein-westfälischen Landtagswahl erreichten viele Menschen. Sie erzeugten über die normale Medienpräsenz hinaus Berichterstattung.

Auch in der anderweitigen politischen Kommunikation hat Möllemann auf den Faktor Unterhaltung gesetzt und dafür plädiert, einfache Informationen amüsant zu verpacken. »Wahlkämpfe müssen heute Events mit Informationen sein.«[551] Informationen, die als Erlebnisse konsumabel werden, waren Möllemanns Ansicht nach auch für die Berichterstattung wählerischer medialer Gatekeeper attraktiv. »Eine dröge Mitteilung nimmt die Presse nicht zur Kenntnis.«[552] Die Botschaft sollte schnell und einfach erfassbar visuell dargeboten werden und eine gewisse Dynamik besitzen. Ob ein Talkshow-Auftritt, ein Fallschirmabsprung über Urlaubsgebieten oder witzige Kinospots – Möllemanns Kampagnentools waren amüsant und die Botschaften simpel und bildhaft.

Weil das Fernsehen als politisches Leitmedium gilt, kam es Möllemann vor allem auf die Visualisierbarkeit der FDP-Kampagne an.

»Unsere politischen Botschaften können so klug sein, wie sie wollen. Wenn wir für unsere Botschaften keine Bilder finden, werden wir die Herzen und Köpfe der Menschen nicht erreichen.«[553]

In diese Strategie passt auch die Forderung Möllemanns im Rahmen der Strategie 18, die FDP solle mit einem eigenen Kanzlerkandidaten in die Bundestagswahl ziehen. Weil sich über Menschen Inhalte leichter medial vermitteln lassen, sollte die Politik der FDP durch einen Kanzlerkandidaten verkörpert werden und somit mehr Aufmerksamkeit potentieller Wähler erregen.

»Alle Welt redet und schreibt von der Bedeutung von Bildern in unserer real existierenden Welt der alten und neuen Massenmedien. Jederman und jedefrau weiß, dass die bildhafte Bedeutung von Personen in dieser Medien-Wirklichkeit groß ist und weiter zunimmt. Also

---

551 Interview in Die Welt: »Es wäre schön, wenn Westerwelle mich vorschlagen würde«, 2001
552 Interview in der Tageszeitung (taz): »Mission 18 Prozent«, 25.04.2002.
553 Möllemann in einer Rede auf dem Bundesparteitag in Düsseldorf 2001.

müssen wir den oder die ins Bild setzen, die oder der in den Massenmedien ebenso täglich wahrgenommen wird wie der Bundeskanzler und der Kanzlerkandidat der Union.«[554]

Die ganze Kampagne der Strategie 18 war auf Visualisierbarkeit angelegt,»mit einer Kampagnenstrategie, die unsere politischen Botschaften als Bilder inszeniert – in Wortbildern und Bildworten.«[555] Wichtiger Bestandteil dieser Wortbild- und Bildwortstrategie in Möllemanns Wahlkämpfen waren die Zahlen acht im nordrhein-westfälischen Wahlkampf und 18 im Bundestagswahlkampf. Die Zahlen bestimmten als Key Visual Möllemanns öffentliche Auftritte, bei Wahlkampfveranstaltungen plakatierte die FDP die Acht bzw. 18 sichtbar im Hintergrund, die 18 steckte als Nadel am Revers und bei öffentlichen Reden oder Fernsehauftritten wie in der ›Harald-Schmidt-Show‹ spreizte Möllemann acht Finger, für die acht Prozent, für die er im nordrhein-westfälischen Wahlkampf kämpfte. Die acht wurde zum eigentlichen Ziel im Landtagswahlkampf und Möllemann inszenierte sich als der Acht-Prozent-Mann, der dieses Ziel erreichen wollte und würde. Die Zahlen dienten Möllemann, genau wie seine Fallschirmsprünge und Provokationen, als Wiedererkennungsmerkmale. In Nordrhein-Westfalen reduzierte Möllemann sich auf das einfache Zeichen ›Mölli‹, der blau-gelbe ›Turbo‹, der ›Tempo‹ macht. Auch den Sprachduktus entnahm Möllemann den Plakaten. Während seiner Auftritte nannte er sich selbst einprägsam Mölli, sprach von den ›Grünen Bremsern‹ und antwortete in Interviews mit Plakatslogans wie»Grün staut – Mölli baut«.[556] Untermauert wurde das Bedeutungsfeld ›Tempo‹ und ›Turbo‹ durch Möllemanns Markenzeichen, den Fallschirmsprung.

Auch die Beschimpfung und Beleidigung seiner politischen Gegner lieferten Unterhaltungswert und Tabubruch. Bei Möllemann wurde die Ministerriege zur»Gurkentruppe«[557], Stoiber zum»Gummilöwen«[558], zuletzt beschimpfte er FDP-Mitglieder in seinem Buch ›Klartext‹: Westerwelle wurde zum»Weichei«, Wolfgang Gerhard zum»Biedermann« und Otto Graf Lambsdorff zum»Teppichvorleger«.[559]

554 Aus der Rede beim Dreikönigstreffen der Südwest-Liberalen in Stuttgart am 5. Januar 2001.

555 Möllemann:»Eine FDP für das ganze Volk«, 2000

556 Buchsteiner:»Der Auto-Pilot«, 2000

557 Interview in Stern:»Zu liebedienerisch«, 2000

558 Ebd.

559 Vgl. Möllemann: *Klartext. Für Deutschland*, S. 73; S. 206; S. 72

2.2.1 Emotionsmanagement

Wenn es rational keine Unterscheidungsmöglichkeiten mehr gibt und die Aufmerksamkeit nicht ausreicht, ein Thema rational zu erschließen, dann dienen Emotionen als Abkürzung für den Zustimmungs- und Entscheidungsprozess. Unter den Bedingungen der knappen Aufmerksamkeit werden Emotionen wichtiger, weil sie die Funktion von Stopp-Regeln besitzen und die Auswahl begrenzen.[560] Wo die Auseinandersetzung mit Hintergründen aufgrund der Komplexität der Inhalte und der Vielzahl der Variablen im Vergleich zur knappen Aufmerksamkeit und der sachlichen Ununterscheidbarkeit nicht möglich scheint, dienen Emotionen dazu, die Informationssuche zu beenden und eine rasche Entscheidung möglich zu machen.

Emotionsmanagement gibt dem Wähler einen Ersatz für fehlendes Profil und fehlenden Durchblick, angeboten wird eine vereinfachte Projektionsfläche, eine »sinnstiftende Entlastungstechnik«[561] die auf die Darstellung der komplexen Vorgänge verzichtet. So wie es reicht, bei einem Computer die Benutzeroberfläche zu bedienen, ohne die komplexen Prozesse zu verstehen, die bei jedem Klick ablaufen, bieten Marketing und Design eine orientierungsfreundliche Aussage über eine Partei oder einen Politiker. Emotionsmanagement versucht gar nicht erst, den Wähler mit rationalen Argumenten zu überzeugen, es leistet emotionale Überzeugungsarbeit. Diesen Aspekt betonte auch Möllemann: »Man muss emotionalisieren (...). Natürlich ist die Emotionalisierung auch immer ein Risiko, aber ohne Risiko gibt es keinen Gewinn.««[562]

2.2.2 Horse-Race

Medien konzentrieren sich auf unterhaltsame Elemente eines Wahlkampfes: innerparteiliche Machtkämpfe und der Wettkampf, der zwischen den Parteien entsteht.[563] Mediale Berichterstattung ist dann wahrscheinlicher, wenn dem Wahlkampf eine gewisse Aktionshaftigkeit anhaftet. Der Wille zur Macht bestimmte die Tonalität der FDP-Kampagnen. Sowohl bei der Bundestagswahl wie bei der Landtagswahl in Nordrhein-Westfalen evozierten FDP und

---

560 Vgl. Max Planck Institut für Bildungsforschung, Center for Adaptive Behavior and Cognition. »Social Rationality«.
561 Bolz: *Weltkommunikation,* S. 10
562 Möllemann zitiert aus: Heuwagen: »Die nachtschwarze Seite des Provokateurs«, 2002
563 So hat in den Wochen vor der Bundestagswahl das Schema Horse-Race in der medialen Berichterstattung dominiert, das Ergebnis von Meinungsumfragen, der Zustand der Parteien und ihre Wahlchancen wurden häufiger thematisiert als Sachthemen. Vgl. Brettschneider: »Die Medienwahl 2002: Themenmanagement und Berichterstattung«, S. 42

Möllemann die Dramatik durch die eindeutige Festlegung auf Ziele. Aus der außerparlamentarischen Opposition heraus formulierte Möllemann in Nordrhein-Westfalen als Wahlziel der FDP acht Prozent der Wählerstimmen zu erhalten. Möllemann inszenierte den Wahlkampf als eine Denkzettelwahl, ein ›Abstrafen‹ der großen Parteien für die Spendenskandale und ein Verhindern der Grünen: »Mein Wahlziel ist, acht Prozent zu bekommen, damit wir die Grünen als dritte Kraft ablösen können.«[564] Er bot sich der SPD offensiv als Koalitionspartner an. Die Bundestagswahl folgte mit dem Projekt 18 der Horse-Race-Strategie. Medien bilden den Wettkampf zwischen Parteien und innerhalb von Parteien ab, weil Machtkämpfe als Unterhaltung konsumiert werden können. Dabei werden von den Medien Interpretationen über Motive angeboten und Strategien analysiert und bewertet. Möllemann nutzte dieses Medieninteresse, in dem er seine Strategien öffentlich machte. Bei Harald Schmidt zum Beispiel sprach Möllemann unverhohlen davon, dass er sich von dem Auftritt Stimmenzuwachs erhoffte.

2.2.3 Sportlicher Wille zur Macht

Möllemann war Aufsichtsratsvorsitzender des Fußballvereins Schalke 04. Diese Tätigkeit nutzte er, um mediale Aufmerksamkeit außerhalb der politischen Berichterstattung zu erhalten und Fußball mit Politik in Verbindung zu bringen. Er bediente sich dabei der Legitimität des Wunsches nach Überlegenheit, der beim Kampf zweier Fußballmannschaften institutionalisiert ist und übertrug den Willen zur Macht auf seinen Wahlkampf. Das Lied »Nie mehr zweite Liga« galt nicht nur für Bundesligisten Schalke, sondern ebenfalls für Möllemanns Projekt 18.[565] Für die Bundestagswahl verwandte Möllemann den Sprachjargon der Fußball-Welt, er zitierte die erste Bundesliga, in die die FDP mit ihrer Strategie 18 als zukünftige Volkspartei aufsteigen sollte.[566] Die NRW-FDP sollte sich dabei als »Tabellenführer«[567] präsentieren. Die Fußball-WM wurde als Themenfläche genutzt, um die FDP ins Gespräch zu bringen, neben WM-Kalendern und Plakaten, posierten Westerwelle und Möllemann gemeinsam in der neuen WM-Kollektion der FDP. Das Trikot von Westerwelle war

---

564 Möllemann bei ›Halb 12‹, zitiert aus: Nieland/Tenscher: »Talkshowisierung des Wahlkampfes?«, S. 351f

565 Vgl. Geyer: »Nie mehr zweite Liga«, 2002; Vgl. auch Möllemann im Interview: »Möllemann ist ›froh und stolz und ein bisschen limitiert‹«, 2001; Vgl. Möllemann: »Eine FDP für das ganze Volk«, 2000

566 Vgl. Möllemann in seiner Rede beim Dreikönigstreffen der Südwest-Liberalen in Stuttgart am 5. Januar 2001.

567 Möllemann im Interview: »Es wäre schön, wenn Westerwelle mich vorschlagen würde«, 2001

blau und trug auf dem Rücken die Zahl 1 und den Buchstaben W (für Wester-
welle und Welt-), das von Möllemann war gelb, trug die Zahl 8 und als Buch-
staben M (für Möllemann oder Meisterschaft).[568] Einen Tag vor der NRW-
Wahl plakatierte die FDP großflächig rund um das Westfalenstadion beim
Spiel Borussia Dortmund gegen Schalke 04 Spieler in den Farben der beiden
Mannschaften gelb/blau. Dazu die Titelzeile:»Schöner als Grün-Rot, oder?«[569]

2.3 *Image Building.* Marken- und *Celebrity*-Strategien

Als Polit-Celebrity hat Möllemann mit allen anderen Wahrnehmungsangeboten
um Aufmerksamkeit konkurriert. Dabei hat er sich selbst zum Thema gemacht
und den Nachrichtenwertkriterien entsprechend Ereignisse und Meldungen
produziert. Als Celebrity hatte Möllemann eine Sinn- und Orientierungsfunktion inne und musste eine Identifikations- und eine Projektionsfunktion erfüllen.

2.3.1 *Identifikation und Projektion*

Bei der Identifikation erkennt der Mensch im Celebrity Ziele und Werte, die er
selbst hat. Diese aus dem Eindrucks-Management bekannte »attitude
similarity«[570] ist bei Möllemann die Eigenschaft des ›Stehaufmännchens‹, des
›Machers‹, der auch nach Niederlagen nicht aufgibt. In dem Gutachten, das
Möllemann zu seinem öffentlichen Bild in Auftrag gab, tauchte der Begriff des
Stehaufmännchens auf, dazu Möllemann:»Die Leute haben wohl das Gefühl,
der ist so wie wir. Wir fallen ja auch immer mal auf den Bauch und müssen uns
berappen.«[571] Die Planningagentur &EQUITY ließ vor der Bundestagswahl
2002 ein Markenbild verschiedener Politiker erstellen. In dieser qualitativen
Imagestudie wurde Möllemann von Teilnehmern einer Online-Studie ebenfalls
als gefährliches Stehaufmännchen positioniert.[572] Danach bewerteten die
Befragten[573] seine Kämpfernatur positiv, sahen darin aber gleichzeitig eine

---

568 Vgl. Personalien:»Jürgen Möllemann«, Spiegel 15/2002.
569 Ebd.
570 Vgl. Schlenker: *Impression Management*, S. 223
571 Amend/Thomma:»Sie denken nur: Das war's, Scheißspiel«, 2003
572 &EQUITY:»Politiker als Marken«, 2002.
573 Da die nicht-repräsentative Studie in Zusammenarbeit mit dem Magazin w&v online
    durchgeführt wurde, handelt es sich bei der Stichprobe um Teilnehmer mit ein Durch-
    schnittsalter von 33 Jahren, die hauptsächlich in den Bereichen Werbung und Marketing tätig
    sind. Weil es sich aber um eine qualitative und keine quantitative Erhebung handelt, sind die
    Aussagen über Möllemanns Image dennoch aufschlussreich.

Gefahr. Möllemann sei risikofreudig und sage, was er denke, aber sein Aggressionspotential wirke bedrohlich. Möllemann sah sich offenbar selbst gerne als Kämpfernatur, die sich nichts gefallen ließ. In seinem Anfang 2003 erschienenen Buch ›Klartext‹ ließ er die Bewertung von &EQUITY abdrucken sowie eine weitere Bewertung aus der gleichen Studie, die Westerwelle als opportunistischen Optimisten positionierte. Sein Kommentar dazu lautet: »Stehaufmann ist mir sympathischer – und ich habe einen Waffenschein für mutige Politik.«[574] Die Energie und Tatkraft, die sich hinter dem Begriff Stehaufmann verbirgt, wurde durch seine Fallschirmsprünge versinnbildlicht. Der Fallschirmsprung wurde zum Markenzeichen. Als sein Motto proklamierte Möllemann die Autosuggestion: »Kämpfen, Jürgen, Kämpfen!«[575]. Auch der Parteitagsslogan ›Machen! Machen! Machen!‹ und die Begriffe ›Tempo‹ und ›Turbo‹ aus dem nordrhein-westfälischen Landtags-Wahlkampf passen in diese Kategorie.

Bei der Projektion werden unerreichbare Wünsche auf den anderen übertragen. Möllemann war in der Position der Macht und konnte das sagen und tun, was andere sich nicht trauen. In der Welt des medialen Jürgen W. Möllemann gab es scheinbar keine Grenzen, keine Regeln, keine Zwänge, keine Tabus. Möllemann suchte den Konflikt, er polarisierte und provozierte, in dem er Regeln brach und Tabugrenzen nicht anerkannte.

Die Identifikations- und Projektionsaspekte Möllemanns kann man auch in der Marken-Perspektive als Typisierung und Differenzierung des Produktes Möllemann betrachten. Während das ständige Scheitern Möllemanns den meisten Menschen aus dem eigenen Leben bekannt ist und deshalb als Identifikationspotential taugte, war seine kompromisslos konfrontative Art die Projektionsbasis. Möllemann war zwar auch nur einer, der immer wieder umfiel – so wie die meisten – auch er musste immer wieder aufstehen und aufs Neue kämpfen – so wie die meisten. Aber Möllemann verkörperte die Kraft, sich gegen die aufzulehnen, die ihn haben scheitern lassen.

2.3.2 Kommunikationsfunktion und Ökonomische Funktion

Mit den Regelbrüchen schaffte Möllemann ohne Zweifel Anschlusskommunikation, seine Äußerungen und Aktionen boten Gesprächsstoff. Aus Sicht der FDP kann die ökonomische Funktion von Möllemann so gelesen werden, dass Möllemann der FDP Medienprasenz sicherstellte, für Wählerstimmen sorgte

---

574 Möllemann: *Klartext. Für Deutschland*, Sonderseite 15 zwischen S. 128 und S. 129.
575 Vgl. Röbel: »Im Würgegriff der Droge Macht«, 2003; Vgl. »Nachruf: Jürgen Möllemann«, Der Spiegel 24/2003; Vgl. Breuer: »Tod eines Spielers«, 2003

und so den Möglichkeits- und Machtraum der FDP zunächst erweiterte. Möllemann kann auch als Werbeträger für die deutsch-arabischen Interessen und als Werbeträger für den Schalke 04 gesehen werden. Wie bei anderen Celebrities bilden sich Fangemeinschaften, die Devotionalien sammeln. So konnte man noch lange nach seinem Tod auf Ebay Autogramme und Flugblätter von Jürgen W. Möllemann ersteigern, neben seinem Buch ›Klartext‹ wird zur Zeit außerdem die Bildzeitung mit der Titelschlagzeile von seinem Tod angeboten.[576]

2.3.3 Phoenix-Modell

Möllemanns Bekanntheitsmuster entspricht dem Phoenix-Modell: Bekanntheit – Fall – Bekanntheit. Seine Prominenz war allerdings an seine politische Aktivität gebunden. Mit seinem Ausschluss aus der FDP im März 2003 und dem Verlust der prestigeträchtigen Ämter drohte er in der Bedeutungslosigkeit zu versinken. Der Skandal, der kurzfristig Aufmerksamkeit verschaffte, lag wie ein letztes Aufbäumen gegen die Bedeutungslosigkeit in der Luft. In dieser Situation hat Möllemann sein Buch ›Klartext‹ veröffentlicht, das mit vielen Anschuldigungen gegen Parteikollegen noch einmal Aufmerksamkeit auf die Person Möllemann lenkte. Auch die Gerüchte um die Gründung einer neuen Partei verzögerten das Absinken seiner Bekanntheit. Die Möglichkeit, erneut ein Comeback zu versuchen oder durch einen Sektorenwechsel Anerkennung in einem anderen Bereich, beispielsweise der Wirtschaft, zu erhalten, ließ Möllemann ungenutzt. Er zog es offenbar vor, durch einen aktiven aufmerksamkeitsstarken[577] Tod das Image vom Macher zu erhalten.

---

576 Vgl. »Personalien: Jürgen Möllemann«, Spiegel 50/2002, S. 221; Vgl. www.ebay.de Angebot vom 12.11.2004.
577 Die Tageszeitung titelte am Folgetag des Todessprungs »Starker Abgang«.

Ausblick

Menschen kämpfen um die Anerkennung ihrer Mitmenschen, einerseits um ein Selbstbild zu entwickeln, andererseits um eine Position innerhalb der Gesellschaft einzunehmen. In Wohlstandsgesellschaften mit vergleichbaren Lebensverhältnissen und institutionell verankerten Anerkennungsverhältnissen, wie in der Demokratie, ist der einst physische Kampf um Anerkennung durch einen metaphorischen Kampf ersetzt worden. Anerkennung wird über den Besitz knapper Ressourcen und über ihre demonstrative Zurschaustellung definiert. Aufmerksamkeit ist eine knappe Ressource: Unter den Bedingungen der konkurrierenden Massenmedien wird Aufmerksamkeit radikal verknappt. Mediengesellschaften reagieren auf Thematisierungen der Massenmedien. Medien etablieren Prestigeordnungen über Aufmerksamkeitszuwendungen. Die Erwähnung in den Massenmedien und die sich daraus ergebende Bekanntheit hat Einfluss auf den Status. Der Kampf um Anerkennung gestaltet sich unter den Bedingungen der Massenmedien als ein Wettbewerb um Aufmerksamkeit. Es gilt: Wer Aufmerksamkeit bekommt, scheint wichtig zu sein.

Gleichzeitig trifft auch der Umkehrschluss zu: Wer keine Aufmerksamkeit bekommt, scheint unter den Bedingungen der Massenmedien nicht von Bedeutung zu sein. Deshalb arbeiten nicht nur Massenmedien nach dem Prinzip der Aufmerksamkeitsattraktion, auch Politik und Wirtschaft bemühen sich intensiv um die knappe Ressource. Für den Menschen ergeben sich zwei Konsequenzen: Einerseits ist er Konsument von Wahrnehmungsangeboten und kann Aufmerksamkeit ausgeben. In dieser Hinsicht wird die Aufmerksamkeit des Konsumenten kostbarer, der Konsument wird machtvoller. Es steht zu erwarten, dass sich weitere Geschäftsmodelle entwickeln werden, die für den Konsumenten gratis sind und sich allein dadurch finanzieren, dass sie Aufmerksamkeitsforen schaffen. Andererseits ist der Mensch ein Individuum, das selbst auch um Aufmerksamkeit seiner Mitmenschen kämpfen muss. Wenn man den Wettbewerb um Aufmerksamkeit unter den Bedingungen konkurrierender Massenmedien als Wiederauflage des Kampfes um Anerkennung betrachtet, dann wird Sichtbarkeit zum Kapital. Wenn Menschen stärker daran gemessen werden, ob sie in der Lage sind, Aufmerksamkeit anzuziehen und zu binden, werden immer mehr Menschen versuchen, öffentlich sichtbar zu sein. Aufmerksamkeit ist die Grundbedingung, um Mitglieder einer Gesellschaft zu bewegen, sich mit einer bestimmten Thematik zu beschäftigen. Dabei ist es gleich, ob es sich bei dieser Thematik um das Gespräch mit einem Freund, ein mediales Unterhaltungsangebot, eine politische Information, ein neues Produkt, die Vorzüge eines potentiellen Geschlechtspartners oder auch einen bislang wenig beachteten Konflikt handelt. Ohne Aufmerksamkeit bleiben Themen unbeachtet und unbewusst. Sie gelangen weder in das Wahrnehmungsfeld eines Individuums noch in die Wirklichkeitskonstruktion der Gesellschaft.

Weil mit öffentlicher Aufmerksamkeit Macht verbunden ist, gehört sie zu einem der wichtigsten Themen auf der globalen Agenda. Denn weil Aufmerksamkeit die Möglichkeit bereitet, Positionierungen vorzunehmen und auf Wirklichkeitsbilder einzuwirken, funktioniert Aufmerksamkeit auch als Waffe. Terroristen arbeiten mit den Mechanismen der Aufmerksamkeitsmaximierung, sie versuchen Themen förmlich in die Agenda zu bomben, die ohne spektakuläre Aktionen wenig oder keine Aufmerksamkeit bekommen. Derart haben muslimische Extremisten am 11.September 2001 den Kulturkonflikt auf den obersten Listenplatz der Agenda der westlichen Welt gedrängt. Auch der Konflikt in Tschetschenien beispielsweise ist den meisten Menschen nur deshalb bewusst, weil tschetschenische Terroristen durch medienwirksame Anschläge ihr Thema auf die Agenda zwangen. Weil sich Tabubrüche abnutzen und sich die Gesellschaft an Selbstmordattentäter, Flugzeugentführungen und -abstürze gewöhnt hat, steigern sich auch die Terroristen in der Wahl ihrer Aufmerksamkeitsköder. Mit der Aufmerksamkeitsschwelle steigt das Ausmaß an Gewalt der Anschläge. Letztes Beispiel ist das Geiseldrama in einer Grundschule im russischen Beslan, bei dem über 300 Menschen starben und sich viele Kinder unter den Opfern befanden. Es ist nicht nur denkbar, sondern wahrscheinlich, dass die Geiselnehmer das Medieninteresse an Kindern als Opfer in Betracht gezogen haben. Die nur wenige Tage vor den Ereignissen in Beslan von tschetschenischen Terroristen zum Absturz gebrachten zwei Flugzeuge erzeugten nicht einen Bruchteil der Aufmerksamkeit, die der Geiselnahme von Kindern zukam.

Die mediale Verbreitung ihrer Themen gibt Terroristen die Macht, in der öffentlichen Wahrnehmung eine herausgehobene Positionierung einzunehmen. Der Wettbewerb um Aufmerksamkeit im System der Massenmedien macht Nachrichten-Selektion jenseits von Einschaltquoten offenbar schwer möglich. Werden Medien so ungewollt Terror-Komplizen, weil sich Terroristen der Mechanismen der Massenmedien bedienen und mit Anschlägen, Geiselnahmen und Massenmord Aufmerksamkeitswerke schaffen?

Die Verbreitung der Themen und der Kenntnis um die Mittel scheint außerdem wie ein ›Medienvirus‹ zu wirken. Strategien, die einen Wahrnehmungsgegenstand erfolgreich in die Öffentlichkeit gebracht haben, sind möglicherweise ›ansteckend‹ und rufen Nachahmungstaten auf den Plan. So ist es zum Beispiel denkbar, dass der Amoklauf eines ehemaligen Schülers an einem Gymnasium in Erfurt durch die vorausgegangenen medial vermittelten Amokläufe an US-amerikanischen High-Schools angeregt wurde.

In diesem Zusammenhang ist nicht nur eine Diskussion um die Themen angebracht, die bereits auf die Agenda drängen, sondern auch um solche, die das Potential dazu haben. Es geht auch darum, was außerhalb der medialen Aufmerksamkeit stattfindet, was Medien nicht zeigen, was nicht auf der Agenda ist und folglich in unserem Wirklichkeitsbild kaum stattfindet. So werden beispielsweise Entwicklungsländer vergleichsweise selten in den Medien thematisiert, weder in den entwickelten noch in den Entwicklungsländern selbst.[578] Menschenrechtsverletzungen, Krieg und Unterernährung könnten Ursache von Terrorismus bleiben, wenn ihnen Aufmerksamkeit und die Auseinandersetzung mit Lösungen langfristig verweigert blieben.

Die Aufmerksamkeitsproblematik berührt nicht nur gesellschaftliche und globale Konflikte, betroffen ist auch das persönliche Aufmerksamkeits-Management eines Individuums. Dabei geht es primär um zwei Fragenkomplexe. Erstens: Was passiert mit Menschen, die durch das Aufmerksamkeitsraster fallen, wenn sich Rangordnungen durch Aufmerksamkeitszuwendungen etablieren? Wenn der Kampf um Anerkennung als Kampf um Aufmerksamkeit geführt wird, ist es denkbar, dass das Ausbleiben von Aufmerksamkeit Störungen des Selbstwertgefühls verursacht. Dann ist ebenso denkbar, dass sich Verzweiflungstaten häufen, mittels derer sich, wie beim Amoklauf in Erfurt, Unbeachtete durch aufmerksamkeitsstarke Bilder verweigerte Aufmerksamkeit zurück holen. Und zweitens: Wie kann eigene Aufmerksamkeit sinnvoll und bewusst ›ausgegeben‹ werden? So zeigen zum Beispiel die Ergebnisse der Bildungsstudien PISA I und PISA II bei deutschen Schülern erheblich Mängel im Aufmerksamkeits-Management. Fehlt Schülern die Fähigkeit, aus einem Text die wesentlichen Informationen heraus zu lesen, so ist das auch auf schlechtes persönliches Aufmerksamkeits-Management zurückzuführen.

Die Forschung arbeitet vor allem an Techniken, die ein Mehr an Informationen und die allumfassende Erreichbarkeit ermöglichen, die den Zugang zu Informationen und den Anschluss an die Gesellschaft permanent gestatten. Wichtig werden zukünftig aber Techniken, die den Umgang mit der Fülle der

---

578 Trew: »Agenda Setting for Development«, 2004

Informationen und der Dauer-Erreichbarkeit erträglicher machen – Techniken, die es ermöglichen, Aufmerksamkeit abzuwenden und nicht erreichbar zu sein, Filter und Metamedien, die eine Vorselektion übernehmen, Symbolsysteme, die helfen, Komplexität zu reduzieren. Die Fähigkeit, sinnvoll mit der knappen Ressource Aufmerksamkeit haushalten zu können, bedeutet nicht nur in der Lage zu sein, bewusst Prioritäten setzen zu können, sondern vor allem auch, Informationen zu ignorieren. Gerade in der sogenannten ›Informationsgesellschaft‹, in der Informationsreichtum Aufmerksamkeitsarmut hervorbringt, muss für die Notwendigkeit von sinnvollem Aufmerksamkeits-Management erst noch ein Bewusstsein geschaffen werden.

Literatur

Aaker, David A./Joachimsthaler, Erich A., »Aufbau von Marken im Zeitalter der Post-Massenmedien«, in: Franz-Rudolf Esch/Andreas Wicke, *Moderne Markenführung: Grundlagen – innovative Ansätze – praktische Umsetzungen*, 2. aktualisierte Auflage, Wiesbaden 2000, S. 509 – 533.

Altendorfer, Otto/Hollerith, Josef/Müller, Gerd, *Die Inszenierung der Parteien am Beispiel der Wahlparteitage 2002*, Eichstätt 2003.

Andresen, Karen u. a., »Projekt Größenwahn«, in: *Der Spiegel* 45/2002.

Amend, Christoph/Thomma, Norbert, »Sie denken nur: Das war's, Scheißspiel«, in: *Der Tagesspiegel*, 8./9. Juni 2003.

Arnold, Sabine R./Fuhrmeister, Christian/Schiller, Dietmar, »Hüllen und Masken der Politik«, in: Sabine R. Arnold/Christian Fuhrmeister/Dietmar Schiller, *Politische Inszenierung im 20. Jahrhundert: Zur Sinnlichkeit der Macht*, Wien 1998, S. 7–25

Assmann, Aleida/Assmann, Jan (Hrsg.), *Aufmerksamkeit. Archäologie der literarischen Kommunikation VII*, München 2001.

Assmann, Aleida/Friese, Heidrun, *Identitäten. Erinnerung, Geschichte Identität*, Frankfurt am Main 1998.

Assmann, Aleida/Friese, Heidrun, »Einleitung«, in: Aleida Assmann/Heidrun Friese, *Identitäten. Erinnerung, Geschichte Identität*, Frankfurt am Main 1998, S. 11–23.

Atzwanger, Klaus, »Verhaltensbiologische Aspekte der Aufmerksamkeit«, in: Aleida Assmann/Jan Assmann (Hrsg.), *Aufmerksamkeit. Archäologie der literarischen Kommunikation VII*, München 2001, S. 57 –67.

Baecker, Dirk (Hrsg.), *Niklas Luhmann: Einführung in die Systemtheorie*, Heidelberg 2002.

Balmer, Rudolf, »Die große Überfahrt: Der Schafzüchter Jose Bové ist als französischer Botschafter des Unbehagens gegen die Globalisierung nach Seattle gekommen«, in: *Salzburger Nachrichten*, 4. Dezember 1999.

Barkow, Jerome H./Cosmides, Leda/Tooby, John (Hrsg.), *The Adapted Mind. Evolutionary Psychology and the Generation of Culture*, Oxford 1992.

Barkow, Jerome H., »Beneath New Culture is Old Psychology: Gossip and Social Stratification«, in: Jerome H. Barkow/Leda Cosmides/John Tooby (Hrsg.), *The Adapted Mind. Evolutionary Psychology and the Generation of Culture*, Oxford 1992, S. 627–637.

Barthes, Roland, *Mythen des Alltags*, Frankfurt am Main 2003.

Bateson, Gregory, *Ökologie des Geistes. Anthropologische, psychologische, biologische und epistemologische Perspektiven*, Frankfurt am Main 1985.

Baumeister, Roy F./Vohs, Kathleen D./Zhang, Liqing, »Gossip as Cultural Learning«, in: *Review of General Psychology*, Band 8, Nummer 2, Juni 2002, S. 111–121.

Bayrische Landeszentrale für politische Bildungsarbeit (Hrsg.), *Bilanz der Bundestagswahl. Voraussetzungen, Ergebnisse, Folgen*, München 2003.

Beck, Klaus/Schweiger, Wolfgang (Hrsg.), *Attention please! Online-Kommunikation und Aufmerksamkeit*, München 2001.

Beck, Klaus, »Aufmerksamkeitsökonomie – die Funktion von Kommunikation und Medien«, in: Klaus Beck/Wolfgang Schweiger (Hrsg.), *Attention please! Online-Kommunikation und Aufmerksamkeit*, München 2001, S. 19–37.

Berger, Peter L./Luckmann, Thomas, *Die gesellschaftliche Konstruktion der Wirklichkeit. Eine Theorie der Wissenssoziologie*, Frankfurt am Main 1969.

Bleicher, Joan K./Hickethier, Knut (Hrsg.), *Aufmerksamkeit, Medien und Ökonomie*, Münster 2002.

Bleicher, Joan Kristin, »Medien, Markt und Rezipienten. Aufmerksamkeit als Grundbedingung medialer Kommunikation«, in: Joan K. Bleicher/Knut Hickethier(Hrsg.), *Aufmerksamkeit, Medien und Ökonomie*, Münster 2002, S. 125–148.

– *Fernsehen als Mythos - Poetik eines narrativen Erkenntnissystems*, Wiesbaden 1999.

Böhme-Dürr, Karin, »Die Währung Aufmerksamkeit«, in: Karin Böhme-Dürr/Thomas Sudholdt, *Hundert Tage Aufmerksamkeit. Das Zusammenspiel von Medien, Menschen und Märkten bei ›Big Brother‹*, Konstanz 2001, S. 11–33.

Bolz, Norbert, »›Celebrity Design‹ und ›Muddling Through‹. Die zwei Gesichter der postmodernen Politik«, in: Forschung & Lehre 8/2002, S. 414–416

– *Das konsumistische Manifest*, München 2002.

– *Weltkommunikation*, München 2001.

– »Spiritueller Mehrwert«, in: Peter Wippermann (Hrsg.), *Anzeigentrends. Was bleibt, was geht, was kommt?*, Mainz 1997, S. 88–107.

– *Am Ende der Gutenberg-Galaxis: die neuen Kommunikationsverhältnisse*, 2. Auflage, München 1995.

Boorstin, Daniel J., *Das Image. Der Amerikanische Traum*, Reinbek 1987.

Bourdieu, Pierre, *Praktische Vernunft. Zur Theorie des Handelns*, Frankfurt am Main 1998.

– *Über das Fernsehen*, Frankfurt am Main, 1998.

– *Die feinen Unterschiede. Kritik der gesellschaftlichen Urteilskraft*, 9. Auflage, Frankfurt am Main, 1997.

– *Sozialer Raum und ›Klassen‹. Leçon sur la leçon*. 2 Vorlesungen, 3. Auflage, Frankfurt am Main 1995.

– »Sozialer Raum und symbolische Macht«, in: Pierre Bourdieu, *Rede und Antwort*, Frankfurt am Main 1992, S. 135–155.

– *Rede und Antwort*, Frankfurt am Main, 1992.

Brennan, Geoffrey/Buchanan, James M., *Die Begründung von Regeln. Konstitutionelle Politische Ökonomie*, Tübingen 1993.

Brettschneider, Frank, »Die Medienwahl 2002: Themenmanagement und Berichterstattung«, in: Aus Politik und Zeitgeschichte, 49–50, 2002.

– *Spitzenkandidaten und Wahlerfolg. Personalisierung – Kompetenz – Parteien. Ein internationaler Vergleich*, Wiesbaden 2002.

– »Kohls Niederlage: Kandidatenimages und Medienberichterstattung vor der Bundestagswahl 1998«, in: Peter Winterhof-Spurk/Michael Jäckel (Hrsg.), *Politische Eliten in der Mediengesellschaft. Rekrutierung – Darstellung – Wirkung*, München 1999, S. 65–103.

Breuer, Helmut, »Tod eines Spielers«, in: *Die Welt* 06.06.2003.

— »Im freien Fall: Jürgen Möllemann«, in: *Die Welt* 22.05.2002.

Brockhaus von A-Z in drei Bänden. Bd.1, Augsburg 2002.

Buchanan, James M., *Die Grenzen der Freiheit: zwischen Anarchie und Leviathan*, Tübingen 1984.

Buchsteiner, Jochen, »Der Auto-Pilot«, in: *Die Zeit* 11.05.2000.

Campbell, Joseph, *Der Heros in tausend Gestalten*, Frankfurt am Main, 1978.

Center for media and public affairs in Washington (Hrsg.), *Journalists Monopolize TV Election News*, Press release, Washington 30.Oktober 2000.

Crary, Jonathan, *Suspensions of Perception. Attention, Spectacle and modern Culture*, Cambridge 1999.

Crick, Francis, *Was die Seele wirklich ist.* Die naturwissenschaftliche Erforschung des Bewusstseins, München 1994.

Daston, Lorraine, *Eine kurze Geschichte der wissenschaftlichen Aufmerksamkeit*, München 2000.

Delhees, Karl: *Soziale Kommunikation. Psychologische Grundlagen für das Miteinander in der modernen Gesellschaft*, Opladen 1994.

Deutsch, J. A./Deutsch, D., »Attention: Some Theoretical Considerations«, in: *Psychological Review*, Bd. 70 1963, S. 80–90.

Deutsch, Karl W., *Politische Kybernetik. Modelle und Perspektiven*, Freiburg 1969.

Domizlaff, Hans, *Die Gewinnung des öffentlichen Vertrauens*, Hamburg 1992.

Dörner, Andreas/Vogt, Ludgera, »Wahlkampf als Ritual. Zur Inszenierung der Politik in der Multioptionsgesellschaft«, in: *Aus Politik und Zeitgeschichte* 15–16, 2002.

Dörner, Andreas, *Politainment. Politik in der medialen Erlebnisgesellschaft*, Frankfurt am Main 2001.

Downs, Anthony, »Up and down with ecology – the ›issue-attention cycle‹«, in: *The Public Interest*, Number 28, 1972, S. 38–50.

dpa, »Möllemann zieht mit Hitler-Plakat in die Landtagswahl«, in: *Süddeutsche Zeitung* 21.01.2001.

Drodowski, Günther (Hrsg.), *Duden, Etymologie: Herkunftswörterbuch der deutschen Sprache*, Mannheim, Wien, Zürich 1989.

Düsing, Edith, *Intersubjektivität und Selbstbewusstsein. Behavioristische, phänomenologische und idealistische Begründungstheorien bei Mead, Schütz, Fichte und Hegel*, Köln 1986.

Dyer, Richard, *Stars*, London 1998.

Eckert, Roland, »Jugendkulturen und ihr Einfluss auf die Formulierung von Politik«, in: Peter Winterhoff-Spurk/Michael Jäckel (Hrsg.), *Politische Eliten in der Mediengesellschaft. Rekrutierung – Darstellung – Wirkung*, München 1999.

Edelman, Murray, *Constructing the political spectacle*, Chicago 1988.

Eder, Jens, »Aufmerksamkeit ist keine Selbstverständlichkeit. Eine Diskurskritik und ein Klärungsvorschlag«, in: Joan K. Bleicher/Knut Hickethier (Hrsg.), *Aufmerksamkeit, Medien und Ökonomie*, Münster 2002, S. 13–47.

Eibl-Eibesfeldt, Irenäus, *Grundriß der vergleichenden Verhaltensforschung – Ethologie*, Fünfte überarbeitete und erweiterte Auflage, München 1967.

Emnid-Studie, *NRW Politogramm – Aktuelle politische Einstellungen in NRW*, August 1999.

Engelland, Reinhard (Hrsg.), *Utopien, Realpolitik und Politische Bildung*, Opladen 1997.

Ernest-Dicher-Institut, *Qualitativ-psychologische Bestandsaufnahme. Die F.D.P. in Nordrhein-Westfalen*, Frankfurt 1999.

Esch, Franz-Rudolf/Wicke, Andreas, »Herausforderungen und Aufgaben des Markenmanagements«, in: Franz-Rudolf Esch/Andreas Wicke (Hrsg.), *Moderne Markenführung: Grundlagen – innovative Ansätze – praktische Umsetzungen*, 2. aktualisierte Auflage, Wiesbaden 2000, S. 3–55.

Faulstich, Werner/Korte, Helmut (Hrsg.), *Der Star – Geschichte – Rezeption – Bedeutung*, München 1997.

Faulstich, Werner, »Von Elvis Presley bis Michael Jackson – Kleine Startypologie der Rockgeschichte«, in: Werner Faulstich/Helmut Korte (Hrsg.), *Der Star – Geschichte – Rezeption – Bedeutung*, München 1997, S. 155–173.

FDP, *Beschluss des 52. Ord. Bundesparteitages der FDP in Düsseldorf*, Düsseldorf 2.-4.Mai 2001.

Fichte, Johann Gottlieb, *Grundlage des Naturrechts nach Principien der Wissenschaftslehre*, Jena, Leipzig 1796.

Fischer-Lichte, Erika, »Politik als Inszenierung«, Vortragsabend mit der Akademie der Wissenschaften zu Göttingen im Niedersächsischen Landtag am 12. November 2001, in: *Schriftenreihe des Niedersächsischen Landtages*, Heft 45, 2002.

Fischer-Lichte, Erika/Pflug, Isabell (Hrsg.), *Inszenierung von Authentizität. Theatralität*, Bd. 1, 2000, Tübingen 2000.

Franck, Georg: »Mentaler Kapitalismus«, in: *Merkur. Deutsche Zeitschrift für europäisches Denken* 1/2003, S. 1–15.

— »Jenseits von Geld und Information«, in: Kunstforum International. *Ressource Aufmerksamkeit – Ästhetik in der Informationsgesellschaft*, Bd. 148 Dezember 1999 – Januar 2000, S. 84–94.

— *Ökonomie der Aufmerksamkeit – Ein Entwurf*, München/Wien1998.

— »Ökonomie der Aufmerksamkeit«, in: *Merkur. Deutsche Zeitschrift für europäisches Denken* 47/1993, S. 748–761.

Franke, Herbert W., »Aufmerksamkeit – zwischen Irritation und Langeweile«, in: *Telepolis*, 9.11.1998.

Fuhrmann, Manfred, »Persona, ein römischer Rollenbegriff«, in: Odo Marquard/Karlheinz Stierle (Hrsg.), *Identität*, München 1979, http://www.heise.de/bin/tp/issue/r4/dl-artikel2.cgi?mode=html&artikelnr=6311.

Fukuyama, Francis, »The End of History, Five Years Later«, in: *History and Theory*, Bd. 34 (2), 1995, S. 27–43.

— *Das Ende der Geschichte. Wo stehen wir?*, München 1992.

— *Have we reached the end of history?* Santa Monica 1989.

Geis, Matthias, »Eine Überdosis Politik: Der Fall Möllemann«, in: *Die Zeit* 25/2003.

Geisler, Alexander/Tenscher, Jens, »›Amerikanisierung‹ der Wahlkampagne(n)?«, in: Ulrich Sarcinelli/Heribert Schatz (Hrsg.), *Mediendemokratie im Medienland. Inszenierungen und Themensetzungsstrategien im Spannungsfeld von Medien und Parteieliten am Beispiel der nordrhein-westfälischen Landtagswahl 2000*, Opladen 2002, S. 53–117.

Geyer, Matthias, »Nie mehr zweite Liga«, in: *Der Spiegel* 25/2002.

Gigerenzer, Gerd/Selten, Reinhard (Hrsg.), *Bounded Rationality. The Adaptive Toolbox*, Cambridge 2002.

— »Rethinking Rationality«, in: Gerd Gigerenzer/Reinhard Selten (Hrsg.), *Bounded Rationality. The Adaptive Toolbox*, Cambridge 2002, S. 1–12.

Gigerenzer, Gerd/Todd, Peter M. u.a., *Simple Heuristics That Make Us Smart*, New York 1999.

Gigerenzer, Gerd/Goldstein, Daniel G., »The Recognition Heuristic. How Ignorance Makes Us Smart«, in: Gerd Gigerenzer/Todd, Peter M. u.a., *Simple Heuristics That Make Us Smart*, New York 1999.

Gigerenzer, Gerd/Todd, Peter M, »Fast and Frugal Heuristics: The Adaptive Toolbox«, in: Gigerenzer, Gerd/Todd, Peter M. u.a., *Simple Heuristics That Make Us Smart*, New York 1999.

Glaab, Manuela/Gros, Jürgen, *Faktenlexikon Deutschland. Geschichte – Gesellschaft – Politik – Wirtschaft – Kultur*, München 1999.

Goffman, Erving, *Wir alle spielen Theater. Die Selbstdarstellung im Alltag*, Neuausgabe, München 1983.

— *Rahmen-Analyse. Ein Versuch über die Organisation von Alltagserfahrungen*, Frankfurt am Main 1977.

— *Interaktion: Spaß am Spiel / Rollendistanz*, München 1973.

Goldhaber, Michael H., Die Aufmerksamkeits-Ökonomie und das Netz – Teil II. In: *Telepolis* 12.12.1997, http://www.heise.de/bin/tp/issue/r4/dl-artikel2.cgi?mode=html&artikel-nr=6200.

— Die Aufmerksamkeits-Ökonomie und das Netz – Teil I, in: *Telepolis*, 27.11.1997, www.telepolis.de/deutsch/special/eco/6200/1.html.

Goldstein, Daniel G./Gigerenzer, Gerd u.a., »Why and When Do Simple Heuristics Work?«, in: Gigerenzer, Gerd/Selten, Reinhard (Hrsg.), *Bounded Rationality. The Adaptive Toolbox*, Cambridge 2002, S. 173–190.

Görden, Michael/Meiser, Hans-Christian: *Madonna trifft Herkules – Die alltägliche Macht der Mythen*, Frankfurt am Main 1994.

Greenberger, Martin (Hrsg.), *Computers, Communication, and the Public Interest*, Baltimore, 1971.

Habermas, Jürgen, *Theorie des kommunikativen Handelns*, Band 2. Zur Kritik der funktionalistischen Vernunft, Frankfurt am Main 1995.

— *Strukturwandel der Öffentlichkeit: Untersuchungen zu einer Kategorie der bürgerlichen Gesellschaft*, Frankfurt am Main 1990.

Habermas, Jürgen/Luhmann, Niklas, *Theorie der Gesellschaft oder Sozialtechnologie – Was leistet die Systemforschung*, Frankfurt am Main 1971.

Hahn, Alois: »Aufmerksamkeit«, in: Assmann, Aleida/Assmann, Jan (Hrsg.), *Aufmerksamkeit. Archäologie der literarischen Kommunikation VII*, München 2001, S. 25–55.

Hall, Peter Christian (Hrsg.), *Fernsehen für die Spaßgesellschaft. Wettbewerbsziel Aufmerksamkeit*, Mainz 2002.

Hegel, Georg Wilhelm Friedrich, *Phänomenologie des Geistes*, Frankfurt am Main 1970.

Henrich, Dieter, »Identität« – Begriff, Probleme, Grenzen«, in: Odo Marquard/Karlheinz Stierle (Hrsg.), *Identität*, München 1979, S. 133–186.

Heuwagen, Marianne, »Die nachtschwarze Seite des Provokateurs«, in: *Süddeutsche Zeitung* 31.05.2002.

Hickethier, Knut, »Das Kino und die Grenzen der Aufmerksamkeitsökonomie«, in: Joan Kristin Bleicher/ Knut Hickethier (Hrsg.), *Aufmerksamkeit, Medien und Ökonomie*, Münster 2002, S. 149–166.

— »Der Krieg um das Kosovo – und die Aufmerksamkeitsökonomie. Anmerkungen zu einem laufenden Geschehen«, in: Joan Kristin Bleicher/Knut Hickethier (Hrsg.), *Aufmerksamkeit, Medien und Ökonomie*, Münster 2002, S. 105–123.

— »Vom Theaterstar zum Filmstar«, in: Werner Faulstich/Helmut Korte (Hrsg.), *Der Star – Geschichte – Rezeption – Bedeutung,* München 1997.

Hoffmann, Jochen, »Kinder – Inder – Clementinen. Ein Blick aus der Akteursperspektive auf Themenrahmungen und Image-Building im nordrhein-westfälischen Landtagswahlkampf 2000«, in: Ulrich Sarcinelli/Helmut Schatz (Hrsg.), *Mediendemokratie im Medienland. Inszenierungen und Themensetzungsstrategien im Spannungsfeld von Medien und Parteieliten am Beispiel der nordrhein-westfälischen Landtagswahl 2000,* Opladen 2002, S. 119–154.

Honneth, Axel, »Anerkennung und moralische Verpflichtung«, in: *Zeitschrift für philosophische Forschung,* Bd.51, 1, 1997, S. 25–41.

— *Kampf um Anerkennung. Zur Grammatik sozialer Konflikte,* Frankfurt am Main 1994.

Hujer, Marc, »Choreographie made in Hollywood«, in: *Süddeutsche Zeitung* 03.06. 2003.

Hummel, Johannes/Schmidt, Johannes, »Ökonomie der Aufmerksamkeit – eine neue Theorie?«, in: Beck, Klaus/Schweiger, Wolfgang (Hrsg.), *Attention please! Online-Kommunikation und Aufmerksamkeit,* München 2001, S. 93–107.

Hüning, Wolfgang/Otto, Kim, »Agenda-Setting im nordrhein-westfälischen Landtagswahlkampf 2000? Massenmediale Themenstruktur und Wählerwahrnehmung«, in: Sarcinelli, Ulrich/Schatz, Heribert (Hrsg.), *Mediendemokratie im Medienland. Inszenierungen und Themensetzungsstrategien im Spannungsfeld von Medien und Parteieliten am Beispiel der nordrhein-westfälischen Landtagswahl 2000,* Opladen 2002, S. 155–199.

Hüning, Wolfgang/Tenscher, Jens, »Medienwirkungen von Parteistrategien. Agenda-Building-Prozesse im nordrhein-westfälischen Landtagswahlkampf 2000«, in: Sarcinelli, Ulrich/Schatz, Heribert (Hrsg.), *Mediendemokratie im Medienland. Inszenierungen und Themensetzungsstrategien im Spannungsfeld von Medien und Parteieliten am Beispiel der nordrhein-westfälischen Landtagswahl 2000,* Opladen 2002, S. 289–317.

Husserl, Edmund, *Phänomenologische Psychologie,* Hamburg 2003.

Hüther, Gerald, *Bedienungsanleitung für ein menschliches Gehirn,* Göttingen 2001.

Infratest Dimap, *Die Sonntagsfrage im Zeitverlauf,* in: http://www.infratest-dimap.de/ sonntagsfrage/default.htm.

Jäckel, Michael, »Die Krise der politischen Kommunikation. Eine Annäherung aus soziologischer Perspektive«, in: Peter Winterhoff-Spurk/Michael Jäckel, *Politische Eliten in der Mediengesellschaft. Rekrutierung – Darstellung – Wirkung,* München 1999.

Jahraus, Oliver, *Die Prinzessin, der Tod und die Medien. Medienobservationen,* 1997. www.medien-observationen.uni-muenchen.de/artikel/heckfenster/Diana.html.

James, William, *The Principles of psychology,* in two volumes, Bd. 1, London 1890.

Jarren, Ottfried, »Mediengesellschaft« – Risiken für die politische Kommunikation«, in: *Aus Politik und Zeitgeschichte,* 41–42, 2001.

Jesper, Kunde, *Unique now...or never,* London 2002.

Jung, Carl Gustav, *Archetypen,* München 1990.

Kapferer, Jean-Noël, *Die Marke – Kapital des Unternehmens,* Landsberg 1992.

Karmasin, Helene, *Produkte als Botschaften: was macht Produkte einzigartig und unverwechselbar? Die Dynamik der Bedürfnisse und die Wünsche der Konsumenten; die Umsetzung der Produkt- und Werbekonzeption,* Wien 1993.

Kister, Kurt, »Wenn der Fallschirm klemmt«, in: *Süddeutsche Zeitung* 22.10.2002.

Kohn, Harry, *Theorie der Aufmerksamkeit,* Halle 1894.

Kojève, Alexandre, *Hegel. Eine Vergegenwärtigung seines Denkens,* Frankfurt am Main 1975.

Korte, Hermann/Schäfers, Bernhard (Hrsg.), *Einführung in die Hauptbegriffe der Soziologie*, Opladen 1995.

Kotler, Philip/Bliemel, Friedhelm, *Marketing Management: Analyse, Planung, Umsetzung und Steuerung*, 7. Überarbeitete und aktualisierte Auflage, Stuttgart 1992.

Kotler, Philip u.a., *High Visibility – The Making and Marketing of Professionals into Celebrities*, Chicago 1997.

Krappmann, Lothar, *Soziologische Dimensionen der Identität. Strukturelle Bedingungen für die Teilnahme an Interaktionsprozessen*, 9. Auflage, Stuttgart 2000.

Krausz, Rosvitha, *Droge Aufmerksamkeit – Die Sucht, beachtet zu werden*, Deutschlandfunk 01. 04. 2004.

Kroeber-Riehl, Werner, *Strategie und Technik der Werbung. Verhaltenswissenschaftliche Ansätze*, 4. Auflage, Stuttgart, Berlin, Köln 1993.

— *Bildkommunikation. Imagerystrategien für die Werbung*, München 1993.

Kruse, Peter/Stadler, Michael, »Der psychische Apparat des Menschen«, in: Merten, Klaus/ Schmidt, Siegfried J./Weischenberg, Siegfried, *Die Wirklichkeit der Medien. Eine Einführung in die Kommunikationswissenschaft*, Opladen 1994, S. 20–59.

Lanham, Richard A., *The economics of attention. The Research Library The Day after Tomorrow. Proceedings of the 124th annual Meeting*, Mai, 1994; www.arl.org/arl/proceedings/124/ps-2econ.html.

Lehning, Thomas, »Die Goldtruhen der Seeräuber«, in: Joan K. Bleicher/Knut Hickethier (Hrsg.), *Aufmerksamkeit, Medien und Ökonomie*, Münster 2002, S. 195–208.

Leinemann, Jürgen, »Schaden an der Seele«, in: *Der Spiegel* 24/2002.

Levi-Strauss, Claude, *Mythologica I – Das Rohe und das Gekochte*, Frankfurt am Main 1972.

Lippmann, Walter, *Die öffentliche Meinung*, Bochum 1990.

Luckmann, Thomas, »Persönliche Identität, soziale Rolle und Rollendistanz«, in: Qdo Marquard/Karlheinz Stierle (Hrsg.), *Identität*, München 1979, S. 293–313.

Ludes, Peter, »Aufstieg und Niedergang von Stars als Teilprozess der Menschheitsentwicklung«, in: Werner Faulstich/Helmut Korte (Hrsg.), *Der Star – Geschichte – Rezeption – Bedeutung*, München 1997, S. 78–98.

— »Stars in soziologischer Perspektive«, in: Reihe Siegen – Beiträge zur Literatur-, Sprach- und Medienwissenschaft, Band 89, Heidelberg 1998, S. 20–33.

Luhmann, Niklas, *Vertrauen. Ein Mechanismus der Reduktion sozialer Komplexität*, 4. Auflage, Stuttgart 2000.

— *Die Gesellschaft der Gesellschaft*, Frankfurt am Main 1997.

— *Die Realität der Massenmedien*, 2. erweiterte Auflage, Opladen 1996.

— *Beobachtungen der Moderne*, Opladen 1992.

— *Soziologische Aufklärung 5. Konstruktivistische Perspektiven*, Opladen 1990.

— »Öffentliche Meinung«, in: Niklas Luhmann, *Politische Planung. Aufsätze zur Soziologie von Politik und Verwaltung*, 3. Auflage, Opladen 1983, S. 9–34.

— *Organisation und Entscheidung*, Opladen 1978.

— »Soziologie der Moral«, in: Niklas Luhmann u.a. (Hrsg.), *Theorietechnik und Moral*, Frankfurt am Main 1978, S. 8–116

— *Soziologische Aufklärung 2. Aufsätze zur Theorie der Gesellschaft*, Opladen 1975.

— »Knappheit, Geld und die bürgerliche Gesellschaft«, in: *Jahrbuch für Sozialwissenschaft*, Bd.23, Heft 1, 1972, S. 186–210.

— »Sinn als Grundbegriff der Soziologie«, in: Jürgen Habermas/Niklas Luhmann (Hrsg.), *Theorie der Gesellschaft oder Sozialtechnologie – Was leistet die Systemforschung*, Frankfurt am Main 1971, S. 25–100.

— *Moderne Systemtheorien als Form gesamtgesellschaftlicher Analyse*, in: Jürgen Habermas/Niklas Luhmann (Hrsg.), *Theorie der Gesellschaft oder Sozialtechnologie – Was leistet die Systemforschung*, Frankfurt am Main 1971, S. 7–24.

Luhmann, Niklas/Pfürtner, Stephan H., *Theorietechnik und Moral*, Frankfurt am Main 1978.

Lütjen, Torben/Walter, Franz, »Medienkarrieren in der Spaßgesellschaft?«, in: Ulrich von Alemann/Stefan Marschall (Hrsg.), *Parteien in der Mediendemokratie*, Opladen 2002, S. 390–419.

Macho, Thomas, »Das prominente Gesicht. Notizen zur Politisierung der Sichtbarkeit«, in: Sabine R. Arnold u.a. (Hrsg.), *Politische Inszenierung im 20. Jahrhundert: Zur Sinnlichkeit der Macht*, Wien, Köln, Weimar 1998, S. 171–184.

— »Von der Elite zur Prominenz. Zum Strukturwandel politischer Herrschaft«, in: *Merkur. Zeitschrift für europäisches Denken* 47/1993, S. 762–769.

Maletzke, Gerhard, *Einführung in die Massenkommunikationsforschung*, 2. Auflage, Berlin 1975.

Marquard, Odo, »Schwundtelos und Mini-Essenz«, in: Odo Marquard/Karlheinz Stierle (Hrsg.), *Identität*, München 1979, S. 347–369.

Max Planck Institut für Bildungsforschung (Hrsg.), *Center for Adaptive Behavior and Cognition*, http://www.mpib-berlin.mpg.de/de/forschung/abc/begr_rationalitaet_1.htm, 21.06.05.

— *Zentrale Konzepte: Soziale Rationalität*, http://www.mpib-berlin.mpg.de/de/ forschung/ abc/ forschungsziele.htm, 21.06.05.

Mead, George H., *Geist, Identität und Gesellschaft*, Frankfurt am Main 1973.

Medien Tenor, *Forschungsbericht 128*, 15.01.2003.

— *Forschungsbericht 122*, 15.07.2002.

— *Vorwahl-Bericht 2002*, 16.09–21.09.2002.

Meffert, Heribert, *Marketing: Grundlagen marktorientierter Unternehmensführung: Konzepte – Instrumente – Praxisbeispiele*, 9. überarbeitete Ausgabe, Wiesbaden 2000.

Meins, Hans-Jörg u.a., »Der Tod eines Abenteurers«, in: *Süddeutsche Zeitung* 06.06.2003.

Mellerowicz, Konrad, *Markenartikel – Die ökonomischen Gesetze ihrer Preisbildung und Preisbindung*, 2. Auflage, München 1963.

Merten, Klaus, »Evolution der Kommunikation«, in: Klaus Merten/Siegfried J. Schmidt/ Siegfried Weischenberg, *Die Wirklichkeit der Medien. Eine Einführung in die Kommunikationswissenschaft*, Opladen 1994, S. 141–162.

Meyer, Michael, *Der Kampf um Aufmerksamkeit – Wie Medien und Politik um ein knappes Gut ringen*, Deutschlandradio, 17.11.2003.

Meyer, Thomas, *Mediokratie – Die Kolonisierung der Politik durch das Mediensystem*, Frankfurt am Main 2001.

Meyer, Thomas/Ontrup, Rüdiger/Schicha, Christian, *Die Inszenierung des Politischen. Zur Theatralität von Mediendiskursen*, Wiesbaden 2000.

Meyers Großes Taschenlexikon in 24 Bänden, Band 1., 4. vollständig überarbeitete Auflage, Mannheim 1992.

Meyrowitz, Joshua, *No sense of place. The Impact of Electronic Media on Social Behavior*, Oxford 1985.

Möllemann, Jürgen W., *Klartext. Für Deutschland*, München 2003.

— »Interview bei ›Halb 12‹« in: Jörg-Uwe Nieland u.a., *Talkshowisierung des Wahlkampfes? Eine Analyse von Politikerauftritten im Fernsehen*, in: Ulrich Sarcinelli/Heribert Schatz (Hrsg.), *Mediendemokratie im Medienland. Inszenierungen und Themensetzungsstrategien im Spannungsfeld von Medien und Parteieliten am Beispiel der nordrhein-westfälischen Landtagswahl 2000*, Opladen 2002, S. 319–394.

— »Das wäre das Ende der FDP«, Interview, in: *Stern* 28.11.2002.

— »Interview«, in: *radio NRW* 27. 11.2002.

— »Das Positive dominiert klar«, Interview, in: *Focus* 30.09.2002.

— »Interview«, in: ZDF ›heute journal‹ 16. 05. 2002.

— »Mission 18 Prozent«, Interview in: *tageszeitung* 25.04.2002.

— »Ich würde mich auch wehren!«, Interview, in: *tageszeitung* 04.04.2002.

— »Ortwin Runde muss weg«, Interview, in: *Welt am Sonntag* 02.09.2001.

— »Schalke 04 kann nur gewinnen«, Interview, in: *Die Welt* 12.05.2001.

— »Möllemann ist froh, stolz und ein bisschen limitiert«, Interview, in: *Süddeutsche Zeitung* 07.05.2001.

— »Ich wäre verrückt geworden«, Interview, in: *Der Tagesspiegel* 22.04.2001.

— »Es wäre schön, wenn Westerwelle mich vorschlagen würde«, Interview, in: *Die Welt* 28.03.2001.

— *Rede beim Dreikönigstreffen der Südwest-Liberalen*, Stuttgart 05.01 2001.

— *Rede beim Bundesparteitag*, Düsseldorf 2001.

— »Eine FDP für das ganze Volk«, in: *Frankfurter Allgemeine Zeitung* 03.07.2000.

— *Rede beim FDP-Bundesparteitag*, Nürnberg 16.06. 2000.

— »Dann trete ich voll an«, Interview, in: *Focus* 22.05.2000.

— »Zu liebedienerisch«, Interview, in: *Stern* 21.03.2000.

Müller, Marion G., »Seht mich, liebt mich, wählt mich! Wahlkampf in der ikonischen Öffentlichkeit am Beispiel des Bundestagswahlkampfes 1998«, in: Peter Winterhoff-Spurk/Michael Jäckel, *Politische Eliten in der Mediengesellschaft. Rekrutierung – Darstellung – Wirkung*, München 1999, S. 121–138.

Nachgefragt: *Kein Vertrauen in Möllemann*, in: *Der Spiegel* 13/2003.

Naumann, Michael, *Scharfschreiber. Die Leit- und Massenmedien und die Macht des Blöden*, in: *Die Zeit* 03.06.2004.

Neubacher, Alexander, »Tiger im Käfig«, in: *Der Spiegel* 49/2002.

Neubacher, Alexander/Schmidt, Barbara, »Vom Winde verweht«, in: *Der Spiegel* 27/2202.

Neumann, Odmar/Sanders, Andreis F. (Hrsg.), *Enzyklopädie der Psychologie. Themenbereich C: Theorie und Forschung; Serie II: Kognition, Band 2, Aufmerksamkeit*, Göttingen 1996.

Neumann, Odmar, »Theorien der Aufmerksamkeit«, in: Odmar Neumann/Andreis F. Sanders (Hrsg.), *Enzyklopädie der Psychologie. Themenbereich C: Theorie und Forschung; Serie II: Kognition, Band 2, Aufmerksamkeit*, Göttingen 1996, S. 559–643.

Nieland, Jörg-Uwe, »Farbenlehre in NRW. Eine Fallstudie zur Debatte über Regierungskonstellationen«, in: Ulrich Sarcinelli/Heribert Schatz (Hrsg.), *Mediendemokratie im Medienland. Inszenierungen und Themensetzungsstrategien im Spannungsfeld von Medien und Parteieliten am Beispiel der nordrhein-westfälischen Landtagswahl 2000*, Opladen 2002, S. 395–428.

Nieland, Jörg-Uwe/Tenscher, Jens, »Talkshowisierung des Wahlkampfes? Eine Analyse von Politikerauftritten im Fernsehen«, in: Ulrich Sarcinelli/Heribert Schatz (Hrsg.), *Mediendemokratie im Medienland. Inszenierungen und Themensetzungsstrategien im Spannungsfeld von Me-*

dien und Parteieliten am Beispiel der nordrhein-westfälischen Landtagswahl 2000, Opladen 2002, S. 319–394.

Nietzsche, Friedrich, *Also sprach Zarathustra*, Stuttgart 1994.

Noelle-Neumann, Elisabeth, *Die Schweigespirale. Öffentliche Meinung – unsere soziale Haut*, 6. erweiterte Auflage, München 2001.

Norman, Donald A., *Aufmerksamkeit und Gedächtnis*, Weinheim/Basel 1973.

Oltmanns, Reimar, *Möllemänner oder die opportunistischen Liberalen*, Frankfurt am Main 1988.

Orozoco, Teresa, »Der Kampf um Anerkennung. Perspektiven der Wissenschaftssoziologie bei Robert K. Merton und Pierre Bourdieu«, in: Elisabeth Strauß (Hrsg.), *Dilettanten und Wissenschaft. Zur Geschichte und Aktualität eines wechselvollen Verhältnisses*, Amsterdam/Atlanta 1996, S. 185–207.

Parsons, Talcott, *Sozialstruktur und Persönlichkeit*, 5. unveränderte Auflage, Eschborn 1997.

— *Aktor, Situation und normative Muster. Ein Essay zur Theorie sozialen Handelns*, Frankfurt am Main 1986.

— *Das System moderner Gesellschaften*, München 1972.

— *Soziologische Theorie*, Neuwied am Rhein 1964.

Patalas, Enno, *Sozialgeschichte der Stars*, Hamburg 1963.

Personalien, Jürgen Möllemann, in: *Der Spiegel* 50/2002.

Personalien, Jürgen Möllemann, in: *Der Spiegel* 15/2002.

Personalien, Jürgen Möllemann, in: *Der Spiegel* 19/2000.

Peters, Birgit, *Prominenz. Eine soziologische Analyse ihrer Entstehung und ihrer Wirkung*, Opladen 1996.

Peters, Sibylle/Jentz, Janina, *Diana oder die perfekte Tragödie – kulturwissenschaftliche Betrachtungen eines Trauerfalls*, Köln 1998.

Pfetsch, Barbara, »Amerikanisierung‹ der politischen Kommunikation. Politik und Medien in Deutschland und den USA«, in: *Aus Politik und Zeitgeschichte* 41–42, 2001.

— »Öffentliche Aufmerksamkeit, Medien und Realpolitik. Zum Management von Themen in der politischen Kommunikation«, in: Reinhard Engelland (Hrsg.), *Utopien, Realpolitik und Politische Bildung*, Opladen 1997, S. 45–60.

Platon, *Der Staat*, Stuttgart 1982.

Postman, Neil, *Wir amüsieren uns zu Tode – Urteilsbildung im Zeitalter der Unterhaltungsindustrie*, 13. Auflage, Frankfurt am Main 2000.

Prantl, Heribert, »Er oder Ich«, in: *Süddeutsche Zeitung* 06.06.2002.

— »Wer den Antisemitismus reizt... Die Probleme der FDP: Karsli ist nur Anlaß, Möllemann hingegen die Ursache«, in: *Süddeutsche Zeitung* 21.05.2002.

Ramelsberger, Annette, »Was hat er, das sie nicht haben«, in: *Süddeutsche Zeitung* 16.05.2000.

Rawls, John, *Eine Theorie der Gerechtigkeit*, Frankfurt am Main 1975.

Röbel, Udo, »Im Würgegriff der Droge Macht«, in: *Welt am Sonntag* 08.06.2003.

Roth, Gerhard, *Das Gehirn und seine Wirklichkeit*, Frankfurt am Main 1997.

Rötzer, Florian, *Digitale Weltentwürfe. Streifzüge durch die Netzkultur*, München/Wien 1998.

— »Öffentlichkeit und Aufmerksamkeit«, in: *Telepolis* 30.12.1996, http://www.heise.de-/tp/r4/artikel/2/2094/2.html.

— »Aufmerksamkeit und die Medien«, in: *Telepolis* 29.08.1996, http://www.heise.de/tp/r4/artikel/2/2047/2.html.

— »Aufmerksamkeit«, in: *Telepolis* 08.01.1996, http://www.heise.de/bin/tp/issue/r4/dl-artikel2.cgi?mode=html&artikelnr=2001.

Rötzer, Florian/Weibel, Peter (Hrsg.), *Strategien des Scheins*, München 1991.

Sarcinelli, Ulrich/Schatz, Heribert, »Von der Parteien- zur Mediendemokratie. Eine These auf dem Prüfstand«, in: Ulrich Sarcinelli/Heribert Schatz (Hrsg.), *Mediendemokratie im Medienland. Inszenierungen und Themensetzungsstrategien im Spannungsfeld von Medien und Parteieliten am Beispiel der nordrhein-westfälischen Landtagswahl 2000*, Opladen 2002, S. 9–32.

Sarcinelli, Ulrich: »Politische Inszenierung im Kontext des aktuellen Politikvermittlungsgeschäfts«, in: Sabine R. Arnold u.a. (Hrsg.), *Politische Inszenierung im 20. Jahrhundert: Zur Sinnlichkeit der Macht*, Wien, Köln, Weimar 1998, S. 146–156.

Schäfers, Bernhard, »Die Grundlagen des Handelns: Sinn, Normen, Werte«, in: Hermann Korte u.a. (Hrsg.), *Einführung in die Hauptbegriffe der Soziologie*, Opladen 1995, S. 7–16.

Schlenker, Barry R., *Impression Management. The Self-Concept, Social Identity, and Interpersonal Relations*, Belmont, California 1980.

Schmidt, Siegfried J., »Aufmerksamkeit – revisited«, in: *Telepolis* 22.12.2000, http://www.heise.de/bin/tp/issue/r4/dl-artikel2.cgi?mode=html&artikelnr=4543.

— »Die Wirklichkeit des Beobachters«, in: Klaus Merten u.a., *Die Wirklichkeit der Medien. Eine Einführung in die Kommunikationswissenschaft*, Opladen 1994, S. 3–19.

— »Nachbemerkungen«, in: Klaus Merten u.a., *Die Wirklichkeit der Medien. Eine Einführung in die Kommunikationswissenschaft*, Opladen 1994, S. 592–623.

— »Jenseits von Realität und Fiktion«, in: Florian Rötzer /Peter Weibel (Hrsg.), *Strategien des Scheins. Kunst – Computer – Medien*, München 1991, S. 83–92.

Schneider, Karl (Hrsg.), *Werbung in Theorie und Praxis*, 4. Auflage, Waiblingen 1997.

Schulze, Gerhard, *Die Erlebnisgesellschaft: Kultursoziologie der Gegenwart*, 2. Auflage, Frankfurt/Main 1992.

Schütz, Astrid, »Selbstdarstellung in der Politik. Techniken und ihre Wirkung«, in: Peter Winterhoff-Spurk/Michael Jäckel, *Politische Eliten in der Mediengesellschaft. Rekrutierung – Darstellung – Wirkung*, München 1999, S. 105–120.

Schwender, Clemens, *Medien und Emotionen. Evolutionspsychologische Bausteine einer Medientheorie*, Wiesbaden 2001.

Siep, Ludwig, *Anerkennung als Prinzip der praktischen Philosophie*, München 1979.

— *Der Kampf um Anerkennung. Zu Hegels Auseinandersetzung mit Hobbes in den Jenaer Schriften*, Bonn 1974.

Simon, Herbert, *Economics, Bounded Rationality and the Cognitive Revolution*, Aldershot 1995.

— *Die Wissenschaften vom Künstlichen*, 2. Auflage, Wien 1994.

— »The Bottleneck of Attention: Connecting Thought with Motivation«, in: *Nebraska Symposium of Motivation*, Bd.41, Nebraska 1994, S. 1–21.

— *Reason in Human Affairs*, Stanford 1983.

— »Designing Information for an information-rich world«, in: Martin Greenberger (Hrsg.), *Computers, Communication, and the Public Interest*, Baltimore 1971, S. 35–72.

Simon, Herbert/March, James G., *Organizations*, New York 1958.

Singer, Wolf, *Zur Neurowissenschaft der Aufmerksamkeit*, in: *Telepolis* 1996. www.telepolis.de/deutsch/inhalt/co/2002/1.html

Sommer, Carlo, »Identitätskonstruktion durch Stars«, in: Werner Faulstich/Helmut Korte (Hrsg.), *Der Star – Geschichte – Rezeption – Bedeutung*, München 1997, S 114–124.

Staab, Joachim Friedrich, *Nachrichtenwert-Theorie – Formale Struktur und empirischer Gehalt*, München 1990.

Straub, Jürgen, »Personale und kollektive Identität. Zur Analyse eines theoretischen Begriffs«, in: Aleida Assmann/Heidrun Friese, *Identitäten. Erinnerung, Geschichte Identität*, Frankfurt am Main 1998, S. 73–104.

Strauß, Elisabeth (Hrsg.), *Dilettanten und Wissenschaft. Zur Geschichte und Aktualität eines wechselvollen Verhältnisses*, Amsterdam/Atlanta 1996.

Thomas, William I., *Person und Sozialverhalten*, Neuwied am Rhein, Berlin 1965.

Todd Peter M.: »Fast and Frugal Heuristics for Environmentally Bounded Minds«, in: Gerd Gigerenzer/Reinhard Selten (Hrsg.), *Bounded Rationality. The Adaptive Toolbox*, Cambridge 2002, S. 51 – 70.

Trew, Tony, *Agenda Setting for Development*, Präsentationsunterlagen, Agenda-Setting-Conference – Mass Media and Public Opinion. Bonn 22.-24. September 2004.

Veblen, Thorstein, *Theorie der feinen Leute. Eine ökonomische Untersuchung der Institutionen*, Frankfurt am Main 2000.

Vogler, Christopher, *Die Odyssee des Drehbuchschreibers. Über die mythologischen Grundmuster des amerikanischen Erfolgskinos*, 2. erweiterte Auflage, Frankfurt am Main 1998.

Voswinkel, Stephan, *Anerkennung und Reputation: Die Dramaturgie industrieller Beziehungen. Mit einer Fallstudie zum ›Bündnis für Arbeit‹*, Konstanz 2001.

Watzlawick, Paul/Beavin, Janet/Jackson, Don D., *Menschliche Kommunikation – Formen, Störungen, Paradoxien*, 8. unveränderte Auflage, Stuttgart 1990.

Wegener, Bernd, *Kritik des Prestiges*, Opladen 1988.

Weidenmann, Bernd, *Pädagogische Psychologie*, Weinheim 1993.

Wiedemann, Heinrich: »Ich werde gesendet – also bin ich‹ – Mediokratie statt Demokratie?« In: Otto Altendorfer u.a., *Die Inszenierung der Parteien am Beispiel der Wahlparteitage 2002*, Eichstätt 2003, S. 33–46.

Wiener, Norbert, *Mensch und Menschmaschine. Kybernetik und Gesellschaft*, Frankfurt/Main 1952.

Wiesing, Lambert, »Sichtbarkeit und Aufmerksamkeit«, in: Aleida Assmann/Jan Assamann (Hrsg.), *Aufmerksamkeit. Archäologie der literarischen Kommunikation VII*, München 2001, S. 217–226.

Wild, Andreas, *Autonomie und Anerkennung. Hegels Moralitätskritik im Lichte seiner Fichte-Rezeption*, Stuttgart 1982.

Wils, J.P., »Autonomie und Anerkennung«, in: *Freiburger Zeitschrift für Philosophie und Theologie*, Bd. 47, 2000, S. 27–51.

Wippermann, Peter (Hrsg.), *Anzeigentrends. Was bleibt, was geht, was kommt?*, Mainz 1997.

&Equity, *Politiker als Marken. Eine markenpsychologische Studie in Zusammenarbeit mit w&v*, Hamburg 2002.

Kulturwissenschaften

Lars Allolio-Näcke, Britta Kalscheuer, Arne Manzeschke (Hg.)
▶ **DIFFERENZEN ANDERS DENKEN**
Bausteine zu einer Kulturtheorie der Transdifferenz
2005 · 472 Seiten · ISBN 3-593-37544-3

Gabriele Mentges, Birgit Richard (Hg.)
▶ **SCHÖNHEIT DER UNIFORMITÄT**
Körper, Kleidung, Medien
2005 · 284 Seiten · ISBN 3-593-37719-5

Christoph Bieber, Claus Leggewie (Hg.)
▶ **INTERAKTIVITÄT**
Ein transdisziplinärer Schlüsselbegriff
Band 1 · Interaktiva, Schriftenreihe des Zentrums für Medien und Interaktivität
2004 · 348 Seiten · ISBN 3-593-37603-2

Alice Lagaay, David Lauer
▶ **MEDIENTHEORIEN**
Eine philosophische Einführung
2004 · 324 Seiten · ISBN 3-593-37517-6

Gerne schicken wir Ihnen aktuelle Prospekte
vertrieb@campus.de · www.campus.de

campus
Frankfurt / New York

Die neue Weltordnung

Michael Hardt, Antonio Negri
EMPIRE
Die neue Weltordnung
2003 · 461 Seiten · ISBN 3-593-37230-4

Michael Hardt, Antonio Negri
MULTITUDE
Krieg und Demokratie im Empire
2004 · 432 Seiten · ISBN 3-593-37410-2

M. Pieper, T. Atzert, S. Karakayali, V. Tsianos (Hg.)
EMPIRE UND DIE BIOPOLITISCHE WENDE
Die internationale Diskussion
im Anschluss an Hardt und Negri
2005 · Ca. 240 Seiten · ISBN 3-593-37541-9

Antonio Negri
RÜCKKEHR
Alphabet eines bewegten Lebens
2003 · 238 Seiten · ISBN 3-593-37242-8

Gerne schicken wir Ihnen aktuelle Prospekte
vertrieb@campus.de · www.campus.de

campus
Frankfurt / New York